湛庐CHEERS

与最聪明的人共同进化

HERE COMES EVERYBODY

“改变世界”的T型车

线圈
开关
线圈磁力发电机
活塞
连杆
低速皮带
制动带
传动轴
制动踏板
高速 & 低速踏板
倒车踏板
手制动拉杆
方向盘
点火和节气门操纵杆
前排座位
油箱
后排座位
油管旋塞
后车门
车身支架
车身
毛鬃
座垫弹簧
门框胶条
后翼子板
后弹簧
后轮
差速器驱动齿轮
主动小齿轮
后桥
后制动器罩
传动轴轴承总成
传动轴
消声器
后座脚垫
气门嘴
车架
消声器排气管
踏板支架
踏板罩

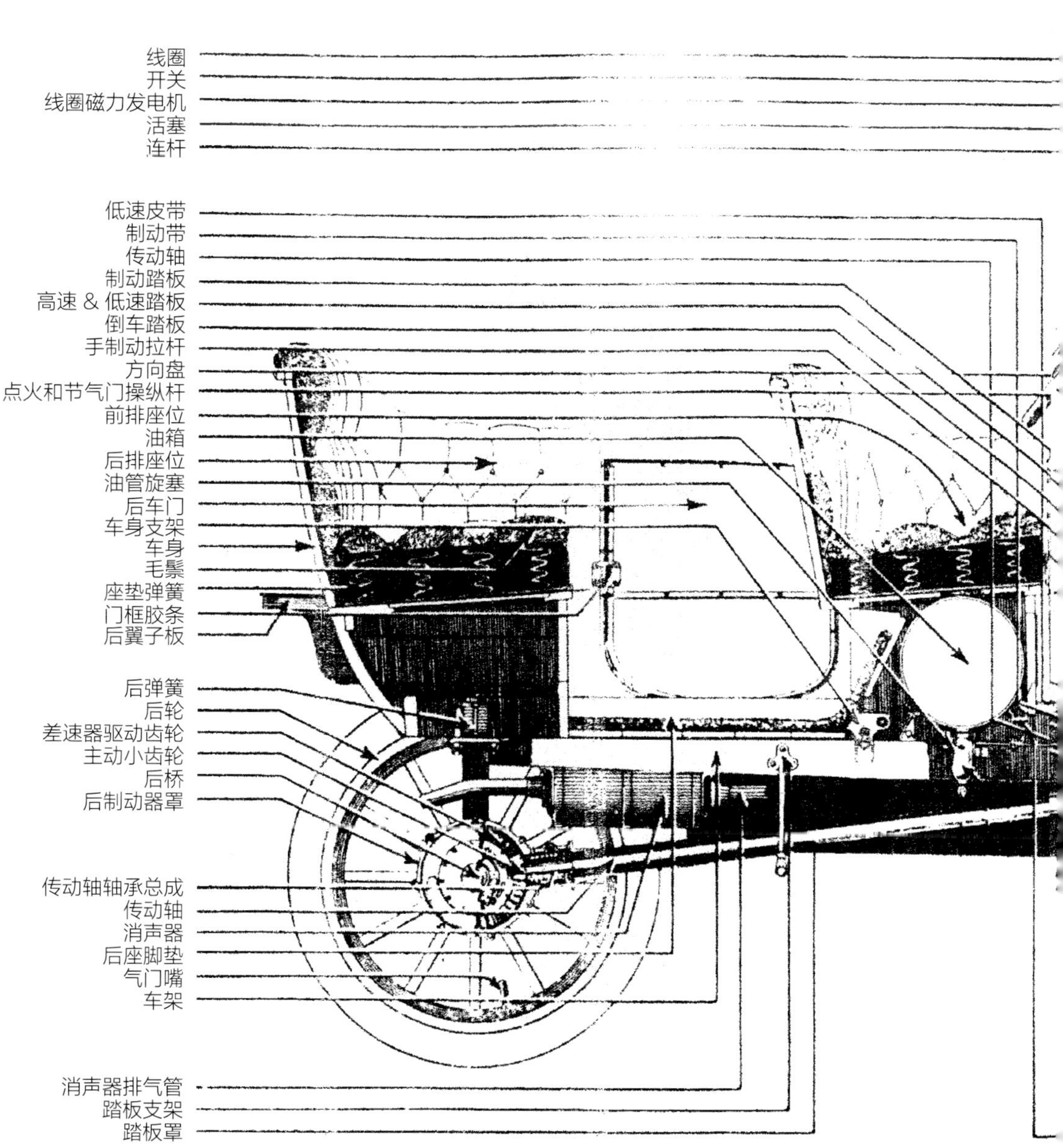

1913 年，福特汽车公司发布了 T 型车的剖面图。他们相信，使用者越了解这款车，就会越为之而着迷。

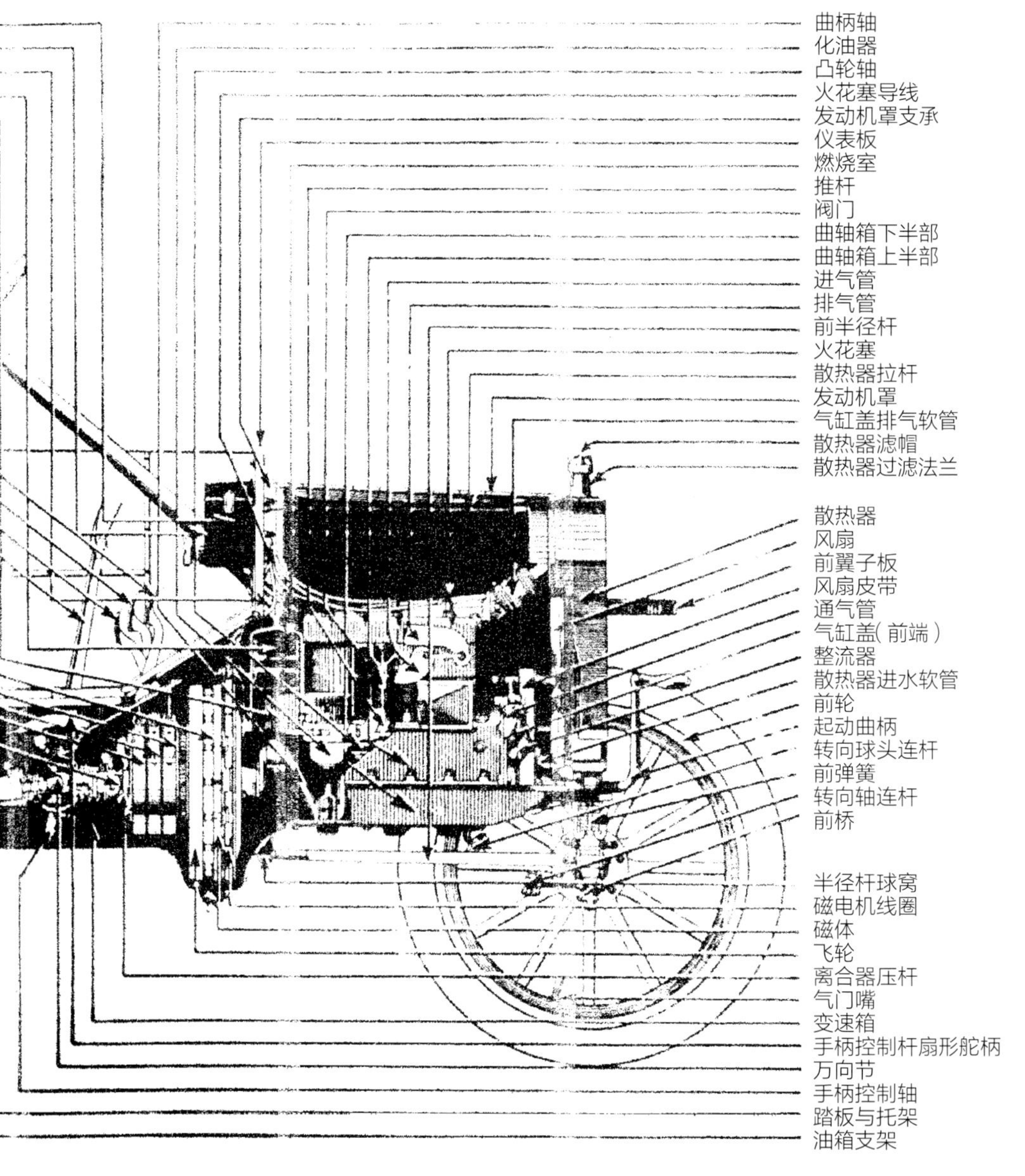

我缔造了新世界

The Rise of Henry Ford

I Invented the Modern Age

[美]理查德·斯诺
Richard Snow 著

栗志敏 译

浙江教育出版社·杭州

“战略企业家”亨利·福特的创业之道

徐中博士
领导力学者，高管教练
北京智学明德国际领导力中心创始人
清华大学经济管理学院高管培训中心
前常务副主任

2020年底，根据美国消费者新闻与商业频道（CNBC）的报道，特斯拉公司的市值超过了全球九大汽车企业的市值之和，这九大汽车企业包括大众、丰田、日产、现代、通用汽车、福特、本田、菲亚特克莱斯勒和标致，埃隆·马斯克（Elon Musk）也一跃成为世界首富！在能源革命和技术革命的推动下，电动汽车给燃油汽车市场带来了日益加剧的颠覆性影响。中国的比亚迪、蔚来、宁德时代、华为等相关生态链企业也一路高歌猛进，加快了对中国汽车行业，乃至全球汽车行业的重塑！展望未来10年，电动汽车、无人驾驶汽车等将彻底改变未来的交通和社会生活。如同100多年前汽车的发明彻底改变了人们的出行方式一样，今天，一个全新的时代也正在到来！

丘吉尔曾说："我们能看见多远的过去，就能看见多远的未来。"要展望未来汽车行业和交通运输方式的变革，我们首先需要回顾汽车行业100多年来的发展历程，尤其要领悟历史上重要的企业家和企业所发挥的关键作用，其中亨利·福特和福特汽车公司是首先需要研究的。

2020年7月21日，习近平总书记在北京主持召开企业家座谈会时讲道："创新是引领发展的第一动力。'富有之谓大业，日新之谓盛德。'企业家创新活动是推动企业创新发展的关键。美国的爱迪生、福特，德国的西门子，日本的松下幸之助等著名企业家都既是管理大师，又是创新大师。"比尔·盖茨在自己办公室挂着亨利·福特的画像，作为自己的学习榜样。1999年，《财富》杂志称福特为"20世纪最伟大的企业家"。2005年，《福布斯》评选的"有史以来最有影响力的20位企业家"中，亨利·福特名列榜首。

福特汽车公司是世界上率先使用流水线进行大批量汽车生产的。这种生产方式使汽车成为一种大众产品，不但革新了工业生产方式，而且对现代社会和文化的发展产生巨大的影响，彻底改变了美国人，甚至全世界人的生活方式。1908年，福特汽车公司研发的T型车正式上市，在那个汽车价格动辄两三千美元的时代，T型车仅售850美元，上市之初就掀起了一股风潮。1910年T型车的售价降至780美元，1911年降至690美元，1916年更是大幅降至360美元，它是一款普通民众能轻松买得起的汽车。1908—1927年，福特汽车公司生产了1 500多万辆T型车，使美国得以成为"车轮上的国家"，亨利·福特也因此被称为"为世界装上轮子的人"。

关于亨利·福特和福特汽车公司的图书已有不少，包括《把一个产品做到极致：福特自传》（*My Life and Work: An Autobiography of Henry Ford*）、《统一行动》（*Americon Icon*）等，这本《我缔造了新世界》有什么特别的新意，值得一读呢？

提前拿到这本书之后，我一口气花了5个多小时深入阅读，几乎在每一页都划出重点。这本书实在太精彩了，值得企业家、管理者、创业者和MBA同学学习。我借此分享三点感受与大家共勉。

- 第一，看一家企业的成长，要有系统性思维。科技创业成功有五大关键要素：创业家、机会、资源、组织能力、绩效。福特汽车作为100多年前最具创新性的科技产品，它的成功是亨利·福特（创业家），欧美汽车行业兴起（机会），人才、技术、资本集聚（资源），企业科学管理模式形成（组织能力）和规模化绩效凸显（绩效）五大要素的有机组合，可谓“天时、地利、人和”，缺一不可！

- 第二，福特是一位战略企业家，是中国当下和未来特别稀缺的企业家类型。在2021年9月召开的中央人才工作会议上，习近平总书记强调要“大力培养使用战略科学家”。他提出战略科学家的标准是“具有深厚科学素养、长期奋战在科研第一线，视野开阔，前瞻性判断力、跨学科理解能力、大兵团作战组织领导能力强”，这个标准也同样适用于战略企业家。本书生动描述了福特的企业家精神和胜任力。他在孩童时代就对机械产生了兴趣，在青年时期接触到蒸汽机并深受启发。他早年明智地选择加入爱迪生照明公司去学习新技术，之后两度创业积累了经验，最后在40岁时创办了福特汽车公司，这些都体现了他高瞻远瞩、求知若渴、创新变革、务实进取、领导有方的能力。他深刻而超前地意识到汽车的发展趋势是从“奢侈品”变成“人人买得起的大众消费品”，并因势利导地在福特汽车公司提出了“生产让农民也买得起的T型车”“流水线大批量生产”“日薪5美元让工人过上更好的生活”“让所有工人都成为潜在顾客”等具有划时代、开创性意义的理念和制度，建立和塑造了美国的工业标准，影响了全世界的企业生产方式。

- 第三，作者是美国知名媒体人理查德·斯诺，他以翔实的资料、热情敏锐的眼光，对亨利·福特的创业历程、“改变世界”的T型车的研发过程和美国汽车行业的早期发展进行了鲜活、细致和有趣的描述，让你有身临其境之感。例如，1899年8月12日晚，亨利·福特有幸和作为自己老板、偶像的大发明家爱迪生共进晚餐。听福特惴惴不安地介绍自己制造的燃油汽车之后，爱迪生用拳头猛击了一下桌面说：“年轻人，这就是关键所在，坚持下去！”35年之后，福特感激地说：“爱迪生捶在桌面的那一拳对我来说意义重大……让我的方向一下子就明朗起来，世界上最伟大的发明天才已经完全认同了我的方向。”

实际上，福特汽车公司创业成功的经历，也非常符合吉姆·柯林斯（Jim Collins）在《从优秀到卓越》（*Good to Great*）和《基业长青》（*Built to Last*）中构建的成功四要素模型：训练有素的人、训练有素的思想、训练有素的行动，以及“飞轮理论”。

未来30年的中国和世界精彩无限，需要无限的想象力，需要像福特这样富有远见卓识的战略企业家。我们不仅要开发具有划时代意义的科技产品，而且要开创新的行业、新的管理模式，大幅提升管理效能，造福最广大的用户和员工！愿我们能从本书中获得启发和鼓舞！

当然，福特也不是完人，他晚年严重的“家长式管理”导致优秀高管离他而去，唯一的儿子也不幸早逝等，不能说不是一种深深的遗憾！这对中国的企业家是一个重要的警示！做“一把手”时间太长，缺乏约束和制约，企业家的行事风格很容易变成“一言堂”，使优秀的人才出走，让企业陷入瓶颈！

你对亨利·福特了解多少?

扫码鉴别正版图书
获取您的专属福利

扫码获取全部测试题及答案
了解有关亨利·福特的趣事

- 亨利·福特对人类发展的重要贡献之一是实现批量生产，这是对的吗?

  A. 对

  B. 错

- 1914 年，福特汽车公司将员工最低日薪提高至 5 美元，此举具有革命性意义，这是对的吗?

  A. 对

  B. 错

- 关于亨利·福特，以下哪项表述是错的?

  A. 从小展现出在机械方面的天赋

  B. 致力于研发让普通人都买得起的汽车

  C. 用人不疑，疑人不用

  D. 始终希望将权力掌握在自己手中

扫描左侧二维码查看本书更多测试题

目 录

I INVENTED THE
MODERN AGE

第 1 章

亨利·福特改变世界

拯救农庄，挽留逝去的时光

1919 年夏日的一天，一位中年男子离开自己位于底特律的办公室，驱车前往 16 千米之外的迪尔伯恩市（Dearborn），想去看看自己当年出生时所在的那栋房子。房子坐落的农家小院，已经破败不堪。这位男子在院子周围徘徊着，他在那里干什么呢？

他并不张扬，但低调中透着高贵，身上那套整洁的灰色西装显示着他常年朴素的着装风格。中等偏上的身材、笔直的身板让他看起来高大许多。他的长相中规中矩，即便是高明的画家、记者，甚至是摄影师，也无法准确地刻画这张大众化的面庞。他体格健壮，喜欢找朋友们赛跑，但对团体运动丝毫不感兴趣。在这座农家小院里，他每迈出一步都相当迅捷，毫不拖泥带水，感觉像是听到了比赛发令枪声一样往前冲。尽管不是建筑师，但他知道这栋房子是如何修建起来的。他仔细地研究着窗框、烟囱和房顶的坡度。这也许是他最后一次凝视这里，因为这栋房子即将被拆除了。

这栋房子有着 60 年的历史，却逃不过被拆除的命运，这在很大程度上是由他所致。在过去的 10 年里，车流量大幅增加，为此迪尔伯恩市的管理者决定拓宽房子周边的道路。这些来来往往的车辆上半数都印着这位男子的名字——福特。

面对城市道路的发展，福特将农庄整体往后搬迁到了距离新路约 60 米的位置。当时鲜有人有如此的设想和财力，但福特做到了。在房子安全保住之后，他并未就此罢手。最初他仅仅只是将房子重建，做一些木工活，然后再重新粉刷一下，但这样显然还不够。他想要将房子里的家具摆设恢复到 19 世纪 70 年代时的样子，当时他还只是一个对机械感兴趣的小男孩，常常在自己的房间里将手表拆得七零八落。

现在，他已经变成了一个固执的完美主义者。在房子里摆上 19 世纪 60 年代的典型家具做做样子还不够，他要求新修的房子必须与过去的一模一样。在密歇根州的冬日里，他曾在前厅的“星光”牌炉子旁取暖。他花了几个月的时间来寻找这种炉子，最后找到了一个近乎完美的，只是这个炉子还是太小了，并不是 25 型的。还有楼梯上铺设的地毯，他清楚地记得地毯是褪色的铁锈红色。为了找一块完全一样的地毯，他的助手寻遍了古董店，起初在本地找，后来甚至找到了辛辛那提（CinCinnati）。

至于家里的瓷器，虽然他能记住楼梯上的地毯是什么样子，却怎么也想不起来曾经用过的盘子是什么样式。工人们在前院挖掘出一大块陶瓷碎片，足以让人推断出当时的盘子样式，福特便让人据此复制了整套餐具。床、椅子和沙发都找到了，并且翻新了一下。他的助手找到了合适的衣柜，福特还详细地说明了在其中一个抽屉内应该放置什么样的针线。但对于家里的手风琴，他却没有要求找到与原来一模一样的。手风琴本来是脚踏式气泵，但福特进行了一番电气化改造，没有人能看出其中的差别。每当回到这个童年的世界，他就会在键盘前坐上几个小时，用一两个手指笨拙地弹奏着此前最早学会的歌曲《稻草里的火鸡》和《轻轻地流淌，甜美的亚顿河》。

楼上的卧具都是用亚麻布做的。屋后面堆着柴火，与他儿时记忆中的完全一样。所有的煤油灯里都灌满了煤油，灯芯也已经修剪好，随时可以使用。

福特拥有的老物件远比装修农舍所需的多得多。他一直把这些东西放在自己的办公室里。直到 1922 年，他的一个拖拉机事业部搬走了，留下了一片占地 1 万多平方米的房子，共计 107 栋。这些房子的房龄比福特的年龄还要大，而且彼此也相隔甚远。有一栋是伊利诺伊州的法院，年轻的亚伯拉罕 · 林肯曾经在这里作为辩护律师与他人唇枪舌剑。有两栋是佐治亚州的奴隶小屋，其中一栋是砖砌的商店，莱特兄弟在进行自己伟大的实验时曾经在这里销售过自行车。有了这样巨大的空间，这位汽车制造商的野心更大了，已不仅仅局限于修整一栋有着自己儿时记忆的房子，他希望修建一座承载他记忆的小镇。

他的手下又一次出发了，这次有几百人。福特要求他们必须带回自第一批移民定居美洲到现在使用或制造过的各种各样的东西，不得有遗漏。物品开始被源源不断地运来：鸟笼、长靠椅、专利搓衣板、四轮马车、步枪、苹果削皮器、收割机、活页夹，还有午餐车。19 世纪 90 年代，福特还在底特律爱迪生照明公司工作，那时他经常到午餐车买东西吃。事实证明，福特已经收集了足够多的东西用来全面装修这 107 栋房子，从风向标、避雷针到座钟和火炉等，应有尽有。福特收集的这些家居用品仍然散发着逝去岁月留下的丝丝温情，但它们散发的温情微弱、凌乱，且太过分散。福特觉得，将这些东西收集起来，放到曾经的环境中去，使它们和谐地融合在一起，那么他就能重现逝去岁月的景象。

1926 年，福特在迪尔伯恩市修建了一座机场。机场外面有一大块空地，他决定在上面修建一座致敬过去的“纪念碑”，让它们真正地纪念历史：用一个村庄，将“美国人过去的生活图景保存下来”，还原他所称的“更健康和更甜蜜的”年代。

他是这个计划的策划者，也是他所怀念的那种生活的毁灭者，其影响力在当时无人能及。他也发现，过去那种按部就班的生活多数让人生厌。今天，福特的名字家喻户晓，但没有人能够想得起他曾留下过什么至理名言。在福特看来，历史之中存在着大量“废话”。但他所认为的每一句“废话”在历史进程中都留下了浓墨重彩的一笔，包括那些需要我们记住的名字、条约以及边境冲突。相比那些思想和理念，福特始终喜欢看实物本身。多年以后，福特的一些老助手说他都不会看图纸。其实福特会看图纸，而且能力很强。但是比起冷冰冰的图纸，他更愿意看制造好的实物。在福特看来，再出色的图纸设计都能通过他的手转化成实实在在的东西。

对待历史他也是如此。福特想要把握住过去，想能够走进过去瞧一瞧。他购买了伊利诺伊州的法院大楼，并且将它搬到了迪尔伯恩市的格林菲尔德镇，他用妻子的出生地命名了自己打造的这个小镇；他还购买了莱特兄弟的自行车店，把它也搬到了这座小镇。为了更加还原历史，他还找来了一间安妮女王时期的木屋，莱特兄弟就是在这里长大的。他从新泽西州门洛帕克市购买了托马斯·爱迪生的实验室，装了整整 12 辆卡车的新泽西泥土，以便这个实验室能够继续与它一直熟悉的蜗牛和真菌为伴。他甚至买来了爱迪生实验室的员工公寓，当时处于高压下的员工们在这里根本就没有睡足过。爱迪生照明公司和其发电机在诺亚·韦伯斯特（Noah Webster）的住宅旁安了家。在即将离开这个世界前，福特将自己的农庄也搬了过来。今天你可以径直走进那里，看看那些被完美重现的楼梯地毯。

在格林菲尔德小镇上，你看不到银行，也看不到律师事务所。福特不同银行家和律师打交道，他觉得这些人过于精明。多年来，他会毫不避讳地和愿意倾听他诉说的人分享这个观点。这就是福特，特立独行、生性固执，甚至在出名后依旧不断地向他人传递这种深入骨髓的理念。

福特在打造自己的小镇时，将他收集的东西都汇聚到这里。这里是一个矛盾的集合点，至少与他最初所宣称的目的存在冲突。爱迪生和莱特兄弟不会努力去维持福特儿时的农业世界，他们在推动着时代持续向前发展。而事实上福特自己也是时代的推动者。在学校里，孩子们从《麦加菲读本》（*McGuffey's Readers*）中学会了做人的道理，也掌握了语法知识；而在工业世界里，新生的力量有发电机及因其产生的电力、飞机，当然还有福特自 1903 年开始在麦克大街工厂生产的汽车。

有一次，站在一栋计划迁走的房子前，福特发现了一些东西。儿时，他曾在这栋房子里度过很多时间。“我发现了一些弹珠，我捡起几颗放在手掌中，轻轻用力一压，它们就碎了。生活不断变化，但依然需要继续。”可格林菲尔德小镇并非如此。随着一栋又一栋建筑被搬到这里，铁匠铺旁的汽车工厂拔地而起，一切都变得越来越清晰了。这座小镇完全体现了福特的思想及他所怀念和引以为豪的一切。所有他厌恶的东西都排除在小镇之外，他有这样做的能力和资本。这座小镇的诞生不仅仅是为了纪念这个国家发展之初的农业世界，同时也是为了纪念福特与农业毫无关联的青春岁月。

格林菲尔德小镇与众不同，原因就在于其缔造者的青春岁月也是独一无二的。黄昏时分漫步于小镇街道，或是在福特建造的壮观的博物馆内流连，我们仿佛能够体会到福特的青春岁月。他的个性难以捉摸，让人着迷又让人恼火。即使在他过世 60 余年之后，我们依然可以从小镇中体会到他这种强烈的个性。或许他本就希望如此。

随着年龄的增长，他变得越来越自负，但这种自负还不足以蒙蔽他的双眼，他明白一个事实：即和后半生相比，他的前半生要美好得多。因为在后半生他经历了许多事情：一起目光短浅的诽谤诉讼案将他拖入了一场全美知名的审判中，公诉人在审判中力证他的无知；他极其固执，曾因为在公众面前违心地收回自己的话而感到痛苦不已；他后来很害怕自己的工人；他与自己唯一的儿子不和，而在孙子亨利·福特二世看来，这种不和也将自己的父亲送上了不归路。

而这一切都不曾发生在格林菲尔德小镇。穿过小镇的庭院和街道，福特可以看到在他 13 岁时就离开了这个世界的母亲的身影；可以看到自己制造的第一辆汽车在凌晨两点的空荡荡的底特律街道疾驰而过；看到 1901 年格罗斯波因特（Grosse Pointe）的跑道，在那里，亚历山大·温顿（Alexander Winton）驾驶着动力强劲的汽车。温顿的发动机冒着细长的蓝烟，挑衅着福特，看起来对冠军势在必得，然而最终这场赛事的赢家却是福特，并由此改变了福特的一生。福特还看到了在母亲过世不久后的一天，父亲带着他进城。他们偶然看到一台蒸汽式农用发动机。这台蒸汽式农用发动机的特别之处在于可以在马路上嘶嘶作响，冒着烟独自前行。而少年福特看到这一切，从此就像被施了魔法一样。

改变世界的 T 型车诞生

大概每隔 100 年，这个世界都会因一种新技术的出现而重生一次。19 世纪 20 年代之后改变世界的是铁路，在我们这个时代改变世界的是微处理器。这些技术不仅仅改变了我们的生活习惯，同时也改变了我们的思维方式。听到火车穿过瓦尔登湖的声音，亨利·戴维·梭罗（Henry David Thoreau）写道："自铁路被发明以来，人们的时间概念难道没有改变吗？难道你们没有发现人们在火车站思考和说话的速度要比在剧院售票处快吗？"当然，现在任何 20 岁以上（甚至年龄更小）的人都清楚计算机和互联网如何改变了我们的生活，这些甚至都已经像我们呼吸的空气一样司空见惯了。

在蒸汽机被发明之后、苹果电脑被发明之前的时代，改变世界的新技术当属福特的 T 型车。在人生最后的岁月里，有一天，福特与一个名叫约翰·达林格尔（John Dahlinger）的高中男孩聊天。达林格尔的父亲曾经协助福特打造格林菲尔德小镇。两人谈到了教育的话题。福特讲到《麦加菲读本》时代的种种优点，而这些在达林格尔听来实在是陈腐。“不过，先生，”他提出异议说，“时代已经不同了，现在是新世界……”“年轻人，”福特打断了他，“是我缔造了新世界。”这句话听起来甚是荒谬可笑、夸大其词。可在很大程度上，它也的确是事实。

1908 年初，在底特律皮格特大街（Piquette Avenue）的车间内，一群工人时常站在那里凝视着昏暗的天花板。几年后，这些工人就搬进了一家被称为“水晶宫”的工厂。车间有很多窗户，白天工人们能沐浴在阳光下工作。但这家工厂与当时的其他大型工厂一样，都在艰难地进行着工业技术上的摸索。

一款新的发动机正在被慢慢地装入一款新车的底盘。人们用远远超过实际需要长度的绳子将发动机严严实实地包裹起来。在逐渐下降的过程中，发动机开始在吊索上剧烈摇晃，旁边响起了尖叫声，紧接着发动机开始旋转起来，由慢到快，最后直接从绳索上脱开，经过车身，落在车间的地面上。一个名叫詹姆斯·奥康纳（James O’Connor）的工人至今仍记得当时发生的那一幕。周围先是一片可怕的死寂，随后负责监督发动机安装的两个人开始为究竟该由谁对这次事故负责而激烈争吵起来。其中一个人大叫道：“我对汽车的了解比你多得多！”他的同事迅速地反驳道：“你再怎么学，也赶不上我对汽车的了解多！”

福特认为这并不是富有成效的讨论。他站了出来，做手势示意这两人停止争吵。大家修理好发动机，再次进行尝试。福特则一直在旁边看着，直到工作完成。当然，他也很懊恼，可他并没有勃然大怒、大加指责。也许在前几年，遇到这种情况，他会暴跳如雷，但现在，他正在专注于打造自己的第一台 T 型车，一心想着如何继续工作而无暇顾及其他。次日清晨，工人终于把发动机装入了底盘中。

几十年后，再回过头来看当时两名工人之间的争吵，詹姆斯·奥康纳说："我常常想起他们说的那句话，'我对汽车的了解比你多得多'。当时没有人懂汽车。"这句话并不完全对，但也有一定的道理。在发动机掉落之时，美国汽车行业只有 253 名从业者。

"福特制"重塑美国

1925 年，《大英百科全书》（*Encyclopedia Britannica*）的编辑请福特撰写"批量生产"的词条。该词条以福特的名字署名，文字简洁明了，条理清晰，颇具说服力。10 多年后，历史学家罗杰·伯林盖姆（Roger Burlingame）形容它为巨型广告："文字开篇介绍说'批量生产诞生于近代，起源于美国，最早出现在 20 世纪的头 10 年'。但接下来的内容和两张照片都是在介绍福特工厂。"伯林盖姆说，福特"出色的个人秀"意在表达批量生产"此前在这个世界上从未存在过"。为此，伯林盖姆问道，这是否忽略了率先在 18 世纪 90 年代提出步枪可互换零部件概念的伊莱·惠特尼（Eli Whitney）呢？奥利弗·伊文思（Oliver Evans）呢？他的全自动面粉厂与福特的流水线几乎是同时出现的。此外还有艾萨克·辛格（Isaac Singer），在福特还没有提出汽车这个概念之前，辛格的缝纫机就已经遍布世界各地，比福特足足早了一个时代。

伯林盖姆的嘲笑触及了该词条究竟是由谁撰写的这个问题。该词条的实际作者是福特的发言人威廉·J. 卡梅伦（William J. Cameron）。卡梅伦曾经回忆道，他后来"非常惊讶地得知"，他的老板从未读过"批量生产"这一词条。不过，《大英百科全书》的这个词条中有一段准确地表达了福特的一个观点："早期的工厂在各个方面都比较浪费，它们带来的风险和资本损失前所未有，而且工人的工资相对很低，前景没有保障，产品质量更差，同时商品供应量没有补偿性增长。延长工作时间和增加工人与机器的数量并不能使工作条件得到改善，反而让工厂变得更糟。仅仅聚集人力和工具是不够的。"

福特不会在意伯林盖姆的批评，也不会因为有人指责他在一个自己从未看过的词条上署名而感到丝毫的尴尬。他始终确信自己是对的。他时常在一些事情上错得离谱，但在一件大事上却绝对没错。批量生产在 10 年内重塑了整个美国，并且在20世纪让这个国家实现了繁荣发展，这的确是福特的功劳。从一定程度上来说，就连“mass production”（批量生产）这个短语本身得到流传也是福特的功劳。正是由于那个关于批量生产的词条署名为“H.F.”，这个短语才永远地植入了美国的语言中。在此之前，人们一直称这种生产方式为“福特制”（Fordism）。

I INVENTED THE
MODERN AGE

第 2 章
年轻的福特，为机械而痴迷

也许能用更好的方式干农活

如果以历史事件来丈量福特的一生，可以说他见证了那个时代的变迁。在葛底斯堡战役爆发三周后，福特在美国的一个乡村出生，而在其有生之年，他也曾从新闻里目睹了原子弹在广岛和长崎爆炸。战争、移民、饥荒及新兴的工业构成了他成长的背景。

> 我记忆中的第一件事就是父亲带着弟弟约翰和我去看鸟巢。这个鸟巢位于我出生地以东将近 20 米的一棵大橡树下。约翰太小，还不会走路，父亲就抱着他。我比他大两岁，可以跟着他们一起跑。那应该是 1866 年 6 月。我记得鸟巢里面有 4 个鸟蛋，还有一只鸟，我听到它在歌唱。我一直记得它的歌声，而且后来知道那是一只北美歌雀。

福特一生都爱鸟，但对身边的其他动物就没有这么喜爱了。同大多数农村男孩不同，他从来没有对马和牛产生过丝毫的好感。几十年后，他非常严肃地说道：“我厌恶奶牛这个物种！”并且不管牛奶可能含有什么营养物质，福特都认为应该用大豆来加以仿制：“我们必须使用其他东西来制造出牛奶。不能再等了。”至于鸡肉，他一口都不吃。“鸡只适合给老鹰当食物。”

但福特并不是讨厌农村生活本身。他认为农村生活本身是非常美好的，只是随之而来的体力劳动令人厌倦。“1863 年 7 月 30 日，我出生在密歇根州迪尔伯恩市的一个农场里。我记忆深处一直有着一个想法，就是如果想要有收获，必须付出大量的劳动。对于农场生活我至今仍然是这样认为的。”尽管有大量相当艰巨的耕种工作，福特还是一直被农业世界吸引，有时候仅仅是源于个人的意愿，有时候则是出于改革家的热忱。在他出生时，密歇根州只有 25 年的历史，而且大部分地区仍属于边境地区。在他童年时期，周围森林环绕，但他并非出生在贫困人家，不需要住在木头房子里，也不需要睡在用苹果酒桶制成的摇篮里。

亨利·福特的父亲威廉·福特（William Ford）出生于科克郡的一个英国新教家庭。1847 年，也就是爱尔兰大饥荒的第二年，这位 20 岁的木匠和家人——父亲约翰、母亲托马西娜、弟弟以及 4 个姐妹一起，跟随两个舅舅横渡大西洋，来到了密歇根州。正如一位发起人所写的，那里的土壤“有 1.2 米厚，肥沃得让你的手指都油乎乎的”。

威廉最终来到了迪尔伯恩村，村子位于斯普林威尔斯镇（Spring Weels Township），地处底特律以西约 13 千米处。之所以选择这里，是因为从底特律坐牛车到这里只要一天的时间。在底特律，工厂和机械修理店已经开始提供农活之外的其他谋生方式了。这个烟雾缭绕、年轻的另类世界对威廉毫无吸引力。他曾在密歇根州中央铁路公司（Michigan Central Railroad）做过一段时间的木匠，但他的心思仍然在种地上。于是他拼命地攒钱，好早日买块地。在闲暇时间他会到父亲约翰买下的 32 万平方米的地里工作。

19 世纪 50 年代末，威廉给邻居帕特里克·奥赫恩（Patrick O’Hern）做木工活。奥赫恩也是科克郡人。他和妻子刚刚收养了一个名叫玛丽·利特格特（Mary Litogot）的女孩，没有人知道她来自哪里。即使亨利·福特后来竭尽全力去寻找答案，但也一无所获。

1858 年，威廉花了 600 美元，从他的父亲手里买下了一半的土地，自此有了自己的家业，并且在 1861 年迎娶了玛丽·利特格特。当年他 35 岁，玛丽 21 岁。夫妇俩搬进了威廉此前为奥赫恩建造的那栋宽敞舒适的木屋里，而且和奥赫恩夫妇和谐地共同生活了多年。

1862 年的第一周，玛丽生下了一个孩子，但却是个死胎。她很快又怀孕了，夫妻俩小心翼翼地过了几个月，直到一个夏日的早晨 7 点，亨利·福特出生了。这是一个健康、充满活力的孩子，而且这种健康和活力陪伴了他一生。亨利·福特与这个家的感情相当深厚，甚至后来还复原了家里的针线抽屉。此后每两年，家里就会添一个弟弟或妹妹。约翰 1865 年出生，玛格丽特 1867 年出生，两年后是简，再过两年后是小威廉，最后是罗伯特，生于 1873 年。

亨利·福特很早就对机器产生了兴趣。“甚至在很小的时候，我就开始猜想很多农活也许可以通过更好的方式来完成。正是这种想法让我开始研究机械，母亲一直说我天生就是一个机械师。”

1871 年 1 月 2 日，年满 7 岁的福特开始上学。美国农村非常重视教育，但出于生存的需要，教育不能与秋收发生冲突。这一年的第一周，福特家被大雪围困，所以福特直到 1 月 9 日才去离家约 3 千米的学校上学。这所学校只有一间教室，而且同福特小时候身边的众多建筑物一样，现在已被搬到了格林菲尔德镇。教材由俄亥俄州一位名叫威廉·霍姆斯·麦加菲（William Holmes McGuffey）的小学校长编撰。早在 19 世纪 30 年代，麦加菲就已经编写了一系列读本，一共有 6 本，分别是一本识字书、一本拼写书，还有 4 本读物。为此他获得了接近 1 000 美元的版税。到了 19 世纪 40 年代初期，这一系列读本每年的销量达到 100 万册。到 1860 年，这个数字达到了 200 万。从福特开始上学到 1890 年，美国人已经购买了 6 000 万册该系列读本。

多亏了这个系列读本中的精彩内容，当时的小学生对福特出生时的社会环境非常熟悉。麦加菲希望读本能够在全世界通用或者至少是在全美国范围内通用。到 1890 年，这套读本已传播到东京，但美国中西部批评家、社会历史学家沃尔特·哈维格斯特（Walter Havighurst）认为，这些读本直接面向的是阿巴拉契亚山脉西部地区的学生。正如他所说的，那里是“一个绿色新世界，是一个小溪潺潺、绿草茵茵、丛林密布、牛羊成群的地方，遍布果园、牧场和农家庭院”。

读本第一册拼字书的第一页就写到了边疆必备的开拓工具，例如拿 Ax（斧头）一词作为给字母 A 造词的例子。随着读者年龄慢慢增长，学会了阅读成段的文字，后续的几册也包括了一些以农村生活为背景的小故事。这些故事通常都比较伤感。其中一篇故事的开头是一幅画，画中一个农民扛着一个头发滴水的男孩从另一个站立的男孩身边经过，站立的男孩把双手插在口袋里，低着头伤心地盯着地面。

> “快看，快看，那不是弗兰克·布朗吗？他怎么了？”
>
> “可怜的孩子死了。他在上学的路上碰到一个坏孩子，坏孩子告诉他说：‘来吧，弗兰克，和我一起去水塘玩吧。’”
>
> 弗兰克不同意，说自己要去上学，但坏孩子最后还是说服弗兰克跟他去了池塘。弗兰克掉进了池塘，他大喊“救命！救命！”一个男人听到呼救声，跑到池塘边。但为时已晚，可怜的弗兰克已经溺水死了。
>
> “他的尸体送回家后，他的父母怎么办呀！”

但并非所有故事都是悲惨结局，大多数故事还是大团圆结局。读本第三册写道：“懒惰的孩子总是贫穷和悲惨的，勤劳的孩子总是幸福和富足的。”

人们拥护美德是为了美德本身，但因此也能够带来实际的好处。在读本第二册中，乔治扔雪球时打碎了一个商人的窗户玻璃。他承认了错误，并且为此感觉轻松了许多。不仅如此，故事的后半段写道：“乔治成了商人的合作伙伴，后来还变得很富有。”这些书大力宣扬勤奋、积极和进取的品质，鼓励信仰宗教，并且要严格遵守良知。在高级读本中，由于增加了更为复杂的亨利·沃兹沃斯·朗费罗（Henry Wadsworth Longfellow）、纳撒尼尔·霍桑（Vathaniel Hawthorne）、约翰·格林利夫·惠蒂埃（John Greenleaf Whittier）和查尔斯·狄更斯的作品选段，所以关于道德的要求有所弱化。边疆传记作家哈姆林·加兰（Hamlin Garland）在他的畅销作品《中部边疆的儿子》（*A Son of the Middle Border*）中写道：“我要感谢麦加菲教授，他所选择的文章，让我懂得了人的尊严和体面。从他的读本中，我了解并喜爱上了沃尔特·斯科特（Walter Scott）、拜伦、罗伯特·骚塞（Robert Southey）和威廉·华兹华斯（William Wordsworth）等人的诗歌。我也是在这些读本之中第一次细细品味莎士比亚的作品。”

在战后漫长的数十年里，没有哪个小学生没读过《麦加菲读本》，也没有哪个小学生不了解书中传达的信息。福特喜欢这些读本，而且记住了书中的道理，只是没有那么虔诚。最终，凭借着麦加菲灌输给他的决心，福特找到了这位校长出生时所在的那栋白色木屋，并且在打造格林菲尔德镇时将它安排在了他最初接受这些启蒙教育的校舍旁。不仅如此，对于那些无法前往已迁至新址的麦加菲木屋进行朝圣的人，福特翻印了1857年版的入门读本和读物，然后在全美上下派发。他说："正直、诚实、公平交易、勇敢、创新、自立，这些都是《麦加菲读本》所宣讲的基本道理，它们都是亘古不变的。"

福特和哈姆林·加兰成了朋友。与福特相识于1917年的底特律新闻记者威廉·理查兹（William Richards）记得，当时福特和加兰"都讨厌那些理论派的农场热爱者，理论派会把务农描绘成玫瑰色，好像奶牛自己会挤奶或农作物自己就可以收割一样。此外，两人也都是麦加菲的学生。他们会坐在桌子的两边，回忆《麦加菲读本》中究竟讲述了什么内容。一个人先背一段内容，然后另一人接着背下一段。他们就这样一直背下去，直到其中一人卡壳。这时他们就会重新开始新一轮的背诵"。

当不再为可怜的溺水者弗兰克伤心时，福特在学校也找到了一些事情做。教室里使用的都是双人课桌，福特被安排和埃德塞尔·拉迪曼（Edsel Ruddiman）同桌。拉迪曼是福特的邻居，后来也成了他最好的朋友。拉迪曼很早就见识了福特的两个特质：在机械方面富有天赋和在日常生活中喜欢恶作剧。这两个特质也伴随了福特的一生。一次课间休息时，教室里面空无一人。福特在前排同学的座椅上钻了两个小孔，然后把一根针插在一个孔里，穿上细得几乎看不见的线，线绕过第二个孔，线头就放在福特的桌子上。后来，在大家都非常安静的时候，福特用力拉了一下线，把针扎进了那位同学的屁股。福特在70多岁时还觉得这个恶作剧很有趣。

天生就是机械师

福特在机械方面的天赋不仅仅只是让同学尖叫，除此以外还有更为建设性的发挥。在亨利·福特7岁时，威廉·福特的一名雇员打开自己怀表的后盖，给他看怀表是如何工作的：宝石轴承、微小的齿轮，还有忙碌的擒纵机构。亨利·福特为之着迷，在去底特律旅行时，他把所有可能的时间都花在凝视钟表匠的橱窗上。他开始制作工具，例如打磨编织针，制作螺丝刀，或是用母亲旧胸衣中的硬质材料制作镊子。1922 年，他写道：“我的玩具都是工具，现在依然是这样。”当然，他也会用这些工具来工作。一个邻居曾经开玩笑说：“福特家中的每个钟表‘看’到亨利过来都会吓得发抖。”他的妹妹玛格丽特回忆说：“当我们在圣诞节收到机械的或是上发条的玩具时，大家总是会说，‘别让亨利得到它们。他会把它们都拆掉’。他不只是看那些玩具动起来的样子，更想要看看那些玩具究竟是怎么动起来的。”

只要看过这些玩具的结构，亨利·福特就能搞清楚其中的工作原理。到 12 岁时，他不仅仅会拆卸钟表，还能再将它们重新组装回去，让它们工作得更为顺畅。上课时，他在打开的几何书后面偷偷地拆卸钟表。老师肯定也看到了福特身上一些不同寻常的特质，所以默许了他的这种探索，只要他在上课时不弄出声响，不影响别人。

福特在机械方面的兴趣由钟表上的摆轮发展到了机车的驱动轮。在一次底特律之行中，威廉·福特带着亨利·福特来到了滋养着这座年轻城市的十家铁路公司的其中一家。在机车库里，一名工程师带着这个兴高采烈的小男孩登上了火车头，给他看驾驶室内的杠杆和仪表，并且解释炉膛如何将锅炉里的水变成蒸汽，当节气门打开时，蒸汽就会进入汽缸，推动活塞，从而带动车轮转动。70 年后，亨利·福特仍然记得那位工程师的名字：汤米·加勒特（Tommy Garrett）。离开机车库后，亨利·福特开始了历时数年的蒸汽实验。在实验过程中，他招募了很多愿意追随他并且听他指挥的帮手。正如玛格丽特所说：“他有能力让他的弟弟和伙伴们为他工作。”他的项目偶尔也会出意外。有一次，他让同学们帮他在摆成一圈的石头上的容器下面生火，福特认为这就像是个“涡轮”。汤米·加勒特肯定告诉过他，蒸汽是一种颇有力量的东西。糟糕的是容器爆炸了，学校的栅栏也着火了。成年后的亨利·福特在他总是随身携带的一个袖珍笔记本上写道：“炸飞的容器有一块击中了罗伯特·布莱克（Robert Blake）的腹部，他当场不省人事。”

而福特也有逃避责任的时候。一个邻居谈到年幼的亨利·福特时说：“要知道，这个小恶魔是地球上最懒的家伙……亨利·福特只能好好工作到大概上午 10 点，然后就想回家去喝水。之后，他就再也不会回来了。”

不管这个小男孩怎么想方设法逃避干苦力活，他始终都热爱自己所生活的这个世界：和弟弟们打打闹闹，捉弄妹妹们，在树林里找坚果，在父亲给他当作工作室的长 5 米、宽 4 米的棚子里工作，家人围在管风琴旁唱歌，客厅地毯上映照着壁炉里红红的火光。他后来将自己的童年生活浓缩成了一段仓促中写下的电文，想要在某个时候发送给过去的自己："还记得那些雪橇、木料、寒冬、落日、长路、男孩女孩们吗？"

母亲去世令他伤痛

亨利·福特的母亲玛丽的第一个孩子胎死腹中，但接下来的 6 个孩子都顺利地来到了这个世界。然而，在 1876 年 3 月中旬，37 岁的她在生第 8 个孩子的时候难产，孩子夭折。12 天后，她自己也离开了这个世界。亨利·福特尽最大的努力准确表述了当时的情况："整个家就像是没有了主发条的钟表。"

后来，福特每每谈到母亲时，心里都暖暖的。母亲理解他，并且宽厚仁慈，而父亲则试图让他远离汽车制造这条路。但从他的话语里，母亲似乎比他所要表达的严厉："她无条件地爱着自己的孩子，似乎并不在乎孩子们是否爱她。她会做一切在自己看来必须做的事情，即使我们一时生她的气也在所不惜。"

不管玛丽对亨利·福特多么有同理心，但在儿子讨厌挤奶和耕种这些事情上，她并不赞同："生活会让你去做许多令你不快的事情。偶尔，你的责任会比较艰巨，你难以认同，也觉得痛苦，但你必须去做。"关于糖果，她说："跟着健康走，而不是跟着口味走。不要仅仅因为喜欢吃而吃。"当然，从母亲这些告诫的话语中，亨利·福特也会找到麦加菲的影子："我们度过了很多快乐的时光，但她永远在不停地提醒我们生活并不只有快乐。她过去常常对我说，'你必须自己去赢得玩耍的权利'。"

在母亲过世多年后，亨利·福特说："母亲去世令我极为伤痛。"毕竟，他当时只有 13 岁。但他从未提及母亲过世给父亲带来的影响。在伤心的孩子们的帮助下，父亲必须自己去修好家中"破碎的发条"。

“这台发动机带我进入了汽车世界”

1876年7月，威廉·福特带着儿子去参加“早年最盛大的一次活动”。他们驾马车前往底特律。在距离该城市约13千米的地方，见到了一台农用蒸汽机在煤烟的笼罩下朝他们驶来。

“我还记得那台发动机，好像一切就发生在昨天，”福特写道，“因为这是我见过的第一辆不用马拉的车。它由一个安装在轮子上的便携式发动机和锅炉组成，后面还拖着一个水箱和一辆装着煤的板车，主要是用来驱动脱粒机或锯木机。我曾经看到过很多马拉着这种发动机，但这台发动机有一根链条，把发动机和安装锅炉的马车式车架的后轮连接起来。发动机被改在锅炉上方，一名男子站在锅炉后面的平台上铲煤，控制油门，并操纵方向盘。它是由巴特尔·克里克（Battle Creek）的尼科尔斯－谢泼德公司（Nichols, Shepard & Company）制造的，我马上就注意到了这一点。发动机停了下来，让我们的马车先过，我跳下车，抢在正在驾车的父亲前面和那位工程师交谈起来。工程师非常高兴地向我解释了整个原理，他对此感到很骄傲。他向我演示了如何从驱动轮上断开链条，然后系上一根皮带来驱动整个机器。他告诉我，这台发动机每分钟转200圈，而且链条上的齿轮可以调整位置，使车在发动机保持运转时停下来。”

对于年轻的福特来说，未来的发展还是个未知数。但这一刻，他选择了后来会影响大多数人的一个方向。而他也对这个时刻有着记忆深刻且清晰的描述：“尽管方式不同，但最后这一幕（即发动机空转，不带动马车前进）已经被实现于现代汽车上。这点对于蒸汽机来说并不重要，因为蒸汽机可以轻松地启动和停止，但对于汽油机而言却非常重要。这台发动机带我进入了汽车世界。”

福特的余生都在追随这台牵引发动机。1922年，他写道：“我渴望与机器打交道。父亲并不完全赞同我对机械的痴迷，而认为我应该做个农民。当我17岁离开学校到干船坞发动机厂（Drydock Engine Works）机械加工车间当学徒时，几乎要绝望了。”这段描述太过简单，省略了许多内容。他的确在1879年离开了家，但并非是为了踏上机械研发的道路。他前往底特律，住在姑姑丽贝卡·福特·弗莱赫蒂（Rebecca Ford Flaherty）家。这里是他的避风港，他想在这座城市找一份工作。对这位未来的机械师而言，这里充满了希望。

进入底特律，施展机械天赋

底特律曾经是毛皮贸易的前哨，后来成了木材基地。1825 年，伊利运河开通，连接起了东海岸和当时的西部边境，底特律得到了惊人的发展。在伊利运河竣工前夕，这里的居民还只有 9 000 人。等到福特移居这里时，这座城市的人口已经达到了 11.6 万。城市北边有铁矿和铜矿，而且到处都是木材。科尼什（Cornish）的钢铁工人闻讯来到了这里，很快底特律就开始销售铸铁的炉子、火车车厢，以及五大湖区轮船蒸汽机所需要的锅炉和主要材料。这些金属和木材养活了近千家大大小小的公司，从马车制造商到皮革制品商等无所不包，而在一代人之后，这些金属和木材又变成了汽车零部件。底特律与东部的联系非常密切，甚至已经开始有了在圣诞节吃炖牡蛎的习俗，而且这个习俗持续了近一个世纪。这道美味的主要原材料是用木桶运来的，外面用大西洋的海藻稳妥地包装好，等运到时牡蛎还是鲜活的。

福特很快就在密歇根有轨电车工厂找了一份工作，不过 6 天后就被开除了。他从未提及被开除的原因。或许因为他第一次意识到有老板管束他会让他不自在，或许如同人们普遍认为的那样，他能快速熟练地诊断出机械故障并进行修理，所以让其他资深的机械师心生妒忌。不管是出于什么原因，福特被解雇了。这时威廉·福特开始介入其中，他也许意识到没有希望能使亨利·福特回到农场，于是把儿子带到他的好朋友詹姆斯·弗劳尔（James Flower）的工厂，在那里给儿子找了一份工作。这家工厂是弗劳尔和他的两个兄弟在底特律开办的很有发展前途的机械厂。这里的薪水远不及有轨电车工厂高，当时亨利·福特在有轨电车工厂每天挣 1.1 美元，但新工作要每周工作 60 个小时，每周的薪水却只有 2.25 美元。不过他喜欢弗劳尔兄弟工厂。

当时 12 岁的清洁工弗雷德·施特劳斯（Fred Strauss）介绍道：

> 这是一家很棒的工厂……他们生产各种铜制和铁制的球心阀、闸阀、锣、汽笛、消防栓和管道阀门，种类繁多。一些大型阀门的铸铁件的重量

可以达到一吨甚至更重。

他们生产各种制品，为此拥有各种各样的机器，包括大大小小的车床和钻床。一些大型车床会闲置数个月，但工厂必须配备这些车床，用来完成不同的工作。

这家工厂的机器数量超过了工人的数量。

这座现实中的“博物馆”实际上也是福特的大学，福特不停地去尝试了解“博物馆”内的机械展品。一些机械正忙碌地吐出金属卷，火花四射；一些机械则安安静静地躲在黑暗之中。但不管怎么样，它们教给福特的东西越来越多。

福特在弗劳尔兄弟工厂与施特劳斯成了朋友，尽管这位清洁工要比自己小 4 岁。“我的工作就是在铜制品车间打杂，”施特劳斯回忆说，“福特负责操作一个小型的铣床，铣削铜阀门上的六边形。他们让福特和我搭档，我们两个的关系马上就变得亲密起来。福特和我一样都在车间里工作，不过他不用去扫地板。我负责扫地板，其实我比他更像是个工人。他从来都不是一个好的工人，但他是一个好朋友。”

尽管福特对弗劳尔兄弟工厂的工作非常满意，但这份工作还是让他陷入了经济窘境。当时他已经从姑妈家搬了出来，住到了贝克大街上包膳食的公寓内，这样离上班地点更近。食宿费合计 3.5 美元，每周他付账单时都缺 1 美元多。为此，他找到了密歇根大街上的钟表商罗伯特·马吉尔（Robert Magill）。此前，福特曾经花好几个小时跟着马吉尔观察手表。马吉尔喜欢福特，他给福特每周 3 美元的薪水，即每个晚上工作 6 小时，能赚 50 美分。福特精力充沛，每天 16 小时的工作并没有让他感到疲惫。一位老朋友回忆说，他似乎是“弹簧做的”。尽管已经 16 岁了，但他看上去还是非常小。马吉尔让他从店铺的侧门偷偷溜进来，直接进入后室，以免顾客认为自己的手表托付给了一个小孩。福特非常喜欢钟表店的工作，所以罗伯特·马吉尔的店铺现在也被搬到了格林菲尔德镇，里面有展示柜、马吉尔太太的刺绣品，还有福特常常溜进去的那扇侧门。

福特在弗劳尔兄弟工厂待了 9 个月，也就是差不多一个学年的时间。当时他认为自己在这里已经学到了所有能学的东西。他回家帮助家人收割庄稼，然后在 1880 年秋天又回到了底特律。这一次，他进入了底特律干船坞发动机厂，那里的规模比弗劳尔兄弟工厂还要大。

福特和施特劳斯一直是朋友。施特劳斯说："福特总是想要制造东西。我第一次看到他自己花钱（他通常会让别人花钱），是用 1.25 美元买了一套铸件……用于小型蒸汽发动机的铸件……福特总是会有其他想法。我们的那台机器从来没能完工过，因为他总是不断有新的念头。"后来的事实证明，他不需要完成制造那台小型蒸汽发动机，因为他马上有机会操作一台实际尺寸的蒸汽机。到了 1882 年，威廉·福特的一个叫约翰·格利森（John Gleason）的邻居购买了一台便携式蒸汽发动机。虽然这台发动机的大小比不上 6 年前曾经让福特为之震惊的尼科尔斯－谢泼德公司的蒸汽机，但仍然是一台动力强劲的机器。这台 345 号蒸汽机的制造商为西屋电气公司，其发动机位于前部的驾驶座椅下面，后面是一个垂直的锅炉。与尼科尔斯－谢泼德公司的蒸汽机一样，这台蒸汽机可以自行运转。"动力通过皮带传送到后轮，"福特回忆说，"它们每个小时能够行驶 19.3 千米，尽管自动运转功能仅仅只是偶然之作。"345 号蒸汽机的主要功能并不是在地里到处行驶，而是在某个工种旁边为之提供动力，比如打谷子、粉碎饲料或锯木头。福特要让这台蒸汽机能做所有这些工作。

格利森此前已经聘请了一位操作人员，"但这个人对蒸汽机一无所知，"福特说，"……格利森发现自己遇到麻烦了。我认为格利森害怕自己的这台机器。这个冒着蒸汽、速度极快的东西让他感到紧张，所以第一天他几乎没有用过它。"格利森此前听说过威廉·福特的儿子亨利·福特精通机械，所以第二天一大早，他就出现在福特家的门前。亨利·福特回忆道："格利森问我是否可以去他那里操作这台机器，当时我感到前所未有的骄傲。父亲对此有些犹豫，我确信他害怕让我去和发动机打交道，因为事实已经证明，即使对专业工程师而言，发动机也太难操作了……父亲问我对自己的能力是否有把握，他的语气流露出他是有所怀疑的……说实话，我也很害怕……但我不愿意被一台发动机打败，于是我郑重地向父亲和格利森保证，我肯定可以。"威廉和格利森商量了一下。当时亨利·福特的弟弟们已经长大，所以他不一定非要帮助家里进行收割，而且毫无疑问，他在机械方面有一定的专长，所以"他们最终决定让我试一试"。

福特尽可能装作若无其事的样子来到机器旁。他称这台机器为"小发动机"，但整个机器堆在一起比他还要高出 1.8 米，而且已经吓跑了一个专业人士。尽管如此，福特还是将燃烧室塞满燃料，调整了气门，福特讲述道："最开始我极度紧张不安，但没过多久，我的顾虑就完全消失了，可以说，我完全控制了发动机……第一天结束时，我已经疲惫不堪。但在我的操作下，机器运转非常稳定。在意识到已经完成了自己最初计划的工作后，我忘记了疲倦，也忘记了要摆出严肃的样子。"

在那年的 83 个夏日里，亨利·福特带着蒸汽机在农田和林地里忙碌，每天工作结束后都能赚得 3 美元的丰厚收入。"工作很辛苦，我必须自己给 345 号蒸汽机添火，燃料基本上就是废旧的栅栏，偶尔也会烧几次煤。"煤是从宾夕法尼亚州或俄亥俄州购进的。对于那个被森林覆盖的世界来说，煤是一种奢侈品。"我越来越喜欢那台机器，"福特在夏天结束时说，"我已经完全成了操作那台机器的专家。当我带着它穿过崎岖的乡间小道时，有一种前所未有的满足感。"

在福特零零碎碎的记忆中，345 号蒸汽机最终被卖给了宾夕法尼亚州麦基恩县的某个人。所以在 1913 年，福特决定去寻找这台机器，至少他知道从哪里开始寻找。最终他找到了这台蒸汽机，当时它正闲置在宾夕法尼亚州的一个农场里，只有刻着"345"这几个数字的生产商铭牌被作为炉子的补丁还依然在使用。农场主开价 10 美元，福特认为锈迹斑斑的管道不值这么多钱，所以要求必须附上生产商的铭牌。那位农场主同意了，于是福特支付了 10 美元，还送给了农场主一辆新的 T 型车。

I INVENTED THE
MODERN AGE

第3章 第一台汽油发动机在厨房诞生

福特在热恋中

福特对345号蒸汽机有着深厚的感情，这其中有多个原因。一方面，在那个夏天的工作中，他显然对蒸汽机主人的女儿克里斯蒂娜·格利森（Christine Gleason）动了心。同龄人形容克里斯蒂娜·格利森是“第一美女”，她的哥哥透露，福特向她求了婚。但克里斯蒂娜·格利森选择了年龄更大、家境也更好的约瑟夫·谢费瑞（Joseph Sheffery）。谢费瑞拥有一家铁匠铺，而且经营着马匹和马车生意。后来福特年纪越大，报复心也越重。不知道最终他是否对自己的职业生涯感到满意，因为他后来凭借在汽车制造上的成就毁掉了谢费瑞的马匹和马车生意。或许他并没有真的对格利森一家怀恨在心，因为格利森的345号蒸汽机也让福特和约翰·切尼（John Cheeney）有了联系。切尼负责管理西屋电气公司在南密歇根州的输变电线路，他前来察看福特的工作情况，并且聘请他修理和管理西屋电气公司在密歇根州和北俄亥俄州的所有发动机。这让福特在整个夏季都开心地忙碌着，并且收入颇丰。他生活在自己所喜欢的农村，并且用机器让自己所厌恶的零工变得有趣。

冬天来了，雪花飘落，辛劳的一季结束了。福特要回到农场和他在那里的工作室。有大量传言称他在短暂的寒冷日子里曾经想要制作自驱式车辆。尽管他后来有时会坚持声称这些成品都能行驶，但这都不过是模糊的传言。可是时间并没有被白白浪费，他那时确实已经开始构思制造一台车，只是如果使用蒸汽动力来推动车前进的话，会导致整个机械系统过重。

1884 年 12 月初，福特再一次离开自己的工作室，前往底特律。这一次，他不是去工厂，而是进入了戈德史密斯布赖恩特与斯特拉顿商学院（Goldsmith's Bryant & Stratton Business University，以下简称戈德史密斯商学院）。这所商学院位于格里斯沃尔德街的一栋外表坚固的建筑内。

关于这所学校对福特的影响，我们所知道的是在很短的一段时间内，福特学会了清晰流畅地书写。但这种情况并没有持续多久，因此在后来，福特的信函和笔记总是让他的传记作者们感到困惑不解。西德尼·奥尔森（Sidney Olson）是福特的早期记录者，他聪明诙谐，颇具洞察力。奥尔森曾经说过："当戈德史密斯商学院对福特的影响消退时……他的文笔变得含糊不清，毫无章法可言，每个简单的单词都可以有多达 10 种的不同诠释。"作为例子，奥尔森提到了"随笔"（福特记录自己在校园内生活的笔记）中的内容。福特在这本笔记上记录下了自己所有感兴趣的东西，奥尔森说，其中包括音乐，"30 余年里，'维也纳森林的故事'这个标题从来没有哪两次写的是一样的，而且从来没有一次是正确的。"

没有记录表明福特在戈德史密斯商学院学了哪些课程，而且他在这里并没有待太久。夏天的时候，他带着自己的蒸汽发动机离开了学校。我们可以饶有兴趣地去猜想，他在这所学校是否遇到过当时默默无闻的卡内基或洛克菲勒呢？无论如何，这里都是这位才华横溢的商人接受唯一一次正式商业教育的地方。

1885 年，在福特尽可能接触和研究蒸汽发动机的过程中，他接受了一项预示他未来发展方向的任务。当时他在弗劳尔兄弟工厂负责金属切割。一位来自英国的黄铜装配工借给他一本《英国机械和科学世界》（*English Mechanic and World of Science*）。在这本杂志中，他看到一位名叫尼古劳斯·奥古斯特·奥托（Nikolaus August Otto）的德国人已经发明了一款"煤气发动机"。福特回忆说："这款发动机使用的是煤气，而且只有一个大型的汽缸……它的功率比不上蒸汽发动机，而且使用煤气排除了它在道路上使用的可能性。我对它感兴趣，只是因为我对所有的机械装置都感兴趣。"不过他在科技杂志上继续跟进了解奥托发动机，"有迹象表明，煤气可能被汽油汽化形成的气体代替"。

因此，当底特律的老鹰钢铁厂找福特修理一台奥托发动机时，虽然这是他见过的第一台煤气发动机，但他并非对其一无所知：“在这座城市里，大家对操作这种发动机感到一筹莫展。有传言说我了解，尽管我从来没有和谁讲过这方面的事情。我接受了这项工作并且完成了它，这也给了我一个直接研究这种新型发动机的机会。”

同样重要的一次机会发生在 1885 年的元旦，福特开始对跳舞产生了兴趣。妹妹玛格丽特说：“当时并没有老师教跳舞，他是在派对上学会的。”他去参加了马丁代尔大厦（Martindale House）的新年之夜庆祝活动。

在舞厅里，小提琴手会给出指示，例如：“最后一位男士往右，藤步旋转绕着那位女士跳。”福特也来学习跳舞。在一段四人舞蹈中，他发现旁边是自己的远房表妹安妮·福特，而对面是一个优雅的深发女孩。安妮为他们两个人做了介绍。深发女孩叫克拉拉·简·布赖恩特（Clara Jane Bryant）。在克拉拉看来，福特是一个比自己年长几岁的纤瘦的年轻人，有一双大大的灰蓝色眼睛。福特结结巴巴地说了几句客套话，显然有点儿神魂颠倒，局促不安。为此当一个舞伴带着克拉拉走入人群中翩翩起舞后，福特的表妹马上悄悄地训了福特一番。

同那个自驱式牵引发动机一样，克拉拉也让福特一见钟情。福特几个月来流连于各种舞会，希望能够再见到她，可惜都是无功而返。将近一年后，福特终于成功地找到了克拉拉。当时是圣诞节期间，他们一起吃了炖牡蛎。后来，福特很专业地向克拉拉讲解了自己刚刚购买的一块手表，告诉她这块手表用钢针显示新建立的标准铁路时间，用铜针显示当地观察的日出日落时间。这次聊天的效果远远超出了福特的期望。克拉拉回到家后，告诉父母自己喜欢福特：“他是一个喜欢思考的人，非常严肃，而且思维缜密。”这种特质也许对克拉拉颇具吸引力，因为她也是这种人，但她所在的大家族里并非人人如此。她有 9 个弟弟妹妹，其中有两个妹妹非常聪明漂亮，但脾气反复无常，其中伊娃早就以坏脾气而闻名。

如往常一样，福特渴望追求到自己想要的东西。他立马购买了一个雪橇，这样就可以在冬日里带着克拉拉外出。1886 年情人节，福特给克拉拉写了一封自信满满的信："非常高兴给你写信。一日不见，如隔三秋。我们似乎没有晚上坐雪橇出去过，但我觉得我们应该多坐雪橇出去走走……如果天气不好，今天晚上就不出去了，但如果天气和道路都还可以，等着我……亲爱的克拉拉，你难以想象，能找到一个像你这样让我深爱和信任的人是多么令人高兴的事情，希望我们两个人能天长地久。"因为有戈德史密斯商学院的训练，所以福特在这封信中的字迹还比较清晰，但拼写就有点儿让人难以捉摸了。福特的积极努力，终于有了成果，在克拉拉 20 岁生日几天后的 4 月 19 日，两人订婚。不过克拉拉的母亲认为虽然订婚了，但自己的长女还太小，此时结婚为时过早。

几个月过去了，福特一直在热恋中。漫长的求爱之路沿袭着固定的模式：马丁代尔大厦的四对方舞、夏日在父母家庭农庄里的野餐，以及月光下的剥玉米会。在剥玉米会上，如果谁发现了红耳朵玉米，就可以赢得一个吻。这些故事听起来都有着知名印刷公司柯里尔－艾夫斯公司（Currier & Ives）所印制的画作中的甜蜜平静气氛，但对于福特而言，这段日子虽然充满了激情，却又混杂着难耐的思念。

当威廉·福特同意亨利使用他占地 32 万平方米的土地时，这种不确定性终于结束了。这块土地是威廉刚刚从福特家西面约 1.2 千米远的邻居莫伊尔那里购买的。有一半已经平整好，剩下的一半上面还覆盖着茂密的树林。亨利·福特的第一个任务就是把那些树砍掉。在完成这些工作后，他的父亲希望他能够在农场过上红红火火的生活。威廉早年在爱尔兰只有几亩土地可以用来耕种，而且还是租种别人的地。现在的日子对他来说，已经算是一种不可思议的进步了。亨利·福特在砍树中发现了机会，有别于父亲的做法，他是借助蒸汽机来砍树，而不是犁。之后，他会将木材卖掉。莫伊尔的老宅虽然非常简朴，但很适合居住。这样他就有了一块地，有了一份收入，还有了一栋房子，而且这里距离其未婚妻长大的地方很近。

当然，布赖恩特太太现在没有理由再推迟婚礼了。1888 年 4 月 11 日，克拉拉和亨利·福特在布赖恩特的家中举行了婚礼。

为了学习电的知识，必须搬到底特律

福特和克拉拉从一开始就相处得很融洽，玛格丽特认为他们订婚前那段共同劳动的时光使福特对克拉拉的感情变得更加深厚了。当时平整过的土地上仍然有一些碍事的树桩，于是威廉·福特安排儿子去把那些树桩清除掉。福特借来了约翰·格利森的蒸汽机，并且极力邀请女孩们来看蒸汽机是如何工作的。345 号蒸汽机又回到了他的生活中。

玛格丽特和克拉拉都来了，看着福特使用蒸汽机将顽固的树桩连根拔起，接着颠簸前行去拔起另一处树桩。345 号蒸汽机闪闪发亮的金属和时不时冒出的火花丝毫没有让克拉拉感到害怕。玛格丽特写道，哥哥"当时相当热衷于采用这种方法完成农场的体力活，并且时常向我们讲述蒸汽机工作的原理，除此之外没有别的话题。克拉拉和我都是很好的倾听者，但我必须承认，我们对所有关于蒸汽机的说明都听得一知半解。但我敢肯定，克拉拉愿意坐上这台蒸汽机，亲眼看着亨利工作，这使亨利更加确信克拉拉是他合适的妻子人选"。

"关于蒸汽机的对话"可能给克拉拉留下了比玛格丽特意识到的更深刻的印象。克拉拉此前听自己的男友介绍过那块两用手表，并且回家后还和父母说起过这件事情。她也看到了男友操作 345 号蒸汽机的那种专业和轻松，知道他是底特律唯一能够修理奥托发动机的人。克拉拉完全相信福特在机械方面的能力，为此福特开始高兴地称呼克拉拉为他的"信徒"。福特对克拉拉也深信不疑，他们互为信徒。

在莫伊尔的房子里共同生活了几个月后，两人开始商量修建一栋更好的住宅。克拉拉列出了一些房间尺寸的数据。"亨利，写出这些数字我已经尽力了，你再好好看一下对不对。"

福特直接使用了克拉拉列出的数据，并且立刻开始切割和烘干木材，用于修建他们的"方邸"。在一位专业木匠的帮助下，这座长宽均为 9.45 米的一层半高的房子竣工了。这栋房子看上去让人感觉非常亲切，而且其左右对称，给人以后现代的感觉。第一层是一个立方体，上面还竖立着一个折线形屋顶，配有老虎窗，外面宽敞的门廊和 3 层经过车削加工的扶手，给房子又添了几分亮色。福特家的亲朋好友认为在他们夫妻所有的房子中，“方邸”是最有魅力的。他们在1889年春天搬进了新房，并且在这里住了很久。在福特被邀请去底特律修理另一台奥托发动机的那段时间里，克拉拉修建了一个花园，并且为家里添置了一台管风琴。

底特律灌装厂的这台发动机比福特此前所看到的第一台奥托发动机要小一些，也更灵活一些。福特回到家后显得心烦意乱，他坐下来对着一些技术杂志冥思苦想。过了一会儿，他打断了坐在管风琴前弹奏的克拉拉，提到了那台他花了一整天时间研究的发动机，并且说他相信这种发动机可以用来驱动一辆没有马匹的马车。克拉拉感到迷惑不解，于是福特拿来一张乐谱纸，在上面画出了这辆车的草图，并且边画边解释。在颇具权威性的传记中，艾伦·内文斯（Allan Nevins）说：“这幅图和福特画的其他图的区别就是这幅图里的说明文字要比图多。”玛格丽特说，当克拉拉听懂自己的丈夫正在说些什么后，“她完全相信福特能做到”。

另外，福特对锻造和车削技术也了如指掌，非常了解蒸汽机。但奥托发动机是电火花点火，而他对电了解甚少。为了学习这方面的知识，他必须搬到底特律，在一家电力公司找一份工作。他告诉克拉拉，希望自己能够到爱迪生照明公司工作。其实福特早已经得到了这份工作，他几天前曾经去过底特律，并且抽空去了趟爱迪生照明公司的人力资源部门。

爱迪生照明公司于1885年前创立，当时为1 000户家庭和5 000盏路灯供电。福特在门口遇到一个正往外走的“老人”。“请问这里谁负责？”福特向他打听道。这位老人是查尔斯·菲尔普斯·吉尔伯特（Charles Phelps Gilbert），他回答道：“是我。请问有什么可以为你效劳？”福特自我介绍说：“我是一位工程师。这里有工作可以给我做吗？”菲尔普斯问：“你了解这里的工作吗？”福特大胆地回答说：“我想我足够了解。”福特这句话说得比较谦虚了，他对电有足够多的了解，知道发电机的动力来自蒸汽发动机，而没有什么蒸汽发动机是他不会操作的。菲尔普斯说：“好吧，我认为这里有个岗位可以给你。上周，一位员工在变电站被杀，我们需要有人马上来接替他的工作。”工作时间从晚上6点到早上6点，薪水为每个月40美元。

克拉拉有些焦虑。福特可能并没有告诉她自己准备接替一个死者的工作，但她显然明白福特的计划究竟意味着什么。她将要背井离乡，离开她此前一直生活的乡村，离开她参与设计的房子，离开自己的花园。玛格丽特说："这让她心碎不已。"不过克拉拉是福特的信徒。1891 年 9 月 25 日清晨，福特夫妻离开了"方邸"。同一天，福特也开始了在爱迪生照明公司的工作。

随着福特夫妻的离开，威廉希望儿子在家庭农场安顿下来的想法也彻底落空了。亨利用一句话总结了自己最终离开农场的原因，尽管这句话只有寥寥几个词，但足以让人们看到，他从未想过要放弃发动机，改当一名农民。这句话就是："我要砍的木材已经全部砍完了。"

开启在爱迪生照明公司的工作

克拉拉和亨利·福特租下了约翰 R 街 618 号一栋连拼住宅的右半部分，那里距离福特接任被杀工人上班的变电站有 10 个街区。底特律对克拉拉来说是一个完全陌生的地方。相比之下，爱迪生照明公司的变电站对福特来说就没有那么陌生了，因为变电站里有一台他了如指掌的功率为 73.55 千瓦的贝克蒸汽机。在爱迪生照明公司里，福特熟悉的贝克蒸汽机旁矗立着两台完全陌生的机器，一台赖斯直流发电机和一台奥尔丁顿－西姆斯发电机。这两台机器会发电，而福特也正打算学习有关电的知识。他的运气很好，在他去爱迪生照明公司上班前，贝克蒸汽机就坏掉了，这让他有机会使用新型发电机。

后来，爱迪生照明公司成功地争取到为这座城市的教堂供电的合同。周日的用电量通常会是最高峰。一个周末，贝克蒸汽机因为压力过大而出现故障。一根活塞杆断掉了，阀门破裂，而且在汽缸体上出现了一个洞。福特立刻意识到蒸汽机损坏得非常严重。吉尔伯特和福特共同检查了一番，吉尔伯特认为必须花高价请一位专家来修理，而且教堂那边可能已经去找爱迪生照明公司的竞争对手来供电了。但福特说自己可以修理这台蒸汽机，这让吉尔伯特大吃一惊。吉尔伯特并不怎么相信，但他告诉福特可以去试试。福特启动了自己的修理模式。他换了一个新铸造的汽缸体，修理了阀门和活塞杆，并且对发动机的核心构件进行了调整，让它能够成功应对以后像周日用电需求量过高这样的巨大压力。整个过程中，完全看不出他曾经是个消极怠工，只会让朋友们来帮自己完成工作或者是去喝口水后就消失不见的人。福特始终守在发动机旁。在接下来的周日，贝克蒸汽机工作状况良好，而且底特律的教堂当天就用上了它发的电。

吉尔伯特立刻给福特加了5美元的工资，并且不久后又加了一次工资。这种蒸蒸日上的感觉让克拉拉感到很满意。福特在爱迪生照明公司第二次加薪后，夫妻二人搬到了华盛顿大道，并且此后不久又搬到了卡斯大街。在接下来的几十年里，克拉拉不断地打包行李，先后搬了10次家。

在福雷斯特大街居住时，他们的儿子出生了，这也是他们唯一的孩子。负责接生的医生名叫戴维·奥唐奈（David O'Donnell）。他从医学院刚刚毕业一年，因为克拉拉的弟弟哈里此前在底特律的一家香烟店与他相识，而且认为奥唐奈在给哈里的妻子接生时表现不错，因此1893年11月6日，福特夫妇请奥唐奈到位于福雷斯特大街的家中。因为当医生的时间不长，还买不起医生执业的必需品——马和马车，奥唐奈骑着单车来了，医药箱就挂在单车的车把上。"我没有碰到任何难题，"奥唐奈说，"福特太太没有给我带来任何麻烦，她从未抱怨过。福特先生当时也在家中，他并没有显得很激动，也没有打扰我。要知道，多数年轻的父亲会把医生烦死。"奥唐奈医生颇为喜欢福特这位年轻的父亲，福特也同样喜欢奥唐奈。在奥唐奈有钱买得起汽车后，福特汽车公司一直为他免费维修汽车。

这次出诊的结果令人非常满意。夫妻二人结合了福特在学校时的好友的名字和克拉拉家族的名字，给新生男孩取名为埃德塞尔·布赖恩特·福特（Edsel Bryant Ford）。

亨利·福特就在儿子出生前不到一周的时候得到提拔，离开了变电站，到爱迪生照明公司总部工作。埃德塞尔出生10天后，爱迪生照明公司将他父亲的工资翻番，达到了每个月90美元。到了那一年的12月，福特的月工资甚至达到了100美元，被任命为总工程师，这也意味着他要24小时待命。许多人可能不喜欢这点，但福特不会。他已经成功地争取到了自己想要的位置，并且打算在这个位置上度过他的余生。事实上，他现在已经对直流发电机了如指掌，而且随时准备围着发电机工作，他没有固定的工作时间。如果没有出现紧急状况，他可以随心所欲地决定上下班时间。对于这种工作方式，他非常满意，他充分掌握了西德尼·奥尔森所说的“紧急应召的艺术”——随时停下来，解决这个电枢或那个电容器突然出现的问题，轻松地和正在干活的人开开玩笑，然后离开。“他似乎始终都很轻松惬意，”奥尔森说，“而且他一旦走开后就无影无踪了。”

随后的岁月，他还在其他机械厂中有过短暂停留，不断地从实践中学习。不过多数情况下，他会在巴格利大道 58 号，那里是福特自 1893 年 12 月 15 日起的新家，这也是他结婚后的第 7 所住宅。这是一栋坚固舒适的两户式砖式建筑，每月租金 25 美元，福特夫妇可以使用屋后的柴房。说是柴房，实际上那间房子的情况要比它的名字好很多。这栋砖砌的附属建筑非常大，福特和邻居可以共用。

福特的邻居名叫费利克斯·朱利恩（Felix Julien），是一个再好不过的沉着、和蔼的老人，已经从煤炭行业退休。朱利恩很快注意到这位新邻居并没有在柴房里面存放木柴或煤炭，而是摆放了长凳和机器，打算制造什么东西。他将自己的煤炭搬回屋子里，然后拆掉了将柴房一分为二的砖墙，方便福特使用整间柴房。显然，相比于存放了木柴或煤炭的拥挤，福特可以更好地利用这个空间了。朱利恩唯一的要求就是自己可以随时过来看看，他觉得金属加工太让人着迷了。

就在举家搬入巴格利大道几天后，福特在爱迪生照明公司的工厂内看到一位锅炉维修工在发动机内切割和焊接几根管子。这位锅炉维修工的名字叫詹姆斯·沃尔芬登（James Wolfenden）。完成修理工作后，沃尔芬登发现剩下的管子太长，不好随身带着去参加自己迫切想参与的圣诞活动，于是，他拿着管子向废料堆走去。在当时，每个工厂都有这种废料堆。这时，福特让他将管子放在自己身旁，说自己会来处理。

福特早已想到沃尔芬登丢弃的垃圾可以做成一个汽缸，正好可以用在自己的汽油发动机上。在接下来的几天里，他把这段管子进行了镗孔，使其直径变为 2.54 厘米，并且制作了一个活塞可以在管子里滑动。然后又找来了其他零部件：车床上被废弃的手轮可以用作飞轮；凸轮、排气阀以及外面包布的小截电线可以用来产生火花，让这些零部件动起来……他将这些零部件组装在一起，然后将成果展示给妻子看。这可能是 1893 年底特律最出乎意料的圣诞惊喜了。

平安夜的发动机实验

12 月 24 日晚上，克拉拉正在厨房忙碌，准备款待将在节日来做客的娘家亲戚。这时，福特带着他的新机器走进厨房。机器看上去并不让人震撼。他将那根管子装在一块板子上作为汽缸，然后用一根看上去脆弱的钢结构杆将汽缸内的活塞连接到几厘米之外的曲轴上。第二根钢结构杆（也不比铁丝衣架粗多少）则直接通向管子的侧面。在第一根杆移动时，第二根杆也随之移动，从而打开或关闭排气阀。两根杆通过车床的手轮来带动，而这个手轮已经过改造，升级为飞轮。

这是福特制造的第一台汽油发动机。但这台发动机还仅仅是个雏形，这也就是它会出现在厨房的原因。如果这个设备要工作，则需要两个人共同进行操作，一个人负责往进气管狭窄的入口添加燃料，另一个人负责旋转飞轮来启动。最重要的一点在于，它需要电，而只有厨房才有电，柴房里没有通电。福特将一根电线插入汽缸内，当活塞移动时，另一根嵌在里面的电线会与这根电线接触。随着活塞继续运动，两根电线又会分开。在通电状态下，两根电线之间就会产生火花，点燃由于活塞推动挤压燃料所产生的气体。

埃德塞尔正在隔壁房间睡觉，亲戚们快要到了，这是克拉拉一年里最忙碌的一个晚上。但她是丈夫名副其实的信徒，她让到了一边，而福特将自己的发动机固定在厨房的水槽上，然后拿着汽缸内电线的另一端接上天花板顶灯的线路。

他递给妻子一壶汽油，并且发出指令，请她将这些汽油倒进机器进气管顶部一个顶针大小的杯子里。然后拧一个螺丝，这个螺丝能够控制汽油流入汽缸的速度，但具体取决于这台原始发动机的“饥渴”程度。福特将一只手放在轮子上，克拉拉开始倒油。清澈的液体滴入了那个小小的杯子，厨房里顿时弥漫着一种奇怪的味道，如果在 1893 年，这种味道会让大部分美国人感到迷惑不解，甚至为之惊恐，因为他们更熟悉木材燃烧的气味。福特转动轮子，活塞从杯子处吸入空气和汽油。厨房的灯光暗淡下来，似乎是在进行抗议。火花溅起，汽缸发出了刺耳的声音。福特再次转动轮子，发动机爆发出刺耳的轰鸣声，飞轮转了起来，凸轮开始工作，排气阀喷出蓝色火焰，厨房水槽跟着固定在上面的发动机一起开始摇晃，废气使厨房的灯光更加暗淡，而且噪声显然惊扰到了埃德塞尔。这种状况持续时间并不长。30 秒钟后，福特对克拉拉说可以从水槽旁走开了。杯子里面的汽油都已经流进了发动机里，发动机也安静下来，此后它再也没有运转过。“我并没有就此罢手”，福特多年后说。这个靠废弃物拼凑起来的机器已经教会了他所需要的东西。

福特已经到了而立之年，不再年轻。他有一份体面且有前途的工作，他不能拿自己和家庭的未来作为赌注，押在这个利用闲暇时间捣鼓出来的新奇玩意儿上。不过克拉拉知道，那正是福特想做的事情。克拉拉把手上的汽油清洗掉，又回去继续自己的烹饪工作。

I INVENTED THE
MODERN AGE

第 4 章

从零开始，福特的第一辆车研发成功

平安夜那晚的实验发动机就像是福特第一辆汽车“成长”的种子，但这种成长是一个缓慢的过程，因为福特对每一颗螺丝、每一个支架都思量再三，而且许多零部件都是第一次制作。福特当时所处的世界里可没有什么汽车零部件。

当他必须考虑发动机非常重要的化油装置时，没法借助那些讨论浮子阀和节气门的文献资料。化油装置是至关重要的，它能够在燃油被吸入发动机汽缸前将其和适量的空气进行混合。福特不得不自己构想这个机械装置。如何合理配比空气和燃油的混合物，从而使它们在汽缸内能够充分燃烧？如何让燃油从存储的地方流动到这个装置内？如何让化油装置不管寒冬还是酷暑、不管空气干燥还是潮湿都能正常工作？司机必须通过控制化油装置来控制车辆，如何连接化油装置和司机的操控装置？福特可能在当时甚至都没有想到过“化油器”这个词，这个词两年后才作为汽车的零部件第一次出现。

做喜欢的工作绝不会感到辛苦

西奥多·罗斯福（Theodore Roosevelt）过世后的 1922 年，亨利·福特成为在世的最著名美国人之一。他出版了自传《把一个产品做到极致：福特自传》。扉页上写着：“与塞缪尔·克劳瑟（Samuel Crowther）合著”。克劳瑟是一位能力很强的记者，但在这次不对等的合作中，他感觉自己几乎是孤军奋战。如果说当初在爱迪生照明公司工作期间福特就难以待在某个地方不四处走动的话，那么在 25 年后这就更是不可能的事了。在阅读这本书时你必须持审慎的态度，因为克劳瑟从这位忙忙碌碌的自传主人公——福特身上所捕获的信息通常都是错的。比如福特宣称自己发明的第一辆汽车成功上路的时间要比书中所写的时间晚 3 年。但不管怎样，书中的许多片段听起来的确像是福特的话，直截了当，辛辣无比。

谈起生活在巴格利大道的那些日子，福特说道："我必须从零开始。也就是说，尽管我认识众多宣称研究'无须马拉的马车'的人，但我实际上并不知道他们究竟在做些什么。"尽管还要在位于底特律的爱迪生照明公司上班，但从零开始的汽车制造工作并没有让他精疲力竭。"我不能说工作很辛苦。做喜欢的工作我绝对不会感到辛苦，"接着他幽默地补充说，"而且我妻子对我的信心甚至超过我本人，这实在是太棒了。她一直都是那样。"在自传中福特对自己的实际研发工作几乎只字未提。在谈到自己在两年半时间内付出的不懈努力时，他只是说："最大的问题就是如何产生和中断火花，以及如何避免机器超重。至于变速器、转向装置和总体结构，我可以借鉴我在蒸汽牵引发动机领域的经验。"

与福特同时代的发明家

人们可以从和福特同时代的海勒姆·马克沁（Hiram Maxim）那里更加清楚地了解巴格利大道的柴房里发生的事情。那时海勒姆·马克沁正在马萨诸塞州西林恩孤军奋战，研发自己的自驱式车辆。两人都从未听说过对方。不过福特可能熟悉马克沁这个名字，因为马克沁的父亲早已凭借研发现代机关枪而在科技期刊上广为人知。两人都在同一个"迷宫"内摸索前行。

马克沁进入这个"迷宫"是受一位女士的吸引。这位女士让他"神魂颠倒，如痴如醉"，她的家就在塞勒姆。1892 年夏天的一个深夜，马克沁骑着单车沿着西林恩和塞勒姆之间 8 千米长的一条乡间小道前行，他突然冒出一个念头："如果能设计一台为自行车提供动力的小型发动机，那将是一件多么美妙的事情啊。"要制造这样一辆车"似乎并不困难"，因为它"所需的动力不会超过 0.18

千瓦，这对于发动机来说不算什么”。

40 年之后，马克沁在一本有趣的回忆录《无须马拉的马车时代》（*The Horseless Carriage Age*）中详细回忆了这一灵感诞生之后的事情。马克沁比福特小 6 岁，是美国东部人，终生未婚，他们两个人所处的境况类似。马克沁也管理着一家大型工业企业（军工厂），而且同福特一样，他也认为汽油应该可以作为推动车辆前行的能源。

“最初，”马克沁说，“我对发动机理解得很透彻，但对汽油知之甚少。只知道可以在涂料店买到汽油，而且汽油同炸药一样性能不稳定，容易挥发，可以用来清除衣服上的油渍。它是一种石油的衍生品。这就是我关于汽油的所有知识。”他先去涂料店买了一瓶 0.24 升的汽油。“这是一种无色透明的液体，看上去很纯净，”马克沁兴奋地研究着，“凝视着这个瓶子和里面迷人的液体时，我在脑海里面看到了成千上万的小油滴，他们蒸发后与空气混合，产生 10 倍于我用力蹬车时产生的动力。这种动力足够带我去塞勒姆。”

马克沁带着这瓶“魔水”回到工厂，开始进行实验。他找到一个黄铜炮弹弹壳，这在军工厂随处可见。这种黄铜炮弹弹壳有 30 厘米高，直径大概有几厘米，他往里面滴入一滴汽油，然后使劲摇晃，让汽油和空气充分混合。接着他闪开，扔进去一根火柴。短暂停顿之后，“传来了可怕的爆炸声，弹壳内冒出了火光，我刚才丢进去的火柴直接冲向了天花板。显然，一滴汽油所产生的威力比我疯狂的想象还要大 1000 倍”。马克沁又分别使用两滴和三滴汽油进行了实验，他惊讶地发现，滴入的汽油越多，爆炸发生的速度越慢，产生的威力也越弱，而发动机就依靠这种捉摸不透的液体运转。

在了解到相关情况后，他开始寻找能够安装这种发动机的车辆，他在塞勒姆找到一辆二手的哥伦比亚双座三轮车。尽管它的名字很响亮，但这种车所针对的客户是健壮的成年人。马克沁狠狠心买下了这辆车，“30 美元可是一大笔钱啊”。他将这辆三轮车弄回西林恩后，放在自己工厂办公室旁边的房间里。这辆车默默地催促着他，“它就停在那里，随时准备上路，只需要一个发动机来驱动它”。

马克沁一有空闲就泡在那里，从下午 6 点下班后一直忙碌到午夜。周六下午和周日也不休息。“我首先进行总体布局设计，包括链条传动装置、离合器、操作装置、换挡系统、油箱及其支架、发动机及其支架。但这样设计下来至少需要一辆专门的马车才能装下所有装置。”所以他将努力方向转到了发动机，这对他来说似乎要更加容易些。“我设计了一个轻型的三缸四冲程的风冷机器，气缸内径和活塞冲程都是 7.6 厘米，同时还有机动排气阀和自动进气阀……我没有设计化油装置、消声器、歧管和润滑系统，我认为这些小细节的设计工作可以等到方便的时候一次性搞定。”发动机的设计工作似乎吞噬了他所有的时间。“我需要连续几个月加夜班才能设计出所有的机械制作图，接着还要用几个月的时间来完成模型、生产铸件，以及机械加工工作。”

马克沁在 1894 年底完成了发动机的制造工作，他认为这是“人类有史以来创造的最漂亮迷人的机器”。但这个被他称为“小宝贝”的东西还需要一些他此前不屑于设计的基本装置。他用一个煤油罐临时制作了一个化油装置，并且试图启动它，但没成功。“我花了一周的时间试图启动这台发动机，却没有成功，未来似乎一片黑暗，令人望而却步。”他不停地实验，这个美丽的创造，除了“没有实现最初的设计目的”之外，在所有细节上似乎都是完美的。最终，他将这台顽固的机器与“工厂里的电灯系统”连接在一起，并且将它固定在车间的一台车床上以便将发动机翻转过来，准备再做一次尝试。此时，在 1 200 多千米之外的一间厨房内，他那陌生的同道中人也在做着同样的事情。

一位同事很好奇：“如果让机动车道路上的车辆必须配备工厂的照明系统和车床，以及驱动车床运转所需的电力，那么所有的东西放在一起是不是看上去有点儿太笨重了？”马克沁紧张地回答说这只是研究，因为他的武器制造商同行们都聚集在一起等着观看他的演示。

马克沁启动了车床，发动机运转，汽油的味道立刻充斥整个车间，看来燃油流动得很顺畅。但“小宝贝”依然保持安静。马克沁关掉车床，切断了发动机的汽油供应。此时可能出现了和弹壳实验中同样的情况——汽油越多，爆炸力越弱。在减少了发动机里的汽油量后，马克沁又减少了空气混合气体中的汽油含量。后来人们称这种汽油含量高的空气混合气体为富油混合气。他再次启动车床。发动机“转了几次，然后突然在没有任何预警的情况下发出了声响，就像是最可怕的机关枪突然开枪了，我以前从未听过这么可怕的咔嗒声。到处都是噪声。我的鼻子下方似乎有什么东西在以极快的速度嗡嗡作响，每个地方都在冒火，到处都是烟，气味呛鼻，大家都是一头雾水”。

这种在20世纪让人们习以为常的喧嚣在当时使马克沁的同事们受到了惊吓，马克沁也不例外。他原以为机器启动的声音听起来应该像“运行顺畅的小缝纫机”，而不是像一场战斗。他沮丧了几天，接着开始考虑设计消声器、排气管和化油器的问题，以及是否有必要在发动机上增加一些负重，从而让它不至于一个劲儿地往前跑，直到撞碎。

庞大的三轮车可以提供马克沁所需的阻力。他将发动机装在三轮车上面，他很喜欢这样。他想，加个离合器可能是个好主意，但可以晚点再设计。当前，他通过类似于单车的链轮装置将发动机直接连接到车轮上，一想到自己不用转动讨厌的曲柄，只用脚踏就可以启动发电机，他就很高兴。

过了一段时间，他鼓起勇气上路测试了一番。这一次他不想要观众。太阳刚刚升起，他就带着三轮车（或者说汽车，现在肯定不再只是三轮车了）来到了西林恩的街道上。他发现将发动机与车轮连接在一起后，要再蹬动这辆三轮车就太麻烦了。马克沁松开链条，推着自己的作品来到山上的斜坡处，然后再将链条重新装好。可他即使蹬着车下山也非常艰难，车轮带动了安静的发动机，速度非常缓慢。这条道路和美国当时的其他任何道路并无二致，上面有马车轮子压出来两条平行的沟槽。

马克沁加大油气混合物中汽油的含量，然后推动车子往前走。接着车子开始向山下跑去，并且往一边倾斜，就像第一次使用弹壳进行实验时一样“出现了可怕的噼噼啪啪的声音，像是发生了追尾一样……三轮车一个劲儿地往前冲，疯狂地往山下冲，不管是松动的石子，还是大石头或深沟，都不能阻挡它，速度简直吓人……这种疯跑持续了10秒钟，在我看来，时间就像是10分钟一样长”。最终前轮被卡在车辙里。当马克沁想要将轮子移出车辙时，轮子掉了下来，三轮车和马克沁都被抛到了空中。马克沁落地的地方距离机器落地的地方还有一段距离，这让他保住了性命。他站起来查看情况，他被擦伤了，但整体来说还好，而三轮车完全损坏了，时不时地冒出几缕青烟，这些烟雾散发着“新汽油发动机所特有的气味”。但“让我惊讶的是，除了我的裤子之外，其他损坏的东西都能修复”。

1894 年的最后几天里，马克沁一直忙着设计离合器。第二年夏天，他前往康涅狄格州哈特福德市，参观了美国知名的自行车生产商波普制造公司（Pope Manufacturing Company）。公司老板阿尔伯特·A. 波普上校（Colonel Albert A. Pope）对无须马拉的车子感兴趣。当时许多美国人都如此，但波普却准备立即采取行动，他聘请马克沁负责一个部门，这个部门负责研究生产名为哥伦比亚的“无马马车”（这款车有 4 个轮子，而马克沁已经完成了三轮车的改造），被命名为动力车部。高瞻远瞩的波普上校认为，就连“无须马拉”（horseless）这个词都开始显得过时了。

在柴房中进行的神秘的汽车发明

马克沁和福特在 1894 年做着几乎完全一样的实验。马克沁犯的一些错误，福特成功地避开了。在上路实验之前，福特已经想好了如何控制发动机。“在开始制作之前，我会先制订一个计划，把计划中的每一个细节都要落实清楚，否则就会在临时补救措施上浪费太多时间，工作就没有了连贯性。许多发明家之所以失败，就是因为他们不知道将计划和实验区分开。”

不过两位发明家之间的相似之处要远远大于不同之处。马克沁和福特都冒着生命危险测试了自己研发的机器。在汽车研发的早期，一次次的实验和计划让他们都产生了一样的挫败感。他们在不断寻找零部件和铸件。福特说：“制造过程中最大的困难就是寻找合适的材料，其次是没有合适的工具。设计的细节需要进行一些调整和改变。但最让我头疼的是，我既没有时间也没有钱去为每种零部件寻找最合适的材料。”

金钱是个问题，但也并不会让人为此感到痛苦。福特拿着丰厚的薪水，他的妻子也很擅长持家。斯瑞林格五金店同意他每个月赊账 15 美元，虽然金额不大，但考虑到马克沁在花 30 美元购买三轮车时都那么心疼，这笔钱就不可忽视了。在巴格利大道的家中，福特还能买得起一架自动演奏的钢琴。在福特的发明诞生之前，这在当时算是奢侈品了。

整个冬末到春天，福特都一直忙个不停，通常费利克斯·朱利恩总是崇拜地看着他干活。这位邻居对福特的研发项目非常感兴趣，他有时甚至会独自坐在柴房里，等着福特下班回家。其他人也时常会来柴房参观。福特的几个朋友竭尽所能地帮助他，其中一位就是在爱迪生照明公司工作的詹姆斯·毕晓普（James Bishop）。他喜欢福特，尽管一直是福特恶作剧的对象。恶作剧在 18 世纪之前要比 19 世纪更为流行，但即使是按照 18 世纪的标准，福特的恶作剧程度也是无人能出其右。一次，一位爱迪生照明公司的员工将工作用鞋放在了房间中央，福特心血来潮，撬起一块地板，然后将钉子穿过鞋底，把鞋固定在地板上，同时用锤子将木板上的钉子尖头敲弯，以确保鞋子被牢牢固定，最后再将木板钉回原来的位置。

福特和毕晓普开的玩笑超乎我们的想象。有一次毕晓普和同事正在工厂的一栋老式建筑内修理发动机时，他们忽然开始感到呼吸困难。毕晓普疑虑重重：空气里会有什么呢？他左右寻找，忽然发现自己的主管福特正在外面举着一个风箱和一铲子烧热的煤炭。原来福特把硫磺倒在煤上，然后再将产生的臭气通过一个孔排到了房间里。这足以说明福特的个性，即便如此，毕晓普还是喜欢他。

还有一个比福特年轻 5 岁的男子，查尔斯·金（Charles King），也对福特的工作产生了决定性的影响。在福特搬入巴格利大道的时候，查尔斯·金在圣安东尼街的一栋新建筑里租了个地方，劳尔兄弟机械厂就在这栋房子里。查尔斯·金希望在这里研发出自己的汽车。他的父亲是一名将军，在父亲退休之后，他第一次来到了母亲的家乡底特律。他在康奈尔大学学了两年科学。父亲过世后，他又回到了底特律，在密歇根车厂找了一份绘图员的工作。他在这里的工作要比后来在福特那里更为开心。查尔斯·金发明了一种制动杆，受到整个铁路行业的欢迎。他还发明了气动锤，这为他赢得了 1893 年芝加哥世界博览会的一项大奖。当他搬进劳尔兄弟所在的大楼时，除了汽车梦之外，他还计划开发气动锤和船用发动机。劳尔兄弟机械厂就在他的楼下，可以负责制造。

福特也非常了解劳尔兄弟机械厂，他常常因为爱迪生照明公司的事情来这里。有一次，他在劳尔兄弟机械厂认识了查尔斯·金，发现他和自己有共同的兴趣爱好。查尔斯·金为人友善、充满热情，接受过正规的培训，而且拥有实用专利。福特问这位新朋友是否愿意帮助他。“福特让我帮助他，”几十年后查尔斯·金回忆说，“当然，我很乐意。”办公室设立后不久，查尔斯·金聘请了17岁的奥利弗·巴塞尔（Oliver Barthel）担任助手。奥利弗·巴塞尔出生于底特律，但在德国长大，父亲代理一家火炉公司的产品。后来母亲带着他回到密歇根州，让他在高中学习工程学。同查尔斯·金一样，在父亲过世后，巴塞尔不得不中断学业，开始工作。尽管他接受教育的时间缩短了，但新老板发现他是一位一流的工程师。此外，他德语熟练，而劳尔兄弟机械厂里许多工人都是德裔美国人，顺畅的沟通可以更快地帮助查尔斯·金完成项目。巴塞尔也非常崇拜查尔斯·金，“因为我从未与任何人这么融洽地合作过”。巴塞尔也成了福特的密友之一。

因此查尔斯·金、巴塞尔和毕晓普常常会顺道去柴房，帮忙制作发动机。70年后，底特律的一些老人回忆，当时还是学徒的他们会偷偷地溜到巴格利大道58号旁的巷子里，看一眼福特先生和他的朋友们正在做的东西。

柴房在当时并没有向所有人开放。福特的妻子克拉拉十分注意保守丈夫的工作秘密。1894年初，当时她的妹妹凯特和外甥女妮蒂都才20多岁，曾经到她家小住了一周的时间。她既没有带她们去过柴房，也没有让她们知道那里在发生什么。她只是说：“亨利正在制作一些东西，也许有一天我会告诉你们。”“好吧，”很久以后妮蒂尖刻地说道，“她根本就没有告诉我们。”克拉拉把这个项目视作一个秘密，这也是她丈夫的意思。福特为人友善，也喜欢结交朋友，在底特律市的所有机械厂都颇受欢迎。但他始终对自己在柴房里做的事情守口如瓶。

弗雷德·施特劳斯当时也在谢尔比街开设了一家机械厂，生产船用汽油发动机。福特喜欢偶尔顺道过去一趟，给他帮忙，甚至还帮他卖掉了两台发动机。福特还让施特劳斯帮自己做了一个曲轴。多年之后，施特劳斯才明白这个曲轴是汽车的一个零部件。

虽然这位忙碌的发明家没有让到访的亲戚去柴房，但他总是会抽出时间搞一些恶作剧，比如在家里的每个门把手上都涂满了黄油。还有一次，当姐妹俩在聚会结束后蹑手蹑脚地悄悄上楼，准备回到自己的房间时，突然惊恐地看见一个像人的东西从黑暗的楼梯上“咚咚”地向她们扑来，吓了她们一跳。原来这是一包用衣服包裹的砖块，而扔出这个东西的人当然就是这家的主人。福特在一生中有许多改变，但喜欢恶作剧这一点却从来没有改变过。30 年后，他还曾在哈韦·费尔斯通的汤里摆上木头做的假油炸面包丁来戏弄对方。两个女孩子为了报复，则在福特的鞋子里塞满胡椒粉，弄得福特非常不舒服，使他不得不在午休时从公司回家洗脚、换鞋。

但在柴房里并没有什么恶作剧，福特正穿行在令大多数发明家头疼的荆棘丛林中。在这里，发明家很容易误入歧途且充满挫败的痛苦，成功如星火般若隐若现。

10 年后，福特描述当时的工作时说："柴房里的多数铁制品都是我从一家名叫巴尔戴斯的公司购买的。当时它位于底特律派克广场和斯戴特大街的拐角处。轮子是我自己做的，座椅是我从威尔逊马车公司买的，螺栓、螺钉和螺母来自 C. A. 斯特林格公司。我自己制作了手柄，但我不知道去哪里买平衡轮。我只好自己设计了图纸，然后找人铸造了一个。刹车装置也是自己做的，弹簧是从底特律钢铁弹簧公司买的。"

当他说自己制作了轮子和手柄时，他的意思通常是说他监督其他人制作了这些东西。福特是一位出色的机械师，但他还有一项更为难得的能力，那就是能让朋友们都开开心心地来帮他做事。他的妹妹很早就注意到了这点。多数时候都是其他人代替福特将辐条装入轮辋内。"我从没见过福特先生亲自动手做过什么，"巴格利大道的一位帮手说，"他一直都在指挥其他人做事。"他的帮手都是像查尔斯·金和巴塞尔这样的一流工程师。这些帮手一直都很乐意听从福特的指挥。弗雷德·施特劳斯在谈到那时的福特时说："他身上有一种吸引力。"

柴房里有许多事情需要福特去指挥。他决定设计两个汽缸，而汽缸制作起来相当容易，就同其他人的做法一样，福特用一段废弃的管子去制作它。这段管子曾经是一个蒸汽发动机的排气管，现在孔径要更大一点儿。福特采用了内燃机所要求的公差精度，将管子的直径从 6.35 厘米增大到了 6.515 厘米。汽缸有 27.94 厘米长，活塞冲程有 15.24 厘米。飞轮的问题让他很头疼，必须既保证一定的重量（保证活塞的运动），又保证不能过重（能够尽可能地自由运动）。这一切都进展顺利，但福特在解决点火和阀门问题上的运气实在不佳。

塞尔登抢占汽车专利

1894 年，福特是在车间的锉削、切割和装配测试中度过的。很快，他儿子埃德塞尔的一岁生日到了。此后不久又是圣诞节，今年的节日没有热情的客人在厨房里忙碌。紧接着 1895 年到来了。

这一年里发生的两件事情给福特的一生带来了巨大的影响。其中一件事情发生得悄无声息，并不引人注目。即纽约州罗切斯特市一个名叫乔治 · B. 塞尔登（George B. Selden）的人在一项长期未决的专利申请上取得了进展，于 1895 年 11 月 5 日获得美国专利第 549 160 号。“长期未决”的说法其实对整个情况有点儿轻描淡写了。塞尔登首次提交专利是在 1879 年 5 月 8 日。专利内容是无须马拉的车。塞尔登此前一直在努力制造内燃机，虽然并没有取得成功，但他仍然设想能将自己研发的发动机半成品安装在某类交通工具上，不过他没有真正再为发动机的研发付出太多努力。他只希望能为自己设想出的将来可能取得的成就申请专利。

不管是塞尔登还是其他美国人，在 1879 年时都没有做好生产此类东西的准备。但塞尔登了解法律，他本人就是一位专利律师，所以他懂得如何利用法律来为自己争取时间。按照现行立法，在提交了专利申请后，塞尔登就能够通过对专利申请进行修正来推迟申请有效期的生效时间（专利申请的有效期为 17 年）。于是他谨慎地定期提交修正。有些修正申请是有实质性内容的，而有些则只是将申请中的词语从“the”改为“a”这种细节修正，但这些修正让他的专利申请始终有效。依据法律，他有 17 年的时间期限进行这种修正，之后就必须接受专利或撤销专利申请。

塞尔登想要制造一辆汽车，但他傲慢自大的性格让所有投资人都敬而远之。最终，他没有投资人，也没有汽车，只剩下几个月的时间了。

对于汽车制造业来说，1895 年的前景要比 1879 年看上去更加光明。塞尔登最终扣动了“扳机”，确定自己的专利针对的是“生产一种安全、简单、平价的轻型道路机车，重量轻，容易操作，而且拥有足够的动力来攀爬普通的斜坡”。他表示，这种机车会有转向装置、一个或多个汽缸、一个离合器、多个乘客座位以及一个刹车器等。但他没有对这些零部件做出任何细节描述，当然他要申请的专利也不需要这类描述。塞尔登只是想要就汽车的构想申请一项专利，而且他神奇地获得了这项专利。

尽管福特对此项专利毫不知情。但如果他想要生产汽车，按照美国法律，他现在必须获得塞尔登的许可。

美国第一场赛车活动拉开序幕

当时美国汽车业正处于萌芽时期，如果说塞尔登的专利并没有激起任何涟漪的话，那么在 1895 年 11 月发生的另一件事情则改变了整个汽车业，这也是给福特带来巨大影响的第二件事情。

1894 年夏天，欧洲的汽车制造取得了巨大的进步，这种进步得益于自罗马时期起就非常良好的道路状况，因此汽车比赛首先在巴黎到鲁昂之间的道路上进行，里程约为 130 千米。有关赛车的新闻报道让一位名叫弗雷德里克·亚当斯（Frederic Adams）的年轻记者热血沸腾。亚当斯找到了自己的老板——《芝加哥时代先驱报》（*Chicago Times-Herald*）的主编赫尔曼·克瑟特（Herman Kohlsaat），建议他在芝加哥也举办一场类似的汽车赛事，但克瑟特拒绝了。毕竟美国当时还没有足够多的车辆能参加此类比赛。亚当斯毫不气馁地劝说，只需一年的时间，如果奖金足够诱人，欧洲人会将汽车送到美国来参赛，并且这是一个崇尚机械的时代，而芝加哥又是一个充满自信的城市。克瑟特经过认真思考，决定同意，并将奖金额设为 5 000 美元。比赛将会在 1895 年 7 月 4 日美国国庆日举行。决定后，克瑟特派亚当斯到全国各地去搜寻可能参赛的选手。

亚当斯干得很不错。芝加哥有 30 人参加，印第安纳州和宾夕法尼亚州各有 6 人参加，纽约州有 5 人参加，而底特律只有 1 人参加，查尔斯·金报了名。有许多参赛选手来自比较偏远的地方，人们可能此前从未想过在那些地方会有机械师可以从零开始制造汽车。这些地方包括了缅因州的斯科希甘（Skowhegan）、西弗吉尼亚州的锡斯特斯维尔（Sisterville）、艾奥瓦州的森特波因特（Center point），此外还有两人来自阿肯色州的派恩布拉夫（Pine Bluff）。显然，亚当斯在这些偏远的地方也进行了大肆宣传，他想在全美上下掀起参赛热潮。

但春天到来时，并没有汽车问世，看来选择美国国庆日举行比赛似乎有些过于乐观。于是《芝加哥时代先驱报》将比赛日期推迟到了 11 月。

同年 6 月，在法国举行了另一场汽车比赛，这次是从巴黎到波尔多，全程约 1 300 千米，是一年前从巴黎到鲁昂那场比赛赛程的 10 倍。这次比赛再次点燃了大西洋彼岸人们的热情。截至 9 月，美国人已经申请了 500 项关于汽车的专利。《芝加哥时代先驱报》将比赛日期定在了感恩节这一天。随着阵阵秋风从湖面刮过，参赛者们开始出现在芝加哥市。亚当斯将他们的车辆安排在沃巴什大街的一家商店里进行公开展示，人们纷纷前来参观。亚当斯注意到，大众甚至都不知道究竟该如何称呼这些机器。克瑟特再次确信自己已经有了组织比赛的基础，于是在《芝加哥时代先驱报》上宣布了另一项奖金，即为这种无须马拉的车想一个与马匹无关的名字，获胜者可以得到 500 美元的奖金。人们提交了数百个名字，无一不是在重复发动机、自动、马车等字眼。这些奖金最终由 3 个人共同分享，他们在冥思苦想之后想到了一个名字：机动车（motocycle）。《芝加哥时代先驱报》果断地在这次比赛中选择使用了这个词语。

亚当斯已经为这次比赛召集了近 90 名选手，但到了 11 月中旬，曾经承诺会按时参赛的选手只剩下 11 位。《芝加哥时代先驱报》的竞争对手对此冷嘲热讽，这激怒了克瑟特，他要取消这次比赛，但亚当斯劝阻了他。感恩节前夜，雪花漫天飞舞，克瑟特的心情也跌落到了谷底。

比赛定于早上 7 点半开始，出发地点为 1893 年芝加哥世界博览会的场地。那天早晨风雨交加，天空灰蒙蒙、阴沉沉的，毫无喜庆的气氛。到 8 点半，已经有 6 辆机动车成功到达起跑线。其中有两辆是电动汽车，一辆名叫斯特奇斯，另一辆有个传神的名字——电动蝙蝠。有两辆是奔驰车，其中一辆被记者描述为“德国制造的汽油车，由 H. 米勒制造公司（H. Mueller Manufacturing Company）进口”，另外一辆由梅西百货商店进口。还有一辆是杜里埃制造公司（Duryea Manufacturing Company）的汽油车。

杜里埃制造公司由弗兰克·杜里埃（Frank Duryea）和查尔斯·杜里埃（Charles

Duryea）兄弟俩在马萨诸塞州斯普林菲尔德市创立，他们生产了一辆非常不错的汽车。弗兰克开车，查尔斯·金带着一个马队跟在后面，随时准备提供帮助。

汽车比赛的赛道是从杰克逊公园到埃文斯顿，然后再返回。这段路程即便是今天看来也不轻松——在积雪和结冰的糟糕的道路上行驶 80 多千米。

查尔斯·金坐在米勒公司的奔驰车上。与其他众多曾有希望参赛的选手们一样，他也没能按时完成自己汽车的制作。不过他被选为陪同参赛选手的裁判之一，就坐在司机旁边。米勒公司奔驰车的驾驶员是奥斯卡·米勒（Oscar Mueller），他是 H. 米勒制造公司老板的儿子。查尔斯·金的朋友福特自然也想参加比赛，但他知道自己不可能在感恩节前做好准备。他留在了底特律，他相信查尔斯·金会详细地告诉他比赛现场的所有情况。

比赛推迟了一个小时才开始。杜里埃公司的汽车在 8 点 55 分出发，米勒公司的奔驰车 11 分钟后出发。电动汽车也勇敢地起步了，但严寒和糟糕的路况很快就使电池的电量耗尽。杜里埃公司的汽车在第一个小时里一直稳定前行，但此后转向装置出现故障。“比赛规则禁止我们向外部寻求帮助，”查尔斯·金说，“但并没有禁止我们借用设施，由于是假日，五金店都关门了，所以我们花了很长时间去寻找营业的五金店，好在最终找到了一个，很快就修理好了……在停车 55 分钟之后，杜里埃公司的汽车又出发了，尽管转向装置不是很完美，但毕竟还能使用。与此同时，梅西百货公司的奔驰车已经在 35 分钟之前超过我们，而第三辆车（对杜里埃兄弟而言，那不是机动车）已经出现在我们的视野中，在我们的后方，相隔几个街区。”弗兰克·杜里埃将第三辆车甩在了后面，并且在埃文斯顿又超过了梅西百货公司的奔驰车。

天气阴冷，灰蒙蒙一片。但到了下午 3 点左右，太阳出来了，突如其来的晴天让芝加哥人纷纷坐着雪橇出来，享受这一年的第一场大雪。他们听到了一种陌生的爆裂声，于是把马匹拴在路边，给杜里埃公司的汽车让路，同时也好奇地看着这辆车。这是 19 世纪，是马匹大放异彩的时代，马儿呼出的气体弥漫在清新的空气中，亮闪闪的雪橇铃叮当作响，马匹四蹄踏地欢叫着，男男女女从身上披着的毛毯和毛皮衣服下伸出手来大声地打着招呼。场面热闹非凡，全然不顾小型汽车发出的噪声。

天空中又开始乌云密布，喧闹的景象开始消散。气温又开始下降，世界又变成灰蒙蒙的，人们都着急往家赶。但弗兰克不能放松，他必须继续驾驶自己的汽车在黄昏中冒着风雪前行。

杜里埃公司的汽车在晚上 7 点 18 分冲过了终点线。唯一的竞争对手米勒公司的奔驰车在一个半小时后才到达终点。驾驶员却是查尔斯·金，他一只手掌握方向盘，另一只手扶着他的同伴。这一天的艰辛路程让奥斯卡·米勒累得昏过去了。

此后不久，查尔斯·杜里埃在《无马时代》(*Horseless Age*)杂志上撰文介绍了这次比赛。巴黎－波尔多汽车赛给人们带来的轰动激发了这本杂志的创办。“我们在美国的第一场赛车活动中获得了冠军。事实已经证明，在道路状况非常糟糕的时候，汽车的表现要优于马拉车。一些极端保守的人认为汽车只能在状况非常良好的道路上行驶，但我们的出色表现已经有力地反驳了这种观点。我们开启了一个新时代，启用了一种新的交通工具。不管是比赛，还是在雨雪天泥泞的道路或晴天平坦道路上所进行的旅行，汽车的表现都一样出色。”

查尔斯·杜里埃这种毫不谦虚的结论显然有点儿为时尚早。贝拉米·帕特里奇(Bellamy Partridge)是一位汽车驾驶的先驱。多年后他撰写了让人热血沸腾的美国汽车发展史。他指出，尽管在报道这次比赛的事情上，《芝加哥时代先驱报》“大肆宣扬，就好像芝加哥成了火星入侵的对象一样”，但东部媒体的热情度却不高。《纽约先驱报》的相关报道只有四栏，《纽约时报》上的报道内容则更短。但最终，查尔斯·杜里埃的话似乎渐渐得到证明。这场比赛是在极为艰苦的环境下进行的，而且结果是一辆美国汽车战胜了欧洲竞争对手。此外，在昏暗的冬日里，是汽车将马拉车远远地甩在了后面，这些信息慢慢地在全美上下传播开来。一个芝加哥人曾经驾驶自己的雪橇伴随杜里埃公司的汽车一起走了几分钟。他表示，各家报纸在报道中都漏掉了一句话：“地球上没有什么马可以一次走完这 80 多千米。”

两个多月后，杜里埃兄弟俩售出了一辆汽车，因此成了第一家从赛车中成功获利的美国汽车制造商，而且还是第一家卖出汽车的美国汽车制造商。

福特的第一辆车有了生命

当亨利·福特想吹嘘的时候，他就会说是他制造了底特律街头的第一辆汽车。而最贴近事实的情况是他曾经见过底特律街头出现的第一辆汽车，这辆车是查尔斯·金制造的。查尔斯·金结束了芝加哥冒险之旅后，回来继续研究自己的汽车。发动机和底盘的制作都很顺利，但美国橡胶公司却让他失望了，他订购的 7.62 厘米充气轮胎没有出现。于是查尔斯·金接受了爱默生－费希尔公司的提议，这家辛辛那提的马车制造商同其他许多竞争对手一样，也发现了无须马拉的车子的发展前景。

据查尔斯·金后来说，爱默生－费希尔公司也"一直在考虑设计自驱式车辆，但并没有取得实际的成效。他们希望能有所作为，所以借给我一辆配有铁质轮子且正处于实验阶段的半成品车辆。我可以随意对它进行改造，以便进行实验"。查尔斯·金将自己快要完工的发动机装在了这架车上。"这并不是汽车，"巴塞尔说，"这是一辆实验用的车子。我们制造这辆车的目的只是为了测试发动机。"

然而，在 3 月初，《底特律自由新闻报》(*Detroit Free Press*) 报道说："昨天晚上，这座城市的第一辆无须马拉的车子出现在街上。"一位《底特律日报》的记者补充说："连杆在车子运动时就像闪电般飞快，这辆车每小时可以行驶 11 ～ 12 千米。"另一位目击者是福特。他骑着一辆自行车跟在朋友的这辆车后面，仔细地观察汽车的情况。这也是他所见过的第一辆完全靠自身动力前行的车。福特回到自己的工作室，他是否会因为查尔斯·金抢在自己之前将车开上了马路而感到垂头丧气呢？对此他没有留下任何记录。查尔斯·金的名下有许多专利，杜里埃兄弟俩已经开始生产汽车，他们计划那一年销售 12 辆汽车，美国生产汽车的大幕正式拉开了。

福特有稳定的工作和幸福的婚姻生活，同时也坚定地认为不管汽车行业如何变化，自己都可以做得更好，他也知道自己在做一些和查尔斯·金不同的事情。正如巴塞尔所指出的，查尔斯·金的汽车所采用的底盘并非他自己做的。尽管如此，查尔斯·金的第一辆汽车是真正意义上的无须马拉的车子，或者更准确地说，是一辆重达 0.59 吨的汽车。

福特的这辆汽车不仅仅是在马车的基础上进行设计的，同时也沿用了自行车的一些特征，比如灵活、轻盈，具有复杂的机械系统，重量较轻。福特在 25 年后说：“世界上最美的东西都去除了所有多余的重量。”他的汽车重量将只有 0.23 吨。

发动机是取代马匹提供动力的重要部件，是福特最迫切关心的问题，也是最考验他的地方。他此前决定设计四冲程的发动机。第一个燃气发动机延续了蒸汽发动机的两冲程。在当时的蒸汽发动机中，活塞的每个冲程都是动力冲程。也就是说，蒸汽从外部被压入汽缸内，接着从一端推动活塞运动，活塞到位后就开始从另一端进行第二次冲击。这一点对汽油发动机而言是不够的。因为汽油发动机的特性是其动力来自汽缸内部的爆炸，而不是从外部用泵吸入的，而且每个冲程推动活塞运动后，整个机械系统就会受到污染。两冲程的系统无法提供足够的时间排出燃烧后的气体，也没有时间吸入新鲜的空气和汽油混合物。汽油加快了一切发生的速度，正如马克沁所发现的那样，它是一种强大的能源，所产生的力量足以推动活塞，从而使它能在下一轮推力到达前带动相连的曲轴转动两圈。福特简单明了地解释了其中的原理：“‘四冲程’的意思就是活塞在汽缸内穿梭四次，从而获得一次冲力。第一个冲程吸进气体，第二个冲程压缩气体，第三个冲程是燃烧气体，或者叫动力冲程，而第四个冲程则是排出废气。”

但如何在不借助厨房天花板顶灯线路的情况下点燃压缩气体呢？这就意味着要有一个电池，可以从外部购买，无须单独设计。这就像福特在自己的汽车前部安装了一个铃铛以提醒人们车辆正在靠近一样（不过考虑到发动机可能出现的噪声，这个铃铛似乎有点儿画蛇添足了）。

至于点火装置，即福特所称的“火花装置”，他借鉴了两位轻松招募来的帮手的想法。一位名叫乔治·卡托（George Cato）的电工发明了一个可以引爆压缩气体的“点火器”，并帮助福特制造了两个点火器。埃德温·S. 赫夫（Edwin S. Huff）有一个极具诱惑力的绰号“蜘蛛”。他帮助福特制作了发动机的其他零部件。在接下来的几年里，他将在一些关键的地方坚定地支持福特。

点火问题和变速器很难解决，最终变成使用皮带和链条来连接后轮。一切都相当困难。但工作仍在继续。事实证明，阀门问题尤其让人烦恼，直到查尔斯·金给了福特 4 个自己一直在研究的蒸汽阀才解决了这一问题。福特想到了如何改装它们来为汽油发动机所用。他没有尝试去发明一个化油器，从而也避免了设计化油器的工作。取而代之的是，他在发动机上方装了一个油罐，这样重力就可以将燃油送入进气管，在那里与空气混合。

福特把在锯木架上放了几个月的车身取下来，把机器放在轮子上。此时车身很轻，一个人就可以将车头或车尾抬起来，将发动机装进去。车子还没有倒挡，能轻易来回推动着做后续加工，但这辆车永远都不会有倒车挡。5 月，印第安纳波利斯（Indianapolis）链条和冲压件公司交付了一份由查尔斯·金替福特下的订单，订购了 3 米长的“亮闪闪的链条”，每米价格为 81.97 美分。这些链条是最终将动力传递到车轮上的装置。福特将链条安装到位，把链条的齿轮装在将链板固定在一起的销子之间，然后拧紧。至此，他的四轮车彻底完工了。现在只剩下带它出去兜兜风了。

这辆四轮车就停在砖砌的柴房内，人们对它充满期待，却又担心梦想破灭。福特忠诚的见证人费利克斯·朱利恩可能已经就寝了，此时凌晨两点刚过。克拉拉撑着一把雨伞站在柴房里，因为现在是 6 月，很可能是 6 月 4 日，雨正淅淅沥沥地下个不停。

福特几乎从未有过焦虑，但他坦言自己在此前的两个晚上都失眠了。还有另一个迹象表明他的确是在担心，以及他对这个项目的执着追求。当他把四轮车推向门口时，才意识到车身太宽了，出不去。这个此前花了许多时间认真小心地切割打磨小金属件的男人，此时拿起了柴房里的一把斧头，几分钟就将门框砍烂，又把门框四周的砖墙敲出了一个很宽的口子。然后他和毕晓普把车推到了小巷里。

克拉拉又回到屋里，叫醒了熟睡的埃德塞尔，带着他来到门前台阶上，让 3 岁的他一同见证父亲的成功。克拉拉始终都坚信自己的丈夫一定会取得成功。福特和毕晓普将汽车摆正方向。福特给电池通电，然后转动飞轮，发动机启动了。四轮车不再只是一些零件，它开始有了生命。福特爬上四轮车。此前他订购的小型马车车座不是没有到货，就是到货太晚。这使得他不得不坐在一个自行车车座上。毕晓普在他前面骑着自行车领路，同时警告那些在蒙蒙细雨的夜晚出行的马车小心。福特向后拉动了操纵杆，使传动皮带收紧。四轮车沿着小巷前行，来到了巴格利大道。接着，福特转弯驶上了格兰德河大道，朝着自己美好的未来，同时也是汽车美好的未来前进。

I INVENTED THE
MODERN AGE

第 5 章

正是爱迪生激励他坚持到底

“我想再造一辆车”

福特刚刚把车开到华盛顿大道上，突然听到有金属落在湿漉漉的鹅卵石上的咔嗒声，他感觉有什么地方出问题了。车子停了下来。毕晓普也骑着自行车折返了回来。福特发现是固定阀杆弹簧的螺母脱落了。爱迪生照明公司的工厂距离这里只有几百米。两个人将车子推到一边，福特从同事那里拿来了所需的零件。工厂的大窗户透出些许灯光，福特就在这样的灯光下开始工作，他拧上新的螺母，让四轮车再次启动。围观的只有附近凯迪拉克酒店的几个夜猫子，他们很开心这个时候还有热闹可看。修好车后，毕晓普又继续在前面带路，福特则驾车跟在后面，回到巴格利大道。

福特和毕晓普只睡了几个小时。克拉拉准备好了早餐。尽管试驾还算成功，但福特还是担心损坏的柴房。他利用爱迪生照明公司的奖金，说服了两位泥瓦匠来修复那扇破损的门。他们刚一开工，福特的房东，一位名叫威廉·里福德（William Wreford）的富有的肉类批发商就过来收 6 月的房租，他想要搞明白柴房里到底发生了什么事。

福特说柴房正在修缮，几个小时后就会像全新的一样。里福德还是不明白，“你干吗要那样做？”福特解释说自己必须将汽车弄出去，“看看是否可以跑得起来”。里福德马上明白了，这可比其他租客做的事情有趣多了。“是你开车吗？”“是的，先生。”福特答道。里福德兴奋地说：“让我看看吧！”福特尽量用生动的语言向房东解释了一番。而在里福德临走之前，他提出了一个连发明者都没有想到的问题：“想想！如果这些人把墙砌好了，你下次再怎么把车子弄出去？我有个主意，不要让泥瓦匠把这个口子恢复原状，你可以装一个合页门，这样你就方便进出了。”这一天结束时，威廉·里福德有了一个车库，也许这是美国第一个目的明确的车库，而福特则在这里继续进行自己的汽车发明工作。

这辆四轮车跑起来了，但夜幕中短暂的试驾暴露出一系列问题。“此前的机器是风冷的，或者更准确地说，发动机根本就没有进行冷却。”福特说。发动机运行后发热，所以过了一段时间后，银色的焊料就会滴下来，“滴到地面上，看上去就像是一枚硬币”。福特注意到了这个问题，“我赶紧在汽缸周边包上一个水套，并且用一根管子将焊料引向汽车后部汽缸上方的一个罐子里”。但底盘都是木质的，所以这种方法也解决不了问题。

在第一次试驾几周后，福特凑巧在爱迪生照明公司招聘到了一个人。一位出生于苏格兰的名叫戴维·贝尔（David Bell）的技工找到总工程师，说自己正在寻找一份铁匠的工作。“你是哪种铁匠？”福特问。“马车铁匠。”福特满意地说：“你来上班吧。”贝尔报到上班，发现自己的工作主要是围绕四轮车来展开的。他制造了更为结实的轮子、更好的转向装置，然后又将整个车身的木头用铁管代替。当然，他的老板给了他些许建议。贝尔就是那个说“我从未见过福特先生动手做过任何东西”的人。

自行车座椅被轻便马车的座椅替代，福特开始驾车带着克拉拉和埃德塞尔去兜风。秋日的一天，他信心十足地想要驾车去迪尔伯恩的家庭农场。妹妹玛格丽特一辈子都忘不了哥哥到达时的情形。“小汽车沿着现在的福特路从西边驶来，这是我有生以来第一次看见汽车。车子一侧的轮子深深陷进马车压出的车辙里，而另一侧的轮子则高高地位于路的中央。福特打造的汽车的轮距比马车的轮距小，所以当路上有车辙印时，就只能以这种一高一低的方式行走。克拉拉和埃德塞尔与他一起坐在倾斜的座椅上……这一天，福特带着我们所有人去兜风，我清楚地记得，第一次乘坐这辆无须马拉的车子时，车子的速度非常快，给人一种非常特别的感觉。福特特别喜欢向弟弟详细解释其中的机械原理，我相信他也喜欢把妹妹们吓个半死。”

玛格丽特说：“父亲同我们其他所有人一样很感兴趣。他饶有兴致地上上下下打量着车子，又认真地听亨利解释了一番，但他拒绝坐上去。不管怎样，父亲为亨利所取得的成就感到非常自豪，他在家和我们说过，也和左邻右舍夸耀。”

关于这次开车下乡的经历，查尔斯·金的描述则有点儿过于阴暗。“我看得出来，对于亨利·福特成年后还将心思全放在四轮车这种小东西上，老福特感到颇为羞耻。我们的到来让他在朋友们面前感到丢脸。福特一直尽量忍受着这种态度，然后伤心地对我说，‘走吧，查尔斯·金，我们离开这里吧。’”发明者是孤独的，连身边最亲近的人都对他百般嘲讽，这种画面放在福特身上似乎并不真实可信。玛格丽特对此坚决地予以否认。“关于亨利与查尔斯·金先生回家的事，以及他们与父亲的对话，这些传言都不可信。不管是弟弟威廉还是我自己都不记得发生过这种事情。我们确信，如果发生过这种事情，父亲肯定会在家里说的。母亲也不记得发生过这种事情。”如果说威廉·福特太过谨慎，当天不敢坐车外出的话，其原因并非是为亨利·福特而感到丢脸。威廉大概每周都会去一次底特律，到吉米·伯恩斯（Jimmie Burns）的酒吧喝点儿威士忌，再吃上一块菲力牛排。他从未像儿子那样，认为喝酒有害健康。然后他就会去找亨利·福特，了解有关汽车发明的进展情况。

“一切进展顺利。”亨利·福特在不断地进行改进和测试时通常都会这样回答。他表示，自己驾驶汽车沿着底特律的街道行驶了大概 1 600 千米。他还记得，起初汽车经常会引起很大的轰动，“只要在城里某个地方停下来，就会有一大群人围拢过来，让我都无法重新启动。只要我离开车子，哪怕一分钟，就会有一些好奇心强的人想要去驾驶它。最后，我不得不随身携带一把链条锁，停车离开时就把它锁在路灯杆上”。

这些好奇的旁观者中从未有人此前驾驶过汽车，所以可以想象他们可能都不会启动汽车，怎么能驾驶上路呢？但底特律这座城市里有很多聪明能干的机械师和工程师，或许只要在整洁漂亮的 2.94 千瓦发动机上花几分钟时间研究一下（在这辆汽车最初的几个月里，其发动机是完全暴露在外的），他们就会知晓其中的秘密。

后来，福特将发动机遮盖了起来，完成了在他看来四轮车所应有的种种改进工作。福特的第一辆汽车是他多年坚持不懈努力的结晶，这辆车已经实现了他最初的设计目的，而且同平安夜的那台发动机一样，福特“从未停止研究它”。他将这辆车以 200 美元的价格卖掉了。“这是我卖出的第一辆车。我当初造这辆车不是用来卖的，而是为了实验。我想再造一辆车。”当时福特在底特律的一位富有的朋友查尔斯·安尼斯利（Charles Annesely）想要买下这辆车。“我可以用卖车的钱干点儿别的，而且我们两个在价格上面毫无分歧。”

当四轮车离开自己的打造者时，它已经成为一款性能出众的机动车。福特在 1899 年春天也知晓了这一点。当时他收到了一位自行车经销商 A.W. 霍尔的来信。霍尔是他的一个熟人，此前从安尼斯利手中购买了那辆小汽车。

> 福特先生：
>
> 如果我告诉你，那辆小汽车现在还能正常使用，你会很惊讶吧？我今年春天才将它卖掉，这辆小装备在碰碰撞撞之后仍然完好无损，我认为这个反馈对你非常重要。我开这辆车将近两年，所遇到的唯一问题就是一个轮胎和点火器上的弹簧松动，但我知道如何固定它们。这些问题经常出现，但在我安装了紧固螺栓后，就再也没有遇到过任何问题……
>
> 从去年秋天起，我一直在芝加哥，想在那里找几辆无须马拉的车子。在这类车子里，我只想要类似您设计的这种小车子。这种车具备其他车所没有的那种简单朴素……

霍尔可能没有意识到，他赞扬这辆汽车的“简单朴素”具有很强的预见性。大概在 1905 年，福特花了 60 美元将他设计的第一辆四轮车又买了回来。那时，他已经闻名天下，创立了一家汽车公司，他相信，他实验时的燃油车也许有一天会成为一件历史文物，具有同“宪法号”护卫舰、独立钟一样的地位。

来自发明天才爱迪生的认同

福特试驾后不到一个月，部门来了一个新老板——非常能干的亚历山大·道（Alexander Dow），亚历山大·道在辞去了管理底特律市政照明系统的工作之后，来到底特律爱迪生照明公司担任经理。亚历山大·道很快就了解到，福特并不拘泥于本职工作，他在许多地方兼做其他事情，例如，在巴格利大道的柴房、爱迪生照明公司街对面的地下室（福特刚刚以每月 75 美分的友情价租下来的），以及爱迪生工厂里任何闲置的机器旁都可以看到他。不是所有新老板都乐意看到这种情况，但亚历山大·道对福特赏识有加，他立即邀请福特到纽约参加爱迪生照明公司协会第 17 届年会。除福特之外，底特律公司的员工中只有律师得到了邀请。

年会在科尼岛举行，正如年会记录清楚显示的那样，“在布鲁克林的曼哈顿海滩”。曼哈顿海滩位于科尼岛的东端，数千米的大西洋海岸线上分布着三家面朝大海的大型酒店。这些酒店的运营者都格外强调自己的酒店远离声名狼藉的科尼岛西部。在科尼岛西部，除了暴力事件频发之外，现代游乐设施也正在紧张地修建中。

福特不会光顾该地区的酒吧，但他肯定喜欢这里的众多娱乐项目，例如，10 年前在这里诞生的“恶作剧的机械化身”——过山车。没有记录显示福特坐了过山车，但他的确遇到了比过山车更让他感兴趣的，甚至比汽车的吸引力还要大的人物——托马斯·爱迪生。福特的职业生涯充满了神秘的色彩，他与爱迪生的会面也像童话故事一般神奇。8 月，他和爱迪生共同度过了非凡的 3 天。爱迪生在 19 世纪的影响力和福特在 20 世纪的影响力旗鼓相当。

年会在一家高档酒店举行，宝塔状的建筑上面装饰着富有东方色彩的屋顶，奇幻无比。代表们听取了几个报告。亚历山大·道就“中央照明站的交流电设备选择”发表了讲话。然后，大家共进晚餐。亚历山大·道对福特信心满满，他对电相当在行，但对内燃机缺乏信心。就在 13 年前，爱迪生在曼哈顿建立了珍珠街发电站，这也是美国的第一座中央发电站，这个发电站非常现代化。第二天，也就是 8 月 12 日，亚历山大·道和福特坐在爱迪生旁边共进晚餐。当时，同桌的人一直在讨论电池的问题，接着又转向了电池在汽车动力方面的应用。

亚历山大·道指着桌子对面的福特大声说：“这个年轻人制造了一辆燃油汽车！”爱迪生周围的人说话时都会尽量大声一些，因为爱迪生的听力受损了。但在福特看来，亚历山大·道的话带有一种讽刺意味。亚历山大·道可能认为在电灯发明人爱迪生的旁边，福特对汽油的痴迷会引起别人的嘲笑。亚历山大·道接着讲，有一天他从办公室窗户向外望去，看到福特带着妻子和家中的小男孩驾车“砰砰砰砰”地从楼下经过。他取笑发动机的噪声，是因为电动车跑起来没有声音。

尽管大家都是电力的信徒，但桌上的所有人都饶有兴致地望向福特，其中也包括爱迪生本人。他显然想努力听清每一句话。注意到这一点后，爱迪生身边的人站了起来，做手势让福特换到他的位置。“是四冲程发动机吗？”爱迪生马上问道。福特做出了肯定的回答。爱迪生立即追问：“汽缸中的气体靠什么点燃？”

“我告诉他是通过活塞来调整通断触点，并且画了一张整个触点布置的示意图，”福特说，“我们今天所称的火花塞，实际上是一种带通断装置的绝缘塞，使用了云母垫圈。”福特计划在自己的下一辆车上对这种设计进行改进，并且继续画图来说明。爱迪生不停地问问题，福特则不停地画图。“因为我发现，画图通常比单纯的讲述能更快地传达想法。”在福特说完后，爱迪生用拳头猛击了一下桌面，福特回忆道：“桌子上的盘子都弹了起来。”接着爱迪生说：“年轻人，你的发明很有意义，坚持下去。”接着，爱迪生说了一番话终止了大家的讨论：“蓄电池太重，电动车必须靠近发电站。蒸汽车也不行，因为它们必须有锅炉，还必须烧火。你的车子是自给自足的，自备动力装置，没有火，没有锅炉，没有烟，也没有蒸汽。你这个东西不错，继续努力。”爱迪生最后告诉福特：“在这个方面，燃油发动机要比其他任何电力发动机都要好。它可以长距离行走，而且会有加油站为汽车提供碳氢燃料。这是我第一次听说这种液体燃料的名字。”

约 35 年后，福特回忆起那个晚上时说：“爱迪生捶在桌面的那一拳对我来说意义重大。”福特接着极其罕见地提及了他曾有过的摇摆：“我希望自己的方向是正确的，但有时也会自我怀疑。爱迪生的那一拳让我的方向一下子就明朗起来。世界上最伟大的发明天才已经完全认同了我的方向。”

福特从纽约返回时，克拉拉和家人在格林菲尔德等着他。底特律的 8 月热浪袭人，所以克拉拉带着埃德塞尔回到了家乡。就在福特和爱迪生交谈后的第二天，她写信给丈夫说：“太热了，我们简直受不了了……紧接着就是可怕的暴风雨。我当时真的以为会出现飓风……现在是下午 5 点，宝贝正在草坪上玩得开心……我问他想不想亲亲爸爸，他说想，然后对着信亲了一下。同他所说的一样……我想你已经看过很多美景了……但愿中央发电站的工作进展顺利，这样你就可以回家了。非常想你。”中央发电站一切正常，福特前往格林菲尔德，他告诉克拉拉：“在我完成这辆汽车前，你可能很难看见我。”

福特几十年后再次回忆起爱迪生的那段话，认为正是爱迪生激励他坚持到底。当然，他很高兴自己的项目得到这种赞誉，即便爱迪生也大肆宣讲马匹的重要性，福特依然坚持追逐自己的梦想。而他的妻子很早之前就知道：不要指望经常见到他。

福特开始设计自己的第二辆汽车。这项工作进展非常缓慢，因为在汽车成型的过程中，他需要不断地加以改进。有些工作相对容易一些，例如喷漆比制作变速器容易许多。几年后，贝尔回忆说，他当时制作了座椅扶手、推杆，以及“一个用来制作四个轮子辐条的小装置”。但“我也制作了许多用不上的东西，因为福特先生又有了一些更好的想法。他总是不断地进行实验”。

毕晓普前来帮忙，“蜘蛛”赫夫也来了。赫夫在电力系统方面的直觉和创造力都强于福特。此外，赫夫也有其他朋友没有的嗜好，比如烟草、烈酒，以及不断地离婚（赫夫一共结过 7 次婚）。但他不是一个粗暴的人，他总是沉默寡言爱思考。他也非常可靠，只是偶尔由于内心的波澜会突然消失不见，不告知任何人就回到肯塔基州老家。在他每次不告而别之后，福特都会帮他支付所有的账单，然后在他回来后，一如既往地欢迎他。

1897 年 4 月 7 日，福特提交了化油器的专利申请。40 年后，一个名叫 R. W. 汉宁顿（R. W. Hanington）的人仍然对当初的对话记忆犹新，并且在 1939 年写信将这段对话告诉了福特。汉宁顿是一位工程师，从丹佛来到美国东部，与查尔斯·杜里埃一起工作，查尔斯当时正在新泽西州单枪匹马地制造汽车。在芝加哥取得赛车胜利后不久，杜里埃兄弟俩发生争吵并分道扬镳。两人余生都各自经营着自己的业务，这可能也是导致他们在历史上没能创造出与克莱斯勒、福特和通用汽车齐名的品牌的原因。汉宁顿发现查尔斯的工厂令人失望。几个月后，他决定回家。不过他制订了一个野心勃勃的计划，打算在回家的路上去看看“大家正在努力设计的各种汽车”。半生过后，他告诉福特，“最后一站是底特律。在那里……我有幸在一个大型发电厂的发动机房与您有一个小时的碰面……您正在设计一个精巧的向汽缸内添加汽油的装置”。

在这次拜访中，汉宁顿也进行了一些商业情报的刺探工作。他就福特的第二辆汽车撰写了一份详细的报告，秘密发送给一位对这个新兴行业也颇感兴趣的朋友。福特从来不知道这份报告的存在。但其中的内容应该会让他感到开心：“发动机的设计非常出色……类似于弗兰克·杜里埃研发的车子。不过福特设计的点火器要更好……化油器也不错……传动装置的设计非常紧凑和均衡……整个设计在我看来非常完美，而且相当注意细节，让我吃惊……与这个国家此前所生产的任何车子相比都毫不逊色。”汉宁顿显然是一位能干且善于观察的工程师，他在报告中所做出的结论精辟地总结了10多年后的情况，即便现在看来依然如此。福特在10多年里卖出的汽车数量比其他所有美国汽车制造商的销量总和还要多。“这显然是一款一流的四轮车，实用且制造精良，它并没有什么特别富有创新性的特点。也许对于大多数汽车制造者而言，新奇是他们追求的目标，而并非出色的设计……但我相信福特汽车充分展现的简洁、实用、动力充足等几个方面的特征，对于成功的汽车来说才是必不可少的。”

1898年圣诞节刚过，汉宁顿就将自己的报告发了出去。第二年7月，某个天气晴朗的周六，福特驾驶着自己的第二辆车驶入底特律的一个富人区，将车停在一栋豪华的房子前。他走到门口，向屋主人威廉·H. 墨菲（William H. Murphy）说道：“我已经准备好驾车带你出去试试了。”墨菲上了车，福特开始启动。那个夏日的下午，他们驱车到了奥查德莱克，然后又借道庞蒂亚克返回底特律。在这将近130千米的远行过程中，墨菲坐在摇摇晃晃的座椅上做着笔记，记录下这辆汽车的油量，以及这辆汽车在状况良好路段和糟糕路段的不同表现。这辆汽车整体表现不错，只用了三个半小时就把他们送回了墨菲家。考虑到那个年代的道路状况，以及当时任何一辆汽车的性能都不是很稳定，这趟旅程已经算是闪电般的速度了。墨菲离开自己的座位，下了车。他对司机说：“很好，现在让我们组建一家公司吧。”

墨菲是一个富人，靠木材致富。他出生于缅因州班戈市，当时那里还有原生树木可供砍伐。他跟随并促进了伐木者所谓的“大扫荡”，一路向西来到了底特律。在焊接车间和金属加工厂忙碌的同时，福特也会抽出时间同墨菲这类底特律的富人建立联系。

后来，和大家所熟知的有关发明家的传说一样，虽然这些富人冷眼相向，但福特的热情之火依然高涨，甚至当这些富人试图浇灭他的这股热情之火时依然如此。福特小心翼翼地和他们交朋友，但又会像在铸造车间里那样让人捉摸不定，他时而表现得相当活跃，乐于助人；时而会一两个月消失不见。在他第二辆车完工后的世纪之交，他的影响力比以往任何时候都要大。西德尼·奥尔森曾经对他进行了非常细致的追踪。他说，“福特的习惯让传记作家们感到绝望”，当时的福特“相当狡猾。他神出鬼没，变化无常。他会一两个月消失不见，然后又突然在多个地方冒出来”。

福特在让弗雷德·施特劳斯借助机器加工神秘的凸轮轴期间，也毕恭毕敬对待詹姆斯·麦克米伦（James McMillan）——这个曾经给了福特第一份工作、让福特能够在密歇根电车工厂工作的人。詹姆斯·麦克米伦和他的哥哥一起成立了底特律车轮公司，保障了市场对车轮的需求。兄弟俩掌管着密歇根州最大的工业企业：德卢斯南岸大西洋铁路公司。

福特努力地与詹姆斯·麦克米伦的儿子威廉·麦克米伦（William McMillan）交朋友。威廉·麦克米伦不仅仅掌管着父亲和伯父的财务大权，还同时在 10 家董事会担任秘书和财务主管一职。在这 10 家公司中，有 4 家名称中带有“底特律”三个字，分别为底特律铁矿公司、底特律炼铁公司、底特律铁路起重机公司和底特律运输公司。

威廉·C. 梅伯里（William C. Maybury）是底特律人气颇高的新任市长。他喜欢福特这位“汽车发烧友”。他和蔼地给福特颁发了一个官方的“驾驶证”。所谓官方的，就像口头签发的许可证一样。

当福特在不急着考虑用新的法兰或螺栓来替代被工人们认为已经十分令人满意的旧零件时，他就会去结交这些人。在爱迪生照明公司的工作让福特了解到企业的运作流程、大型公司的组织方式，以及资金的投入方式。亚历山大·道认为自己的这位员工已经掌握了许多知识。就在福特驾车带着墨菲外出的那段时间，亚历山大·道在他的笔记本上写道：“我与福特讨论了他将在我们未来实施的大型计划中扮演什么角色。”这些计划包括：福特将成为爱迪生照明公司的总经理，年薪几乎翻番，达到 1.9 万美元。但这也是一项要求很高的工作，无法有多余的时间去进行汽车实验。亚历山大·道非常友好，也很客气："我在自己的能力范围内给了他最高的待遇，使他能投入到我一心一意从事的工作中。"但那只是亚历山大·道喜欢的工作，并非福特的心意所在。"我必须在工作和汽车之间进行选择，"福特说，"我选择了汽车，或者说我放弃了工作。这个选择并不难。我早已确信汽车必定会给我带来成功。我在 1899 年 8 月 15 日辞去了工作，然后直接向汽车行业进军。"

福特的第一家公司成立

汽车行业正等待着福特。在他辞去工作的 10 天前，成立底特律汽车公司的文件已经送交备案。公司注册资本为 15 万美元，其中 1.5 万美元的实缴资金已经由十几名可靠的底特律市民提供。福特是公司主管，并且持有公司的部分股份，月薪 150 美元。那年初春，福特和他的支持者们已经看中了卡斯大街一栋合适的厂房。

这就是亨利·福特，一位最精明的规划者。奥尔森写道，在离开爱迪生照明公司时，"我们眼睁睁地看着福特从一个安稳的地方到了另一个安稳的地方。在辞去旧工作之前，新工作已经在手。真是运筹帷幄啊"。没错，福特对他的新工作同样精心规划。"这可能被认为是第一步，因为我个人并没有出资。除去生活开支，剩下的钱都被用在了实验上……人们对汽车还没有'需求'，新事物都要经历从诞生到流行的过程。"

福特的这番操作的确是一场豪赌，他在爱迪生照明公司的朋友，尽管会毫无怨言地通宵来帮他铣削焊接，但是没有一个人愿意冒险加入他的新事业。他力劝四轮车的改造者贝尔加入自己的行列，"戴维、戴维，来吧，加入我们吧"。福特表示自己无法给贝尔支付薪水，但他可以先打一张白条。贝尔说："亨利，我需要养活妻子和家人，我不能这样冒险。"几十年后，贝尔后悔不已，"如果当初那样做的话我就发财了"。最终，福特的老朋友中只有弗雷德·施特劳斯加入了他的行列。施特劳斯此前曾经和福特一起去看过卡斯大街的厂房，而且在那时他才发现福特对汽车非常执着。此外，还有一位同伴毫不犹豫地选择了和福特同行，"我的妻子也认为我不能放弃研发汽车，我们必须孤注一掷"。

克拉拉在婚后的头 20 年里展现出了非凡的勇气。1897 年，他们从巴格利大道搬了出来，搬到了第 8 个住处。现在，7 岁的埃德塞尔刚刚开始上公立小学。他们还将继续搬家，搬到距离底特律汽车公司较近的第二大道上。

与爱迪生照明公司的人相比，支持者们的信心要大得多。福特与厂房签订了 3 年的合约，并且宣布首批汽车将于 10 月 1 日下线。底特律汽车公司秘书弗兰克·奥尔德曼（Frank Alderman）说："我们有几种与汽车制造有关的新装置，目前正在申请专利，这些新装置将使我们的汽车达到近乎完美的水平。通过实现完全燃烧，我们已经解决了燃料燃烧不完全所带来的臭味问题，同时我们也改进了后轴的动力问题，将所有的内部设备都隐藏起来，我们将拥有一款外观更加漂亮的汽车。我们希望年底之前能够招聘到 100 ～ 150 名员工。"

10 月过去了，11 月和 12 月也过去了，但并没有一辆汽车驶出底特律汽车公司的大门。直到 1 月中旬，公司的第一辆汽车才问世。它不是小汽车，而是一辆货车。或许福特是用这种方式来展现内燃机功能的多样性。这并非什么玩具，而是可以在工作中发挥重要作用的车辆。

一个表面光滑的立方体被稳稳地装置在 4 个充气轮胎上，没有比这辆货车的到来更惹人关注的事情了。在进入 20 世纪一个多月后，福特带着一名来自《底特律新闻论坛报》（*Detroit News-Tribune*）的记者去兜风。这段经历让那位记者陶醉其中，并专门写了一篇报道，于 2 月的第一个周日刊发在了报纸第二版上。标题为"超越赛马，飞过结冰的街道"。接下来的文字让人们感受到了福特的宣传能力，以及他那磁铁般的吸引力。

记者来到工厂的那天，天气非常糟糕。报道的副标题是："水银柱徘徊在零度左右"。但福特研发的汽车"表面光滑，上部有车厢遮盖，车厢外侧均喷有黑漆，配有红色的轮子以及传动装置。没有了常见的马匹，这说明其动力来源车子内部"。福特和他打了声招呼，在油箱里灌了 11.36 升汽油。福特解释说，这已经足够使"这辆汽车跑 160 千米或者更远，成本是每千米 0.62 美分"。他猛地一拉，发动机开始启动。一位工人推开了工厂的一扇大门，然后"卡车以无与伦比的敏捷瞬间加速，驶向满是冰雪的寒风凛冽的街道……"

“卡车的轰鸣声更大了。它正以每小时 13 千米的速度飞驰。马路上的车辙很深，但卡车极其平稳，我感觉像做梦一样。甚至连有轨电车常见的那种颠簸都没有。”记者记载道。“抓紧了，”福特告诉他的乘客，“等到了柏油路上时，我们就会加速了。”“现在有多快？”记者问。“每小时 40 千米。”福特答道。“等等！”记者假装害怕地大声说，“我要下车。”此时他看到一辆马拉的送奶车正在走近，“马在发抖，好像要逃跑”。“有没有吓到马？”他问福特。“这取决于那匹马。”福特的这句话似乎已经足以说明问题了，接着他又以极快的语速补充道：“如果是没有经过训练的劣等马，那是肯定的，但如果是名贵马匹，那就不会。马匹之间和狗一样存在着千差万别，有些聪明，有些则比较笨。有一天，我经过市政大楼，当时非常拥挤。一个男人带着赛马，驾驶着马车向我们疾驰而来。当时奥尔德曼和我在一起，他让我慢下来，否则肯定有麻烦。那匹赛马直接从我们身边飞奔而过，那个人只是斜着眼睛看了我们一眼。他很傲慢，没有流露出任何情绪。”

之后，这位记者开始对这辆汽车诞生背后的意义进行了一番深度思考与描绘。“嗖！汽车猛地加速。在汽车跑起来的同时，也发出了新的噪声……在历史上每个决定性的时刻，总会出现一些声音、一些符号，代表着当时的主导力量。”最初，狮吼代表权力的至高无上，接着出现了“石斧的锤击和罗马战舰上的划桨声”。然后是逆风航行的声音和火药的爆炸声，今后数年里，“汽车的笛声将成为推动文明的强大力量”。但现在，这位记者听到的“这种最新、最完美也是最具力量的声音回响在底特律的大街上，汽车正以每小时 40 千米的速度飞驰”。“这是一种什么样的声音？我难以用文字来描述。它与我听到的任何其他声音都不一样。它不像内河船只排气的那种噗噗声，也不是蒸汽机工作时的哐哐声，它是一种长长的、快速醇厚的咕噜咕噜的声音，这个声音非常悦耳。人们必须去欣赏它。越早听到它最新的咔咔声，就能越早地接触到文明萌芽时最新的声音。”

遭遇无法攻克的瓶颈，公司解散

在这段完美的远行中，福特曾经指着一个店面对记者说：“看到那家制作马具的店铺了吗？它的生意注定要完蛋了。”不过这一预言并没有很快得到兑现，即使马具店铺生意完蛋也不是因为底特律汽车公司的货车。但在寒冷的日子里，这辆货车跑得如此欢快，足以点燃那位记者的想象力，让他感受到未来 10 年里许多人为之欣喜的场景。这是胜利的引擎，是与过去决裂、开启新纪元的引擎。

不过在参与制造货车的人中，许多人有着与“梦想家”记者截然不同的记忆。弗雷德·施特劳斯回忆说：“我们的确制造出了发动机，让这辆汽车跑了起来，但这个过程实在是糟糕透顶了。它的飞轮太重了，所有部件都太重了，而且制造过程用的时间太长。”

福特正着眼于批量生产，但还不知道具体应该怎么运作。工厂内的工作停滞不前，每天都让人感到沮丧。发动机在锯木架上一动不动，工人们敲、锉和装配之后，提心吊胆地将发动机安装到底盘上。前提条件是底盘的零部件能及时到货。几乎所有零部件都来自外部制造商。与此同时，车身制造的精细程度堪比小提琴，每个阶段都要百般呵护。

没有人知道底特律汽车公司究竟生产了多少辆汽车，或许不超过 12 辆，或许比这个数字还少。问题之一在于生产零部件的各类企业太过分散，都刚刚起步，还不能被称为一个行业。另一个问题在于福特是一个完美主义者。也还有其他因素阻碍了这家经济实力雄厚的汽车公司前进的步伐，那就是福特不喜欢为支持者们打工，尽管他清楚这些支持者是必不可少的。这种思想也使他的步伐放慢了，尽管大家都说那段时间他工作努力，一步一个脚印地在前进。但是汽车的生产速度难以提高，也让他感到越来越沮丧。

人们可以从弗雷德·施特劳斯有关底特律汽车公司倒闭的总结中看出当时的情况。“福特并没有做好准备。他都没有设计好汽车……福特给了我一些车轴的设计草图，我开始加工这些车轴，但这些车轴没有任何用处。我们从未在汽车上使用过这些车轴。它们仅仅只是个摆设，直到福特有更多的时间来考虑这些东西。”毫无意义的忙碌，以及工作台上闪闪发光的齿轮，这些都遮挡不住支持者们的视线。他们还是发现了所有这些工作最终都不能够合成汽车。在福特做出自信满满的预测之后的几个月，奥尔德曼伤心地发现：“汽车上需要注意的细节之多令人震惊，远超预想。”

到了夏天，大多数董事已经开始对福特心生厌恶，只有墨菲仍然对他信赖有加。有一次，支持者召开会议，福特认为自己受到了不公平的待遇，所以拒绝参加会议。他对施特劳斯说："如果他们问起我，就说我已经出城了。"他在之后的很多年里会反复撒同样的谎。

会议结束后次日，奥尔德曼告诉施特劳斯，公司将从那家大厂房里迁出，并将解雇大部分工人。施特劳斯可以留下几台机器，保留一个实验车间，但规模要小得多。一位特别精明的董事表示，那些漂亮的机器必须丢掉，"将那些东西扔出去埋了，再也不想看见它们"。4 个汽车车身的命运让施特劳斯感到格外心碎。这些车身"经过精心设计，在制作和刷漆时都是尽心尽力，最终成品像钢琴一样精美"。但没有任何商量的余地。"我们将它们搬到了锅炉房。铁匠查理·米切尔（Charlie Mitchell）和我挥起大锤，将这些漂亮的车身砸碎，然后丢到车间的锅炉里烧掉了。"

施特劳斯表示说："面对这一破败的景象，一天早上福特突然走进实验车间。"他和"蜘蛛"赫夫一起，着手开始制造施特劳斯所称的"小汽车"。尽管比赛马还快的货车和漂亮的木质车身的命运让福特感到悲伤，但他从未提过一个字。董事们最初似乎就是期望福特能制作这种普通的、中规中矩的小汽车。用施特劳斯的话来说："它跑起来相当轻快。"但对于它的创造者而言，这辆小汽车还不够好，福特在不断地进行改进。在这个过程中，秋去冬又来，公司股东们颇为焦躁，开始撤资。正在竞选州长的梅伯里市长支持福特，甚至购买了更多的股份，合计持有 500 股。墨菲也是如此，他继续为福特支付账单，在 1901 年 1 月底特律汽车公司宣布解散之前，墨菲已经为公司支付了 8.6 万美元的账单。

尽管公司解散，但墨菲仍在坚持。这位伐木商和几个最初的股东买下了公司的剩余股份，并继续为福特提供资金。没有记录表明他们在支持福特方面究竟付出了多少。在 1 月，福特和克拉拉搬进了他们的第 10 个家，从中或许可以看出支持者们的支持力度。和这对夫妻同住的还有福特的父亲和妹妹简，他们最近离开了家庭农场，到城里来过冬。

但福特并没有像克拉拉希望的那样，在家里待太长的时间。在那几个月里，克拉拉的日记里满是"在回家拥挤的电车上遇到亨利时的惊喜"。2 月 1 日，她

“和亨利待了半个小时，然后搭乘火车去了凯特家”。妹妹凯特住在密歇根州贾斯珀市，即将生产。2 月 3 日，她写道：“今天下了一天雪。给亨利写了一封信。感觉好孤单呀。”福特肯定也是如此。他在卡斯大街工厂的一小块地上搭了一个小屋，那是支持者们为他保留下来的，他整晚都待在那里。身边阴暗的长廊曾经是用来进行批量生产的流水线，只是从未实现，但这些似乎丝毫没有让福特感到沮丧。他和赫夫、奥利弗・巴塞尔一步一个脚印踏实地工作着。

还有一个 22 岁的新人也是如此。他有一个拜伦风格的名字，叫作蔡尔德・哈罗德・威尔斯（Childe Harold Wills）。不过他从未用过蔡尔德这个名字，而是将这个名字传给了自己的儿子。威尔斯的父亲是一位熟练技工。威尔斯梦想成为一名画家。17 岁时，《底特律城市指南》（*Detroit City Directory*）上提到他是一名“住在家中的艺术家”。但次年，他就以工匠学徒的身份开始工作，同时在夜校学习冶金学。3 年后，他不仅在一家后来被称为“巴勒斯加法机”的公司谋得一职，而且还当上了工程部的主管。威尔斯对汽车的兴趣越来越浓厚，于是找到了福特。两人相见恨晚。同福特一样，威尔斯非常高兴同时做两份工作，或者说他至少不介意这样工作所带来的压力。但与福特不同的是，他是一位杰出的制图员。福特在看到或触摸到任何机器后，直觉可以告诉他这台机器的优点和缺点。但威尔斯可以在脑中构思机器，并在纸上画出来，然后确认它是否能够实际应用到工作中去，所有这一切都不需要车床。

1901 年春天，福特、威尔斯、赫夫和巴塞尔所忙碌的事情与“小汽车”毫不相干。如果小汽车这时被生产出来，也许会吸引公众购买，毕竟大家对汽车行业的未来发展越来越有信心。但事实上，他们所做出的努力并未产生积极的成果。

第 6 章
“福特的赛车”名声大噪

赛车成了唯一出路

福特后来回忆说：“我从未想过要参加比赛。”在福特成长过程中，他从未看过当时盛行的美国娱乐节目——赛马。但现在福特正在制造一辆赛车，他别无选择。那时公众开始对赛车产生兴趣，“只把汽车当作一种速度很快的玩具。因此我们不得不去参加比赛。”为了比赛，美国的富人们从欧洲购买笨重且昂贵的汽车。威廉 · K. 范德比尔特（William K. Vanderbilt）就是早期忠实的赛车迷，他购买了一辆“红色恶魔”（Red Devil）。这辆 25.74 千瓦的奔驰车，价格如此之高，仅关税一项就高达 7 000 美元。他参加比赛赢得了大奖，奖金为 1 万美元，还因此上了美国众多报刊的新闻头条。

但福特坚称赛车是自己唯一可选的道路，这番话也不完全正确，当时仍然有人支持他为普通大众制造汽车，而不是制造耗钱的赛车。只要他朝着制造“小汽车”的方向坚定地努力，那么他就比大多数自称为汽车制造者的人有更多的机会投入生产。

然而，他不能这么说。或许他认为把自己的车大批量出售就是向支持者妥协，或许他还不够自信，不相信自己可以大批量地制造汽车。赛车的一大好处就在于只要有一辆跑得足够快的车，就可以享受巨大的成功，但缺点在于只能成功不能失败。当福特致力于制造赛车时，他对比赛重要性的认识就非常明确。如果他的赛车未能取得成功，那么他制造汽车所得到的相当微弱的财力支持也将不复存在。他只能尝试回到爱迪生照明公司继续工作，将研制小汽车作为一种业余爱好。

只能成功，不能失败

尽管福特的支持者们敦促他把全部精力投入到制造他们想要的普通汽车上，但福特却将心思都放在了赛车上面。这些支持者随之也就认同了福特对赛车的追求。福特的赛车重达 0.73 吨，和当时的赛车相比不算重，但这个重量却是四轮车的 3 倍。巴塞尔和福特的合作相当密切，50 年后，巴赛尔宣称自己“从零开始设计了那辆赛车”。新设计的发动机有两个 17.78 厘米的汽缸，水平放置在司机的座椅下方，这是安装发动机的传统位置。在发动机的前方，用作散热器的薄铜冷却管线圈，串在引擎盖前面的一个比较宽松的地方。与大多数汽车或福特此前制造的所有汽车不同的是，这辆汽车有一个引擎盖，看上去更美观，但整个机械系统并没有被罩在车的外壳里。最初的汽车制造者中，有一些人非常尊重传统，特地在自己的汽车上安装了用来放置马鞭的槽。

《科学美国人》(*Scientific American*) 在《汽车风格》一文中赞扬了这款赛车，但这是一篇关于设计美学的文章，而非科技文章。作者名叫赫罗尔夫·威斯比 (Hrolf Wisby)，是一位汽车爱好者。他抱怨称：“相对而言，汽车制造者们在引导公众品位方面并没有付出太多努力。”相反，他们正在迎合那些“爱马的人，想要一辆和马车类似却无须马拉的车”。这是一种“愚蠢的想法。汽车并不是简单的无须马拉的车子”。威斯比表示：“只有这款赛车慢慢形成了自己鲜明的风格，相比于最优雅的法国款式有了明显的改进。”而且“由福特制造的最新款的美国赛车拥有一些独一无二的特色，即使不是最漂亮的，但也足以让它成为迄今为止美国天才们最突破传统设计的汽车”。“汽车专家们对这款车大加赞誉，因为它的外观简洁、结构紧凑……司机座椅缩减到仅仅只有蘑菇凳那么大……车厢内避免了一切复杂的东西……无论如何，它确实像我们期望看到的汽车。”

这篇颂词于 11 月发表，当时这辆车已经非常知名。在当年早春时，这辆车还只是一个被秘密研制的半成品。与往常一样，福特在制造的过程中一直精益求精。

一天，一位挪威移民走进了卡斯大街这间经过裁员后的工厂。他介绍自己是彼得·史汀史翠普（Peter Steenstrup），是新泽西州纽瓦克市海厄特滚柱轴承公司（Hyatt Roller Bearing Company）的销售代表。他的英文说得不是很好，但已经足以让福特明白为什么海厄特滚柱轴承公司的滚柱轴承正是他所需的。正是滚柱轴承和滚珠轴承的存在才让汽车工业成为可能。在 19 世纪的马车上，转动轴由一个外壳来加以支撑，然后靠大量涂润滑油来避免外壳被磨穿。但在汽车上不能这样来设计，因为它们的轴转动得太快了，如果在底座的孔和轴之间有一圈钢珠的话，那么摩擦力就能大幅减小，甚至可能消失，这就是滚珠轴承的工作原理。滚柱轴承做的是同样的事情，并且可以提供更多的支撑。如果把手掌摊平，然后按住一个弹珠在桌面上滚动，你立马就能感受到任何时候珠子和桌面都是点接触，这就是“点”轴承。现在再用手掌在桌面上滚动一支铅笔，那就是“线”轴承。滚柱轴承就是线轴承，像滚珠轴承一样围成一个圈，每个轴承大概有 12.7 厘米长。史汀史翠普所推销的轴承就属于这种类型。它们围成一个圈，将轴包在中间，让它可以自由转动。史汀史翠普告诉福特，即使没有滚柱轴承，机器也不一定会自我损坏，但使用滚柱轴承所带来的能源节约是巨大的，而且还有更多好处。海厄特滚柱轴承公司在制作滚柱轴承时并不仅仅只是使用金属圆柱，而是会将数条冷钢拧成长条状，然后再切割成合适的长度。因为滚柱轴承有了这种弹性，不管转轴或其外壳有多么不规则，滚柱轴承都可以自行调节。

史汀史翠普是一位销售人员。他到美国后的第一份工作是在海厄特滚柱轴承公司担任记账员。在罗得岛（Rhode Island）普罗维登斯（Providence）的一家大型机床公司拒绝了海厄特公司的销售人员后，他就主动请缨前去一试。这家机床公司让史汀史翠普的上司甚是头疼。上司对他说：“我们不能派新人去攻克这家工厂。史汀史翠普，你既然这么聪明，那么你可以去普罗维登斯尝试一下。如果没拿到订单就不要回来了。”史汀史翠普最终拿着订单回来了，骄傲地宣称自己凭借大哭最终取得了成功。但其实他并不需要在福特面前哭，因为福特不但了解产品还很喜欢他，两人成交了。这辆赛车的前轴将使用滚珠轴承，后轴则使用滚柱轴承，也就是海厄特滚柱轴承公司的产品。

这些轴承带动着 91 厘米的钢丝辐轮和 10 厘米的轮胎。点火依然是个问题。赫夫和巴塞尔反复讨论，觉得如果通过瓷来绝缘，那么点火器的效率会更高。而且瓷和玻璃是一起被用于生产电线和电话线的绝缘体。但有谁了解什么是瓷呢？巴塞尔认为自己的牙医桑伯恩可能知道，因为桑伯恩使用瓷来制作假牙。赫夫和巴塞尔画了一个火花线圈，巴塞尔把它拿给了桑伯恩医生。几天后，巴塞尔从那位医生的办公室拿到了第一个现代火花塞。这件发生在这天上午的小事将会给整个世界带来巨大的新变化。

到了夏天，这辆汽车已经可以进行测试了。发动机的声音非常大，福特认为最好是用几匹马把这辆车拉到郊区后再启动。在西格兰德大道试驾后，福特宣布汽车在 800 米的行驶路程中速度达到了每小时 115.9 千米。这在当时是破纪录的速度。不管怎么说，这辆汽车已经完工了。福特想要东行，向当时最著名的法国赛车手亨利·福尼尔（Henry Fournier）发起挑战。福尼尔曾经驾驶着赛车莫尔斯（Mors）在巴黎－柏林的比赛中赢得胜利，当时正在冲击美国的速度纪录。但事实上，福特的对手是一个美国人，而且是他自己找上门的。

跑赢强大的亚历山大·温顿

1901 年时，亚历山大·温顿是美国最知名的汽车制造商。尽管他的信誉源于大力的宣传，但不可否认的是，他和福特不同，涉猎领域足够广泛，他不仅制造和销售汽车，同时也参加赛车比赛。亚历山大·温顿于 1860 年出生于苏格兰，在克莱德河上接受过轮机工程师培训，后随着已婚的姐姐来到克利夫兰，在那里先开了一家自行车修理店，接着在 1892 年创办了一家自行车工厂。他的生意做得很好，让他有足够多的钱投入到对汽车的爱好中。他对汽车几乎是一见钟情。到了 1897 年 7 月时，他新开的温顿汽车公司生产了第一辆汽车，这辆汽车能载着自己的制造者从克利夫兰来到纽约。两地相距 1 287.5 千米，耗时将近 79 个小时，但这一壮举只引来了媒体不温不火的报道，这种效果让温顿大为恼火。他认定如果当时不是让工厂主管伯特·哈彻（Bert Hatcher）随行，而是一位公关人员，那么结果就会不一样。

尽管如此，他在 1898 年还是卖出了 22 辆汽车。其中一位顾客最初感觉这些汽车不够好。在推销一番无果后，温顿发脾气了，告诉对方，如果认为自己可以造一辆更好的汽车，那就自己去造好了。这位顾客就是詹姆斯·帕卡德（James Packard），而他也真的像温顿说的那样去做了。

1899年，温顿再次驾车从克利夫兰前往纽约。这次随行的是查尔斯·B.尚克斯（Charles B. Shanks）。他是《克利夫兰老实人报》（*Cleveland Plain Dealer*）的记者，刚刚从美西战场回来。尚克斯相当懂行，他在最初就宣称这次随行是打赌的结果。当他听说温顿吹嘘自己可以在50个小时内完成这趟旅程时，就和他打了个赌。沿途每次停下来休息时，尚克斯就会通过电报发回报道。他讲述了自己和温顿因为撞到一块大石头而被甩出车外的恐怖经历，接着又幽默地讲述了农村人看到不用马牵着跑的怪物时颇为害怕。“他们当时的样子无疑就像是看到一个脱离地基的房子在街道上奔跑的情形。”等他和温顿快到曼哈顿时，整个国家的民众都在争相了解他们的经历。

如果两人真的打了赌的话，那么温顿赢了，他只用了47个小时就完成了旅程。那一年，他卖掉了100多辆汽车，远超其他任何一家美国汽车制造商。而尚克斯的大力宣传也最终解决了《芝加哥时代先驱报》在为自己所组织的赛车比赛进行大肆宣传时所提出的那个问题。Motocycle（机动车）这个词已经过时了，当时最大的汽车杂志《无马时代》正在争取将这种机器命名为motor carriage（机动马车）。而在这段行程中，尚克斯一直使用法语中的automobile（汽车），这个词被最终确定了下来。

1901年春，汽车专业媒体报道称温顿正在打造“重型赛车”，这种51.48千瓦的机器采用的是铁质车架，比福特的赛车还要重半吨。温顿一共制造了4辆这种赛车，卖了3辆，留了一辆自用。

整个秋天，福特和赫夫一直在忙着对赛车进行测试，有一次甚至驾车跑到了迪尔伯恩市。当时威廉·福特还特意从剥玉米的秋收工作中抽出一段时间，请邻居一起将坑坑洼洼的道路弄平，给他的儿子提供一个可以创造新的赛车纪录的地方。但即便如此，这条路还是不能满足条件。

见证赛车实力的机会很快就来了。3家承办商宣布他们计划组织底特律第一届赛车比赛。比赛的名称带有那个时代“唯我独尊”的特色，命名为世界锦标赛（World’s Championship Sweepstakes）。其中一位支持者名叫丹尼尔·康波（Daniel Campeau），是梅伯里的政敌。还有一位支持者是“微笑比利”梅茨格（Metzger），他名下有一家自行车店，顾名思义，他是当地组织游行活动的活跃分子。第三位就是查尔斯·尚克斯，他对克利夫兰至纽约之行的报道非常成功，现在是亚历山大·温顿的销售经理。温顿意气风发，对这次世界大赛的冠军志在必得。此次大赛的主要赛事就是40千米左右的赛车比赛，即25英里赛，奖金为1 000美元。除了奖金之外，尚克斯还精心挑选了奖品——一个精美的雕花玻璃大奖杯和一顶配有几个小奖杯的王冠。尚克斯认为这套奖品放在老板克利夫兰家中的玻璃柜里尤为合适。比赛定在10月10日，举办地点是格罗斯波因特1.6千米长的赛马道。跑道旁已经用土堆起了倾斜的路面，便于这些汽车进行比赛。

尽管福特一直犹豫不决，但为了避免最终一无所获，这次比赛他不得不参加。参赛准备工作带来的巨大压力对福特和他的妻子产生了截然不同的影响。妹妹凯特在那年8月时写道：“我觉得克拉拉压力太大了，而亨利则显得太过随意。”直到比赛前一天晚上他才缴纳了报名费。

3位承办商向公众大肆宣传比赛的规模宏大。“这次赛事必然成为底特律时髦人士的热点话题，”《底特律自由新闻报》写道，“赛场包厢几乎已经预订一空，而且女性服饰的荟萃预计会同疾驰的赛车一样吸引众多的眼球……参赛人员中的夺冠热门选手之一是来自底特律的亨利·福特。”

这一天几乎可以肯定地说就是媒体所称的“西方世界”有史以来最大规模的汽车游行之一。“有100多辆汽车，连一匹马都看不到！”格罗斯波因特在当时是一个避暑胜地，已经做好了迎接旅游淡季的准备，但这些汽车却让这里的马路水泄不通。“马已经被人们遗忘，取而代之的是其他东西，大的、小的，白的、黑的、红的、黄的……栅栏外通常都是人声鼎沸，马匹嘶鸣，人们乘坐着马车欢快地从四面八方赶来，但现在已经被一排排这样的新式东西所替代。”这场赛事的门票早已被抢购一空，就连赛道旁1.6千米长的看台也座无虚席。《底特律自由新闻报》的记者报道说：“前面的草坪上全是人，热情的观众们排成排，都超过了草坪的边界。”天气预报预测当天有雨，可实际上却是晴空万里。

遗憾的是，这场赛车比赛最开始的时候很无聊。在主赛之前有 5 个预热项目，包括蒸汽汽车赛和电动汽车赛等，但这些比赛都枯燥乏味。1.6 千米的电动汽车比赛里，获胜的是贝克汽车公司的沃尔特·贝克，他用时 4 分 49 秒，比人跑 1.6 千米的纪录慢了 30 多秒。面对观众们的嘘声，头脑灵活的“微笑比利”梅茨格立刻即兴组织了一场“特别活动”。亚历山大·温顿将“尝试打破世界汽车速度纪录”。志在必得的温顿驾驶着自己的汽车在赛道上转了 3 圈，其中一圈的速度创造了一项新的世界纪录。但就在温顿创造这个纪录的同时，在纽约的帝国城赛道上，亨利·福尼尔正在热车，他驾驶着自己的莫尔斯车跑出了比温顿的纪录更快的速度。第二天，《新闻晚报》的头条标题就是“荣耀稍纵即逝”。

这场特别活动展示了温顿的实力，但对福特来说算不得什么鼓舞。不过这场表演让观众兴奋了起来，为世界锦标赛做了很好的预热，观众期待着这一天高潮的到来。这场大赛只要报名就可以参加，而且“微笑比利”梅茨格此前曾经说过，参赛选手会有 25 位。

有 3 人驾车来到了起点，他们分别是福特、温顿和一位名叫威廉·默里（William Murray）的匹兹堡运动员。威廉·默里此前购买了一辆温顿制造的重型赛车。但在最后一刻，默里的赛车因为汽缸破裂开始漏油，不得不退出比赛。

预热活动所用时间已经远远超过了预计的时间，于是承办商将 40 千米的比赛距离削减到了 16 千米。或许这也是为了避免世界纪录保持者一圈又一圈地领先于其他汽车制造商所带来的那种可怕的尴尬和乏味吧。

福特启动了自己的汽车，赫夫和他共同操作。赫夫蹲在狭窄的脚踏板上，他抓着一对操纵杆，这对操纵杆看上去就像文件柜拉手一样大。集公关、销售和顾问身份于一身的查尔斯·尚克斯像赫夫一样多才多艺、胆大无比，他担任温顿的机械师。福特知道自己的汽车速度非常快，只是他很担心车在拐弯处发生故障，因为他还没有驾驶这辆车转过弯，而且这辆车还没有刹车。温顿的汽车在福特旁边轰鸣而过，51.48 千瓦动力强劲的发动机和创造了新的速度纪录让他显得牛气十足。福特的汽车发动机只有 19.12 千瓦，福特此前安慰自己：“胖子是跑不过瘦子的。”毕竟，温顿在赛车经验和士气上都占有优势，他很快就跑在了前面，在最初 8 千米轻松领先。拐弯让福特甚是害怕。他在直道上表现不错，但赛道上有很多连续的左向急转弯，他只能减速以滑入下一个弯道，因而就落后了。在每一个左转弯处，赫夫都会冷静地把身体摆出车外，起到平衡的作用，然后再蹲下来。两人此前从未有过这种合作，但慢慢地找到了一定的节奏。福特转弯速度越来越快，两辆汽车之间的距离逐渐缩短。

福特平时在制造汽车的过程中对机械系统各个方面的精益求精在此时显示了它的价值。他的发动机没有冒烟，而温顿的发动机却失控了。一位记者写道，赫夫"竭尽所能将身子伸到车外来平衡这辆汽车。4.8 千米后，温顿领先 0.32 千米……在第 6 圈时，福特明显加速了。温顿的汽车尾部冒出了一缕蓝烟，而且这缕蓝烟慢慢变成了一团阴云"。温顿加大油门。尚克斯也不例外，他在颠簸的汽车上扭动着，给驱动装置加油，但并没有奏效。

克拉拉也在看台上观看。她在写给弟弟的信中说道："亨利身上满是尘土，但他容光焕发……你要是能看到就好了。当他超过温顿时，我能听到人们的欢呼声。大家都变得疯狂起来。有人将帽子抛到了空中，当帽子落下来后他却直接踩了上去，太兴奋了。另一个男人则一拳打在妻子头上，免得她失控。他妻子从自己的座位上站起来尖叫'假如我有钱我押 50 美元赌福特赢'。"

比赛后，福特疲惫不堪地站在车旁，车子在 10 月的暮色中慢慢地散发着热量，粉丝围拢过来。他对其中一个粉丝说："年轻人，我再也不会这么做了，我眼前总是那密密麻麻的木栅栏。我吓得要死！"

大奖杯最终来到了克拉拉在亨德利大街新租的房子里，散发着别样的光彩。这是一座普普通通的房子，但克拉拉从此不必和婆家人挤在一起生活了。

亨利·福特离开亨利·福特公司

大赛结束一个多月之后，克拉拉写信给弟弟米尔顿说："我们又搬家了，我很高兴我们可以单独居住。我们有了一套温馨的小房子。因为亨利要制造赛车，所以我们没有自己建造房子。他眼中只有赛车。所以我们此后一段时间还要继续租房住。在埃德塞尔生日时，我们送给了他一辆自行车。他骑着自行车去上学，觉得挺好玩。他和亨利都穿着罗伦大衣。”自行车、罗伦大衣、没有婆家人挤在一起生活的房子，这些“奢侈品”一下子都冒了出来，不管福特此前如何不计后果地将一切都押在自己第一场汽车比赛上，最终他获得了巨大的成功。

他的支持者们也看到了这点。墨菲当时也在观赛，而且他立马着手成立了另一家汽车制造企业，这家企业将以那位新晋名人的名字来命名：亨利·福特公司。11 月初，在福特兴高采烈地前往纽约参观第二届麦迪逊广场花园汽车展（第一届汽车展于 1900 年 11 月举办）时，墨菲就已经和他谈了这个想法。

福特交付了 50 美分的入场费后，走进了人声鼎沸、喧闹嘈杂的展区。与现代车展相比，早期的车展对汽车的要求要高得多。这种展览更像是之前的马展，因为汽车并不仅仅要展示，还要证明它们可以靠自身动力灵活行驶。汽车启动后，轰隆隆地在展区转圈，经过障碍区，跨过小桥，竭尽所能地展示自己。在麦迪逊广场花园的屋顶上，蒸汽汽车公司（Mobile Steamer）的宣传人员搭建了一个高大、陡峭的坡道，直插云霄。人们可以看着车子“嘶嘶”地响着费力地爬上这个高坡，然后又得意扬扬地行驶下来。

福特并没有被轰隆隆吵闹的新兴机器吓到，这里有很多东西需要去学习。当他正看得兴起的时候，听到有人叫他的名字。他转身看到彼得·史汀史翠普正站在海厄特滚柱轴承公司展位的栏杆后面朝自己招手。福特走了过去，和史汀史翠普握手问好，取下礼帽，用手帕擦了擦前额的汗。“进来吧，”史汀史翠普说，“还能到哪儿找到比这儿更好的休息地方呢？在栏杆旁坐下来，享受在包厢看表演的待遇。”

史汀史翠普将福特介绍给自己的搭档，一个名叫阿尔弗雷德·斯隆（Alfred Sloan）的年轻工程师。他和史汀史翠普这一天都在展位上观察那些最吸引观众的汽车。它们分别是莱恩汽车（Lane）、洛兹汽车（Lozier）、波普上校的托利多蒸汽机（Toledo Steamer）、奥托卡汽车（Autocar）、斯登汽车（Stearns）、洛克莫比尔汽车（Locomobile），以及奥兹莫比尔（Oldsmobile）。奥兹莫比尔是兰塞姆·奥尔兹（Ransom Olds）的单缸轻便小汽车，也最接近于福特的支持者们希望他制造的汽车。

斯隆写道：“我们三个人坐在那里，看着汽车在展示区转来转去，边看边聊，一晃儿就是几个小时。”他还记得自己的这位客人当时的姿势，而这个姿势成为他余生的一个特征。“福特先生斜靠在椅子上，脚后跟放在椅子前方最上面的横档上，膝盖和下巴齐平。”斯隆非常喜欢他的这位客户，但没想到“福特先生后来会和我们有许多合作，他发来了大量滚柱轴承的订单”。斯隆更加“没有想到，和我交谈的这个人将成为世界历史上工业领袖中的重要一员”。

福特也没有想到，当他重新回到汽车的混战和废气的迷雾中时，他已经遇到了自己最强劲的对手之一，这位青春洋溢的 27 岁年轻人，即阿尔弗雷德·斯隆后来成了通用汽车公司总裁。

1901 年 11 月 30 日，墨菲和最初的几位投资者共同提交了申请书，成立了亨利·福特公司。福特被任命为总工程师，并且持有公司 1/6 的股份。公司购买了在卡斯大街上的一家工厂，福特将在这里制造未来的汽车。福特和巴塞尔开始研究有两个汽缸的轻便型小汽车。

可是此后，福特开始神出鬼没。巴塞尔在公司担任设计师，他很快就发现福特真正的兴趣所在：“他似乎并不想把心思放在小型汽车的设计生产上，他多数时间谈论的是想要制造更大、更快速的赛车。再加上他也不太满意自己在公司的持股比例，这导致他和墨菲先生之间出现了极大的分歧。”

就在提交公司成立申请文件两天之后，在写给弟弟米尔顿的信中，克拉拉也透露出了这种不满。丈夫的不满不会比她少。“因为亨利工作非常努力，所以才取得现在的成果。那场比赛让他声名远扬，下一步就是要借这个东风赚钱。我担心这会是一场艰苦的斗争，你要知道那些富人们有多想要这一切。”

福特在写给米尔顿的信中，只字未提小型汽车的生产计划。他使用的信纸相当体面，最上面印着“亨利·福特公司”。而且在“高级小汽车和旅行车制造商”这行文字旁边，赫然印着那位获胜赛车手的照片，这张照片就像股票凭证上的图案一样颇具权威。在信中，福特谈到自己希望能够驾车与亨利·福尼尔一决高下。“如果我能邀请福尼尔先生站到起跑线上，那么这会给我带来一笔很大的收益……我认为他不会拒绝。如果他拒绝，我就会竭尽所能发起挑战……公司会抵制我继续走赛车这条路，但他们可以由此获得广告效应，我希望在制造业之外赚大钱。”他关于公司会抵制他这项计划的预测非常准确。墨菲告诉巴塞尔，如果他帮助福特设计赛车，就会被解雇。于是对福特忠心耿耿的巴塞尔只能继续在夜间偷偷地进行赛车设计。不过这种情况并没有持续太久。在公司成立 4 个多月后，亨利·福特离开了亨利·福特公司。

在连续 6 年的拖延之后，他的支持者们终于厌倦了眼前的状况。就福特而言，如果他认为自己在公司持有的 1/6 股份太少的话，那么当他看到工厂里那个枯瘦的白胡子男人时就会更加生气。这个人看上去很像西班牙画家埃尔·格列柯（El Greco）笔下的圣人，只是没有那么强的喜感。这个人名叫亨利·利兰（Henry Leland），尖刻、冷酷、有责任心，是美国最出色的机械师之一。他的利兰福尔科纳工厂在切割零件时精度可以达到 0.254 微米。他目前正在为兰塞姆·奥尔兹生产发动机，曾在单缸奥兹莫比尔的成功中发挥过至关重要的作用。墨菲想请他来看看福特当前进行的工作，并提些建议。利兰的评价并不高，他认为福特所研究的双缸发动机太过复杂，公司应该放弃这个设计。利兰刚刚开发了一款改进版的发动机，只要一个汽缸就可以实现 7.35 千瓦的功率，他希望董事们能够让工厂继续维持下去，以便有机会试用他的发动机。他的声誉如此之高，因此这番话让那些心灰意冷的人同意再试一次。后来利兰的发动机被装到了福特和巴塞尔此前制造的样机上。

在自传中，福特对自己在公司的处境抱怨不断：“我根本得不到任何支持去生产更好的汽车，以面向大众进行销售。所有人的想法都是根据订单进行生产，而且要争取最高价。我没有任何权力，我只是一个工程师，我发现新公司并不是为了实现我的理想，而是仅仅只关心赚钱的问题，但也没有赚到什么钱。1902 年 3 月，我辞职了，决定再也不给别人打工了。”虽然福特抗拒那种唯利是图的方法，但当利兰给了这些支持者一些设计后，他们很快就将小型汽车生产出来了，并且产量不断增加。

福特拿着 900 美元离开了，同时带走的还有完成了一半的新赛车设计规划，公司承诺终止使用他的名字。这家公司选择了一个新的名字：凯迪拉克汽车公司。

“福特的赛车”999 问世

在底特律阴冷的 3 月里，福特拿着 900 美元和未完成的规划走出了工厂。同他当初离开爱迪生照明公司时一样，这次辞职并不像表面看起来的那样鲁莽。几周后的家庭野餐的照片上，克拉拉非常轻松，满面笑容，他妹妹此前描述的克拉拉那种因为压力而导致的“丰腴”已经荡然无存。从今天的角度来看，900 美元似乎是杯水车薪，但在当时，这笔钱相当于福特和其家人半年的生活费。更重要的一点在于，他早已认真地选择了自己的着陆点。

在此前 10 月的赛车比赛上，观众席中坐着两位职业自行车运动员。这场赛事当时有许多环节让人感觉枯燥乏味。在其中的一个环节，“微笑比利”梅茨格力劝这两位运动员重新回到赛道上去，可惜当天人们的兴趣全都放在了汽车上，根本没有注意他们。这两位职业自行车运动员是汤姆·库珀（Tom Cooper）和巴尼·奥德菲尔德（Barney Oldfield），他们的来头都不小。自行车赛曾是一项和职业拳击、赛马同等重要的体育运动，奖金丰厚。人们对自行车赛的热爱多年来达到了疯狂的程度。但这股“自行车热”自 1897 年开始突然消退，出人意料，也令人费解。当然，数十万自行车运动员依然存在，而且后来一直存在。但库珀和奥德菲尔德不再是美国人关注的焦点。他们在 20 多岁时就感觉自己已经变得无关紧要了。如同当初被自行车行业吸引一样，他们也被汽车吸引。格罗斯波因特的那场比赛让他们着迷。汤姆·库珀当天就找到福特进行了交谈。

此后，在福特四处寻找自己的第二轮支持者时，库珀和奥德菲尔德前往科罗拉多州投资了一座煤矿，并且亲自管理。这比他们两人西行去创办一家文学杂志略微显得合理一些，但也并不适合他俩，不出意外，他们很快就厌倦了这份工作。1902 年 2 月，库珀回到底特律，与福特沟通。他想要一辆赛车。他之前在自行车赛领域做得还不错，大概有 10 万美元的积蓄可以用来投资。这笔钱用来制造赛车绰绰有余，因为福特的第一辆赛车成本大概是 5 000 美元。于是自行车运动员和机械师达成了一项协议：库珀买单，福特负责制造两辆赛车，其中一辆将归属于库珀。

福特在派克广场租了一个不起眼的车间，奥利弗·巴塞尔也前来帮忙，他当时在已经更名为凯迪拉克的公司工作。当时福特提出，如果巴塞尔能够全职来帮忙，福特就将未来所有利润的 10% 分给他。巴塞尔非常谨慎，他同意在闲暇时间来帮忙，不愿意离开凯迪拉克公司，所以和许多人一样，他虽然被福特这颗彗星的尾巴扫到，但也未能抓住它，没有共同踏上成功之路。而哈罗德·威尔斯却抓住了，不管未来如何变化，他都愿以无偿工作来换取共享的未来。赫夫虽然时不时会因为懊恼或其他原因而回到肯塔基州，但他也会来车间帮忙。那段时期，威尔斯和福特两人的合作非常默契，彼此之间毫无摩擦。威尔斯可以快速和精确地画出草图，在这一点上福特永远无法比拟，他们两人性情相仿，都喜欢通过动手制作来进行探索。当得知有一本书可以为他正在尝试的项目提供明确的指导时，威尔斯会说："如果是书，那至少已经有 4 年的历史了，应该没有任何用处。"

1902 年的春天有些寒冷，福特和威尔斯有时会戴上手套，通过打拳来取暖，他们共同制造出了美国当时体积最大、动力最强劲的两辆汽车。这两辆赛车几乎一模一样，长度都超过了 3 米，轴距达到了 2.9 米，轮子有 0.9 米高，轮距超过了 1.5 米。架在轮子上的底盘很低，这很可能是库珀的主意。除了保证行驶所需的必要部件外，这两辆汽车上没有任何多余的东西。到 9 月的时候，两辆赛车已经快要完工了，正好赶上即将于 10 月 25 日在格罗斯波因特举办的第二届年度大赛。一位《底特律日报》的记者写道："整辆车已经呈现在大家眼前。油杯和车轮锃亮，旁边的黑色电线连接着完全暴露在外的电池。作为赛车，它们相当地去繁从简。"这辆车除了底盘没有太多部件：发动机的 4 个汽缸的体积有 18 立方分米，直接用螺钉固定在由两块钢板加固的木板做成的框架上。

《汽车和汽车评论》(*Automobile and Motor Review*) 报道称："这两辆新赛车完全为追求速度而造……充分体现了如何通过做'减法'来简化设计汽车，它们是这方面的典范。它们拥有强大动力，以及与之匹配的系统。它们丝毫没有追求舒适和奢侈，也毫无装饰和点缀。甚至都没有试图去遮挡整个机械系统，因为引擎盖对速度毫无帮助。除了速度之外，其他什么都不重要。"在《汽车》(*Automobile*) 杂志上，评论要尖锐得多："从技术上来说，赛车……也是一种汽车，老实说，这样的赛车就是装在轮子上的发动机。在它的身上，完全漠视了现代汽车制造的其他必要元素，充分体现了对野蛮和力量的追求。"

福特将一辆车喷成红色，另一辆车喷成黄色。红色的赛车取名为飞箭，黄色的则以纽约中央铁路的蒸汽机车的名字命名为“999”，那辆有着高大的驱动轮的蒸汽机车曾在1893年创造了每小时行驶181千米的世界纪录。这两辆赛车所使用的漆需要进行特殊的维护。记者们对这两辆赛车进行了客观的描述，它们完全地去繁就简，就算按照1902年的汽车标准来看也算是相当简约的。这两辆赛车不仅没有引擎盖，甚至连驱动装置的气门、重达104千克的飞轮以及变速器都完完全全地暴露在外。汽车启动时如同出现雷暴，汽油大量挥发，蓝色的排气灯不停闪烁。用福特的话来说，单单是噪声就“足以将人吓个半死”。

999车的制造工作率先完成。9月19日，福特驾驶着该车绕着格罗斯波因特跑了几圈，虽然没有遇到任何竞争对手，但他仍表示自己再也不参加赛车运动了，而且他的确也做到了这点。一位来自《底特律日报》的记者当时在场，他报道了这辆汽车是怎么“对待”自己的驾驶员的。“福特先生从头到脚全是油，衣服领子是黄色的，领带看上去就像是用猪油煮过，衣服上溅满了油渍，他神情疲惫，看上去就像在车床旁连续工作了24个小时。”

福特一直想制造一辆速度快的赛车，他做到了。999车的动力大约达到了73.55千瓦，其速度在椭圆形赛道上已经接近于96千米/小时。但这辆汽车也让其制造者感到害怕：“我难以准确地去描述那种感觉。驾驶这种车，感觉穿越尼亚加拉大瀑布也只是小菜一碟。我不想驾驶999车去参加赛车比赛。”在试驾之后，汤姆·库珀也不想再驾驶这辆车了。但如同去年的福特一样，他不得不去参加比赛。库珀想到了自己的朋友巴尼·奥德菲尔德。在那段短暂且无趣的矿业生活之后，奥德菲尔德搬到了盐湖城。库珀告诉福特说：“奥德菲尔德享受速度带来的快感。对他来说，没有最快，只有更快。”接到库珀的电报后，奥德菲尔德来到了底特律，他强壮、乐观、心地善良，令人惊讶的是他此前从未开过车，不过他面对风险通常泰然自若。他对赫夫说：“一文不名对我而言就像死亡一样。”

当奥德菲尔德第一次看到那两辆赛车时，吓了一跳。库珀说：“这些赛车不是为了外表而造……肯定不是。它们难看极了！”许多同时代的观察者们也有同样的感受。一位英国记者表示，这些赛车的外观是“实实在在的噩梦”。事实上，999车充分体现了福特关于漂亮的那句格言，即“世界上最漂亮的东西都去除了所有没必要的重量”。

前置的巨大发动机，低矮的车身，特有的自信和英勇（福特说过：“一辆车，一次生命就足够了。”），庞大的金属辐条式车轮，所有这些赋予了999车一种雕像般的现代感。这辆车散发出一股狂野的气息。至于重量，福特说：“对于蒸汽压路机而言，重量是非常重要的，但对其他机械而言并非如此。力量与重量并无直接关系。世界上真正做事的人的状态是轻盈、反应敏捷、充满力量的。”《科学美国人》曾经认为最接近这种赞誉的就是999车。

库珀和福特在这辆车上保持小心谨慎是明智的。但奥德菲尔德并没有感到不安。当福特告诉他为什么这辆车不像第一辆赛车由方向盘控制方向，而是由一个有点儿像垂直自行车车把的十字形转向器控制方向时，奥德菲尔德也没有任何疑虑，他并没有记住福特说了什么。但另一位赛车手却问起过这个装置，他记住了福特的回答：“你看，当车子高速行进时，由于灰尘或其他原因，操作人员无法立刻判断出自己是否正朝着正前方直行。这时他就可以看看这个操纵杆。如果操纵杆与车子垂直，那么就说明他的方向没错，的确是在直行。”但格罗斯波因特赛道是椭圆形的。福特的这种解释其实是荒谬的，只是奥德菲尔德并没有意识到这一点。

“我们只花了一周的时间就教会了他开车，”福特写道，“他这个人根本就不知道什么叫恐惧。他要学的就是如何控制这个怪物。要控制当今最快的车也只不过就是开车而已……在这辆车上，我安装了双手操作的操纵杆，因为要保证车辆不跑偏，即使是身强体壮的人也必须用尽全力。”

奥德菲尔德自信满满，而福特显然做不到那样。在这个可以成就其事业的转折点上，福特退却了。这两辆赛车并不尽如人意，有时甚至都无法启动。10月中旬，福特将两辆车都卖给了库珀，关闭了自己的新公司。或者更准确地说，是将一辆车卖给了库珀，因为按照双方的协议，另一辆赛车早就归属于库珀了。库珀支付了800美元。这笔钱听起来好像并不多，但要知道，此前制造这些车辆的所有开支都是由库珀承担的。福特则带着足够家人生活半年的资金离开了。这两辆汽车没有经过测试，状况反复无常。如果福特想通过出售这两辆车来避免使自己的声誉受损的话，那他就失策了。媒体对这两辆汽车非常感兴趣，并且总是将这两辆车称为“福特的赛车”。

把赛车交付给库珀后，福特的压力依然很大，10 月 25 日他来到了格罗斯波因特赛场，亲自为奥德菲尔德启动了 999 车。“我在转动曲柄时，他很开心地说：‘这辆战车可能会让我送命，不过此后他们会说我在撞向土堆时就像飞一样。’”

这场 8 千米的赛事一共有 4 名参赛者，他们分别是奥德菲尔德、亚历山大·温顿、一位名叫巴克曼的车手，以及勇猛的尚克斯。温顿驾驶着另一辆更庞大、也更先进的赛车重新回到了赛道上，他给这辆车取名为子弹。尚克斯则驾驶着另外一辆由温顿制造的汽车。

从一开始，这场比赛就是奥德菲尔德的天下。温顿紧跟了一段时间，但福特所造的这辆车本来就拥有超快的速度，加上驾驶员对物理定律的完全漠视，所以没一会儿，999 车就遥遥领先。奥德菲尔德时不时地将“方向盘”扭来扭去，在转弯时则用力往左，就像骑摩托车一样滑过去，后轮在泥土里划出一道漂亮的弧线，然后再次陷进土里。

温顿赛车的老毛病又犯了，他的车开始熄火，不得不在行驶了 6.44 千米后退出比赛。奥德菲尔德后面是巴克曼，再后面是尚克斯。最终奥德菲尔德以 5 分 28 秒的成绩冲过终点。第二年春天，他用不到 1 分钟的时间（距离 1 分钟还有 1/3 秒）跑完了 1.6 千米的赛道，打破了自己此前的纪录。

库珀开着自己的车，和奥德菲尔德一起在中西部地区举行表演赛。在奥德菲尔德赢得格罗斯波因特的大赛后，观众将他从车里拉了出来，抬着他欢呼雀跃。他名声大噪，即使在今天仍然还有一些美国人记得他。但无论他和库珀出现在哪里，媒体都会提到“福特的赛车”。

1906 年，库珀在纽约市的中央公园因为车祸丧生，留下奥德菲尔德继续参加比赛。到 1910 年时，奥德菲尔德的出场费已经高达 4 000 美元。在生命最后的日子里（作为当时的赛车手，他算是长寿的，1946 年离世），他喜欢对人们说：“亨利·福特说我们俩彼此成就了对方。”由于当时福特的战果和收入远不如他，所以他笑着补充说：“我想我做得更好一些。”

第 7 章 伟大的福特汽车公司成立

马尔科姆森的商业冒险

克拉拉在 1950 年 9 月的最后一天离开了人世。在这个世界上最了解亨利·福特的人去世之后，人们不可避免地会问："福特先生有没有留下什么文件，让我们更多地了解他的一生？"事实上，福特经手的每份文件都被保留了下来。美丽路（Fair Lane）是福特在迪尔伯恩市最后居住的庄园所在地，20 世纪 50 年代，工业考古学家们带着疑惑和惊奇进入这里，就如同霍华德·卡特（Howard Carter）和卡那封勋爵（Lord Carnarvon）在 30 年前进入埃及法老图坦卡蒙的坟墓一样。

这栋房子的 56 个房间里堆满了各种各样的纪念品，还有堆积如山的文件。由于福特和克拉拉已经年迈，他们开始逐渐将这些东西移交出去。现在，福特档案馆称得上是美国最丰富的亨利·福特资料库之一。档案馆内收藏了 1 000 万份福特经手的文件，其中包括 1894 年付给一位报童的 45 美分账单、夫妻二人购买电钢琴的发票，以及 1919 年福特发送给大通国民银行的电报，当年他向公司股东发放了 1.75 亿美元的红利。另外还有其他的文件，例如富兰克林·罗斯福和卡尔文·柯立芝写来的信函，还有一位亲戚的来信。这位亲戚此前支付了 10 美元定金购买一顶假发，但没钱支付余下的 35 美元，福特给他寄去了这笔钱。除此之外，还有一张 5 美元的煤炭账单，那是福特在 1895 年 5

月 28 日支付给亚历山大·扬·马尔科姆森（Alexander Youny Malcomson）的。这可能是福特与马尔科姆森的首次碰面。倘若真的如此，那这一定是福特一生中至为重要的日子之一。

马尔科姆森 30 多岁，个子不高，但相当强壮。他出生于苏格兰，15 岁时移民到底特律，在那里找到了一份杂货店店员的工作。在不到 5 年的时间里，他就拥有了一家杂货店，但此时他却厌倦了这样的生活。他本身是一个精力极其充沛的人，对能源非常感兴趣，所以他卖了自己的杂货店，带着一辆马车开始进军煤炭业。同当时的众多企业家一样，他满腔热情，对这个行业有自己的想法：如果真正想要在煤炭行业内赚钱，那么他不仅仅要销售好的产品，同时还要保证交货速度。这股热忱不久就帮助他拥有了 110 辆马车，外加 6 个煤场。这一想法也促使他成为底特律首屈一指的煤炭供应商。

多数运煤车都非常笨重，需要 6 匹马同时拉动。马尔科姆森换用稍轻一点儿的马车，以减少负载的重量，同时将拉车的马匹数量减少到 3 匹，由此可以更迅速地给顾客送货。他的客户包括家庭主妇、轮船公司和工厂。他做生意非常讲诚信。在当时，煤炭企业时不时就会爆发罢工，由此带来了严重的燃料紧缺的问题，但他从不借此来欺骗客户。所有人都知道他的经营信条是“比阳光更加温暖”（在 20 世纪初期，这句话听起来似乎很容易打动人）。

煤炭行业非常稳定，甚至有点儿缺乏激情，但马尔科姆森有着无限的精力以及猛禽一般锐利的眼光，他寻找一切机会与人交流。正如他的儿子所说：“他就是一个‘莽撞’的人，面对机会永远不会迟疑。”汽车正是这个“莽撞”的人最钟爱的事物，他非常为之着迷，而且他拥有一辆温顿汽车。他很可能观看过福特在格罗斯波因特的赛车比赛，即使没有，他也在之后几个小时内就耳闻了比赛结果。

当福特代表爱迪生照明公司到马尔科姆森处购买煤炭时，两人一见如故。1902 年初，福特曾与他探讨过如何共同创立一家汽车公司。福特当时还在和他的赛车巨头们打交道。这一次放弃赛车尽管看上去似乎有点儿鲁莽，但他早已认真地为自己铺好了下一步的发展道路。他并没有在马尔科姆森面前谈及赛车。福特希望制造低价的小型汽车，也就是此前投资者一直感兴趣的事情。1902 年 8

月 20 日，两人来到马尔科姆森的律师约翰·W. 安德森（John W. Anderson）和霍勒斯·H. 拉克姆（Horace H. Rackham）的办公室，签署了合作协议。福特负责提供工具、设计和经验，并且将精力放在制作新车样机上。马尔科姆森将提供 500 美元的启动资金，并且在项目进行过程中支付所有必需的费用。福特向他保证，样机的成本不会超过 3 000 美元。在完成样机制作后，二人将会组建一家制造公司，持股比例相同，共同成为这家公司的大股东。

福特和马尔科姆森的公司聘请了一位非常重要的员工，那就是蔡尔德·哈罗德·威尔斯（Childe Harold Wills），当时美国最著名的冶金学家。尽管他后来成了福特取得成功的绊脚石，但他在早期做出的一项贡献现在依然广为人知。

公司当时试图设计一个我们现在所谓的商标，可是没有人喜欢制图人员提供的各种方形的“FORD”标志。威尔斯想起自己在十几岁时曾经有过一个玩具印刷机，当时他还使用这个玩具为邻居们制作名片，并从中赚了点儿钱。他一直都保留着这个玩具，所以他使用铅字盘制作了一个“FORD”的连写体，其中“O”这个圆圈的上部并不完整，“F”的顶部流畅地延伸向“D”。当时，每个人都觉得这个设计相当漂亮，所以就一直使用至今。现在只要一出门，你就能看到这个标志。

投资人纷至沓来

马尔科姆森信守承诺，福特拿到了他需要的资金。为了生意的发展，这位煤炭商人已经竭尽所能。而且马尔科姆森不希望银行知道自己正在涉足风险极大且毫不相干的行业，所以过程多少有点儿偷偷摸摸的味道，虽然不久后，底特律的银行都争先恐后地将钱贷给所有和汽车沾得上边儿的人，但在 1902 年时还并非如此。为了不影响自己的信用，马尔科姆森用他公司的办公室经理詹姆斯·卡曾斯（James Couzens）的名字开设了一个账户，并且通过这个账户来给福特提供资金。只是福特当时并不知道，这对他来说是又一次巨大的好运。

其实样机的成本不止 3 000 美元。到 11 月时，福特已经花费了 7 000 美元，马尔科姆森感到压力巨大。8 月时，他曾经乐观地认为只要开始销售汽车，滚滚而来的金钱就足够支付研发费用，而且项目可以自给自足。11 月，马尔科姆森认为必须成立一家公司，他负责商业事务，而福特负责技术。公司将发行 15 000 股股票，每股 10 美元。福特和马尔科姆森凭借其已为公司做出的贡献共同持有 6 900 股，并且还会出资再增持 350 股。这样就还剩下 7 750 股，只要将这些股票成功出售，就能筹得大量的营运资本。不过他们能将股票卖给谁呢？ 1903 年有 57 家新的汽车公司诞生，它们都渴望着外来资金的投入，可是福特早已让底特律那些最富有的投资者失望了。他想找自己以前的老板亚历山大·道，寒暄之后，亚历山大·道仍然坚持自己对燃油汽车的看法。数年后，他说："当然，当时我并不知道他未来会生产数百万辆这种鬼东西。"

冬去春又来，现在只能由马尔科姆森出马了。早期的两位支持者，就是曾经帮助他们起草合作协议的律师约翰·W. 安德森和其搭档霍勒斯·H. 拉克姆，他们二人在许多方面截然不同。拉克姆 45 岁，是一位坚定的禁酒主义者。安德森要年轻一点儿，喜欢抽烟喝酒，爱去嘈杂的餐馆就餐。但二人也有一些共同点，他们都温文尔雅、内向害羞。这些特点如果放到许多人身上是颇具吸引力的，但对于从事律师这个职业的人来说恰恰相反。

拉克姆与安德森的律师事务所经营得举步维艰。由于没有足够的钱聘请律师或打字员，他们只能自己书写信件，小心翼翼地要求客户支付他们应支付的费用，或是语气温和地指责官司中那些难缠的家伙。但在 1903 年 6 月 4 日，约翰·W. 安德森坐下来写了一封长信，直至写得手腕发酸。不过后来的事实证明，写这封信是值得的，因为它最终为安德森带来了多达 1 743.57 万美元的回报。这封信是写给他的父亲的。他的父亲在美国内战期间曾经担任内科医生，现在是威斯康星州拉克罗斯市的市长。安德森请他的父亲投资 5 000 美元。这封推介信表述清晰、言辞恳切、相当坦诚。约翰在信中写道：

> 亲爱的父亲，霍勒斯和我现在有机会进行一项投资，投资对象的出色让我忍不住要把详细情况告知您，供您考虑。
>
> 本城的福特先生闻名全国，是美国最出色的汽车机械师。多年前，他设计和优化了一辆汽车并推向了市场。当时还成立了一家公司，但不久后，由于想将精力专心放在研制新车型上，就出售了自己的专利和股份，选择了退出。这款车被称为'凯迪拉克'(您会在各种杂志上看到它的广告)……

此后，他将自己所有的精力都放在全新车型的设计和专利申请上。煤炭商人马尔科姆森为他提供了资金支持。现在的情况是他们已经造出了一辆燃油汽车，并且准备上市。这款汽车是迄今为止最出色的汽车产品……

他们对汽车的所有零部件都进行了优化。这款汽车不仅令他们自己感到满意，也让全国各地的汽车专家们和杂志编辑们感到非常满意。专家们前来考察，认为这是当前最为出色的汽车设计，是当之无愧的王者。现在，下一步的问题就是如何以最好且最经济的方式将之推向市场。在对该问题全面征求意见之后，他们决定不成立需要大量投资的大型公司，也不建立工厂以及购买大量的机器来进行生产。相反，他们决定与各方签订合同，从外部采购不同的零部件，然后由他们进行装配。

所以他们找到了本地的道奇兄弟公司（Dodge Bros.），请他们来生产底盘（不含轮子和车身），价格是每台 250 美元，或者说是 16.25 万美元生产 650 台整车，每天交付 10 台，从 7 月 1 日开始。若可能，在 10 月 1 日前全部交付完毕。这份合同由我起草，所以我了解全部情况。

至此，道奇兄弟俩与福特的人生有了交集。而福特也找不到世界上还有哪两位合作伙伴能和自己如此不同。

阿尔弗雷德·斯隆曾经写道：“我从未见过西部的矿工棚，也从未见过石油开采时的情形，但我见过底特律的所有样子。”这里有汽油发动机，有庞大的营销团队，其中包括才华横溢的工程师和拿着行李箱四处奔波的“制造商代表”。这一切让这座建立已久的城市有了新兴城市那种狂热幻灭的感觉。这里有希望、有金钱，也有机会。道奇兄弟给这座边境城市带来了一丝几乎早已消失的激情。

道奇兄弟俩都是即将 40 岁的人，他们出生于密歇根州东南部的一个铁匠家庭，在 19 世纪 80 年代来到底特律，成了专业机械师。霍勒斯·道奇（Horace Dodge）在亨利·利兰手下工作了两年，然后兄弟两人到河对岸的加拿大，建立了一家自行车厂。工厂生意红红火火，所以两人又回到底特律，开设了一家机械厂，并且争取到了为奥兹莫比尔生产发动机的合同。尽管他们的事业发展之路令人敬佩，但他俩都是喜欢在酒吧里争吵不休的人。兄弟二人总是形影不离，着装甚至比当时商人们的日常着装更加统一。二人都是一头红发，而人们习惯于将红头发和坏脾气联系在一起。相对而言，霍勒斯没有那么咄咄逼人，但他妻子总是指责约翰·道奇（John Dodge）是麻烦的制造者。不过霍勒斯显然并不理会他人的煽动。有一次，他们将凯迪拉克酒店内枝形吊灯上的所有灯泡都打烂了。还有一次，在汤姆斯通，约翰一只手拿手枪指着一位酒吧老板，命令他站在吧台上“跳舞”，另一只手拿玻璃杯去砸镜子。他当时肯定砸毁了大量的玻璃杯，因为约翰为这次胡闹赔偿了3.5万美元。

现在再回到约翰·W. 安德森写给父亲的那份信上。他接下来所说的全都是实话：

> 现在，道奇兄弟公司是这座城市里规模最大、设备最先进的机械厂。他们有一家新的工厂，刚刚竣工，各个方面都出类拔萃、无人能及……当福特和马尔科姆森提议由他们来生产整车时，他们正在考虑为奥兹莫比尔公司和大北方汽车公司生产汽车。在认真研究福特先生的汽车后，他们拒绝了另外两份合作提议，选择和福特先生与马尔科姆森先生进行合作……合同在去年10月签订。现在，为了执行这份合同，道奇兄弟公司必须拒绝所有其他订单，将机械厂的所有资源都放在生产这些汽车上。他们只收到了1万美元的货款，其余的风险都由他们自行承担。在收到余款之前，他们不得不向别人借了4万美元，从全国各地订购铸件，支付从去年10月开始的人员工资，毕竟他们有一支庞大的员工队伍，以做好一切必要的工作来制造这些机器。
>
> 底盘是费用的大头所在。安德森算了一下其余的费用：车身和坐垫从C. R. 威尔逊马车公司购买（它也是当初四轮车的座椅供应商）；来自兰辛市的一家公司的轮子，每套4个轮子的价格为26美元；哈特福德橡胶公司的轮胎，每套（4个轮子）的价格为46美元。
>
> 那么来自兰辛的轮子、哈特福德的轮胎、道奇的底盘、威尔逊公司的坐垫将在哪里组装起来呢？他们找了一个人，马尔科姆森通过这个人在铁路沿线租了一个煤场，有一条支路通往这个煤场。他同意在那里修建一栋由福特设计的专供他们使用的装配厂房（需要3 000～4 000美元的投入）。福特和马尔科姆森租了3年，每个月的租金为75美元。这栋建筑竣工后，质量非常棒。我今天仔细全面地打量了一番。它宽敞、明亮并且通风良好，长约61米，宽约15米，里面配备了装配零部件所需的机器，一切都已经准备就绪。

在这个明亮且通风良好的建筑内，有 10 ～ 12 位年轻的工人，每人每日工资为 1.5 美元。他们和一位工头会将车身装好，将坐垫安装到位，然后把轮胎装到轮子上，再把轮子装到车上，喷好油漆，进行检测，看是否能正常工作，最后就可以发货了。整个流程就是这样。

但似乎事实并非完全如此。“12 个年轻人”在一个每月花费 75 美元租来的工厂内，将生产自乡下的各种零部件组装在一起，而他们的工作成果就是所谓的“汽车”。但如果建立一家工厂，让生产汽车的每个工序都在同一屋檐下进行，那么就会需要大量的资金。鉴于所需资金之庞大，和独立供应商合作以及计件制都几乎是不可避免的。萌芽中的汽车公司甚至一度为这种生产方式的优越性进行过辩论。科尔是当时数百家看上去颇有发展前途的汽车品牌之一，只是寿命短暂。该品牌自夸其“组装型”汽车相比于“制造型”汽车而言拥有明显的优势。组装型的汽车能充分发挥众多机械师的丰富经验和实践技能，而制造型汽车的生产必定是马虎和草率的，是临时将金属加工工人们组织在一起共同工作的结果，而许多工作都超出了他们自身所具备的能力。

道奇兄弟此前曾经与奥兹莫比尔全力进行合作。尽管利兰曾认为福特的两缸发动机是多余的，但显然正是两缸发动机让兄弟俩认为应该追随福特的脚步。这种转变使大量零部件的模具必须进行更换，导致成本高昂，但最终他们还是把公司的命运押在了这上面。

安德森与寿命短暂的科尔公司，以及福特公司此时站在了同一条战线上。他在给父亲的信中接着写道：“现在该谈谈投资了。您会看到这里不需要投资大型工厂那么多的资金。”他继续介绍产品。他所提到的“汽车后面有座位的部分”实际上就是汽车的后座。当时基本的车型都只有两个座位，车后面是斜坡状的。如果有人想要后座，那么就必须再支付 100 美元。在当时的文学作品中，汽车后座通常都被描述为“靠着 7 个弹簧锁就可以毫不费力地连在车上”，这是不可能的。

安德森先生这样计算投资回报：每辆车的售价为 750 美元，不包括后座。如果包括后座，售价则为 850 美元。这是所有中等价位汽车的标准售价，也是凯迪拉克和大北方公司的标准售价。其他汽车也大抵如此。成本上限如下：

机械系统	250.00 美元
车身	52.00 美元
轮子	26.00 美元
车内装饰	16.00 美元
轮胎	40.00 美元
组装成本	20.00 美元
销售成本	150.00 美元
总成本	554.00 美元
后座成本	50.00 美元
	604.00 美元

带后座的销售价格	850.00 美元
成本	604.00 美元
扣除 46 美元（应急费用）	46.00 美元
利润	200.00 美元

安德森在这个得意扬扬的总结中又补充了几句话：

即使没有后座，每辆车的净利润也达到了 150 美元，而且看上去过高的销售成本其实包括了广告、所有工人的工资和佣金等。

每季度的产量为 650 辆车，这意味着没有后座的车可以创造 9.75 万美元的利润。如果销售带后座的车，则利润相应会更高。当然，人们在购车时都会购买后座，因为它可以增强车辆的运输能力。

现在，人们对汽车的需求正处于疯狂的状态。你也知道，底特律是美国最大的汽车基地，这里目前有 3 家工厂，其中包括美国最大的汽车制造商奥兹汽车公司，每家工厂生产的汽车都销售一空，开始供不应求。尽管当前我们还没有车辆推向市场，并且要等到 7 月 1 日车辆才上市，但马尔科姆森先生早已经拿到大量的订单。买家们都听说了这款车，并且蜂拥去道奇兄弟公司查看、测试，然后下订单。一位来自布法罗市（Buffalo）的经销商上周来到这里，订购了 25 辆汽车，今天又订购了 3 辆，每天都有新的订单。所以市场和需求是完全无须质疑的。顾客购买时必须支付现金，没有任何担保或附加条件。

马尔科姆森先生已经要求我们起草文件，成立一家注册资本为 10 万美元的有限责任公司，福特先生将会投资至少 5.1 万美元（控股），其余的股份将会在他的部分朋友和商业伙伴之间进行分配。他非常希望霍勒斯和我能够和他一起投资。卡曾斯先生将会离开煤炭行业，至少目前打算如此。他将会把所有的时间都投入到公司和汽车业务的管理上，他的能力相当出众。他也将进行投资，正如他所说的，“不管他是乞讨、借钱还是偷钱，都会把所有能拿得出的钱用来购买汽车股份”。道奇兄弟公司将会投资 5 000 ～ 10 000 美元，还有两三个人也会达到同样的投资额。霍勒斯将会把所有能筹集到的钱都投入其中，如果可以，我也非常想这样，因为我深信这是一个很好的投资机会，而且这种机会可能不会再有。马尔科姆森先生在每件事情上都非常成功，他是一个出色的商人和投资者。他的这种能力，外加福特先生的发明和机械天赋、卡曾斯先生的公司管理能力、可观的产品收益和早已如潮水般涌来的订单，这一切都显示需求是存在的，也说明这是一个非常具有前景且很有保障的工业投资机会……

我今天去了道奇兄弟公司的工厂和装配车间，甚至去了 6 位制图人员所在的办公室。那间办公室是锁起来的，所有的计划、设计图纸和规格都是保密的，设计人员在那里为每个零部件甚至是每个螺丝钉画图和制作样品。自去年 10 月以来的成果让我感到惊奇。此前从来没有哪家汽车公司能够在短短 3 年的时间里启动并将产品推向市场。

福特汽车公司正式营业

安德森的父亲读了儿子的信后，立刻动身来到了底特律。这并非是出于一腔热情，而是谨慎起见。约翰·W. 安德森曾经让他投资一家芝加哥的喷水灭火器公司，结果让安德森医生损失了大笔资金。这次他在底特律市看到的情况并没有让他安心。他的第一站是那间“宽敞、明亮且又通风良好”的新工厂。

我去了那个久仰大名的工厂。这间工厂实在不起眼……只是麦克大街上的一栋小房子，工人们在这里将其他地方生产的零部件组装成汽车。

我们去的时候，詹姆斯·卡曾斯也在工厂。他提议用自己的第一辆福特汽车载我们去城里。路上他想要驾车穿过一座小公园，但车在一座小山丘前停步不前。数次尝试翻越这座小山丘失败之后，卡曾斯先生不得不绕过这个障碍物。这是我第一次乘坐汽车。

在收到儿子那冗长的请求信后，安德森医生本想继续待在拉克罗斯市，但又不免对儿子感到担心。在麦克大街工厂内看到的一切，加上坐上工厂唯一生产出来的汽车外出时在公园里所出的状况，让安德森医生很灰心，但他显然是一个慈祥的父亲，他还是按照儿子的要求投资了 5 000 美元。整个筹资过程就像这段经历一样相当缓慢，所有资金是一点一点费力筹集到的。

尽管开车搭载安德森医生的这段经历可谓相当失败，但卡曾斯依然深信这是他人生中一次绝佳的机会。正如他对约翰 · W. 安德森所说的，不管是乞讨还是借钱，都会把所有能拿得出来的钱用来购买股份。不过这笔钱也只有 400 美元。他的妹妹萝塞塔是一名老师，只有 200 美元的积蓄。卡曾斯现在就像克拉拉一样，也成了福特的忠实拥护者。他让妹妹萝塞塔把所有积蓄都投到福特身上，但妹妹表示必须先问问父亲的意见。这一点让卡曾斯非常尴尬，因为他很讨厌自己的父亲。不过老卡曾斯并没有说什么“我看你胆敢在这些车子上赌哪怕一分钱”之类的话，而是很理性地建议只投资 100 美元，将风险减半。萝塞塔照做了。到了 1919 年，她的这场冒险为她赚到了 35.5 万美元。

查尔斯 · 贝内特（Charles Bennett）当时是黛西气步枪公司（Daisy Air Rifle Company）的总裁。他在前去购买奥兹莫比尔汽车的路上顺便去裁缝店订购了一套西装。他与裁缝聊着自己要买的车时，另一位顾客从旁边柜台的帘子后偷偷地看着他。“不好意思，”亚历山大 · 马尔科姆森的堂兄弗兰克说，“我不是故意偷听你们的对话。你听说过福特汽车吗？”贝内特没有听说过，但他还是非常温和地同意跟随弗兰克到麦克大街去看看福特汽车的样机和制造者。他看到了福特最具魅力的一面，也看到了车辆的最佳表现，于是彻底将奥兹莫比尔忘在了脑后。在接下来疯狂的几天里，这位企业家致力于将自己相当成功的公司和福特汽车合并，但他公司的董事会指出，黛西气步枪公司的章程并不允许它和另一家企业合并。最后，贝内特表示他可以投资 5 000 美元。

最大一笔投资来自银行家约翰 · S. 格雷（John S. Gray），他投资了 1.05 万美元。他是马尔科姆森的舅舅，促使他投资的原因仅仅是这层亲戚关系。“这家企业不会长久的。”他对朋友们说。他拒绝推荐任何熟人投资福特。3 年后，他收回了全部投资成本，而且在此基础之上还赚了 5 万美元。但就算这样，他也不推荐其他熟人进行投资。

道奇兄弟俩很善于讨价还价，正是由于他们的要求，格雷才极其勉强地投资了 1 万多美元。正如安德森所指出的，道奇兄弟甘愿放弃自己的其他汽车业务来生产福特的汽车。福特和马尔科姆森开始发行股票，并且每个人获得了 50 股。接着，他们提出还需要 1 万美元的现金，于是格雷提供了这笔现金，之后又不情愿地追加了 500 美元用于运营。

1903 年 6 月中旬的一个星期六的晚上，天气非常温暖而潮湿。股东们聚集在马尔科姆森破烂不堪的办公室里。这间屋子看上去更像 1880 年时小城镇车站站长的办公室，而不是诞生于 20 世纪的重要场所。出席会议的 11 个人（格雷显然觉得太丢面子而不愿参加）有的交付了自己的资金，有的就投资额做出了承诺。卡曾斯成功地争取到了 2 500 美元的投资份额。马尔科姆森建议将公司的名称定为福特汽车公司。公司于 1903 年 6 月 16 日正式营业。两天后，公司全面接管了此前福特和马尔科姆森分别开办的公司。

格雷担任总裁；福特任副总裁兼总工程师，年薪为 3 600 美元；卡曾斯担任财务总管。公司发行了 10 万美元的股票，其中 2.8 万美元已经实缴，投资人承诺很快就会缴纳其他资金。

第一辆 A 型车上市

道奇兄弟公司于 1903 年 7 月开始发货，他们使用马车将底盘从门罗街的工厂内拖出来。福特的 12 名工人会在底盘上装上轮子，用电线连接电池，对发动机进行测试，对车子进行清洁，安装好车身，然后就将成品发给急切等待的客户们。

这是安德森此前设想的整个过程，但实际情况和想象之间却存在着差异。关于“组装”汽车，人们乐观地认为每个人都能充分发挥自身专长来出色地完成各自的工作。这一点也许完全适用于蒸汽机车、风车或其他已经存在了一段时间的东西，但对汽车来说却并不适用。福特汽车和道奇公司此前生产的奥兹莫比尔汽车截然不同。道奇兄弟公司要交付的底盘由大量零部件组成，这些零部件的形状各有不同。在我们现在看来，这些汽车可能只是简单的古董，但在当时却是世界上最为复杂的东西。这种复杂意味着公司必须对零部件进行仔细的设计并绘制图纸，以便使道奇兄弟公司的机械师们知道怎样按照图纸来进行生产，显而易见绘图是极其重要的环节。所以到这个时候，福特的事业就完全要依靠威尔斯了。福特知道自己想要什么，但又无法通过绘图表述出来。不过威尔斯可以用绘图把福特的想法呈现出来，他在这方面才华横溢。他总共画出了数百张图纸，在这项工作上，没有人能够超越他。

此外，道奇兄弟公司采用的是计件制，也就是说，公司一天内生产的发动机越多，赚的钱也就越多，这也让整个流程变得更为复杂。福特的检验员弗雷德·洛克曼（Fred Rockelman）和道奇兄弟之间的一次交锋充分验证了这一事实。洛克曼的脾气非常暴躁，好像福特这一生所吸引到的都是坏脾气的同事。当洛克曼发现送来的飞轮不能和曲轴紧密配合时，他直接来到道奇兄弟公司，向他们表达了自己的不满。但他的表述方式导致约翰·道奇非常生气，并让他滚出工厂，甚至要揍他。

“来呀！”洛克曼大叫道，“把我丢出去呀！即使那样我们也不会要那些飞轮不牢固的发动机！”洛克曼一把抓起车间内一个已完工的曲轴，轻轻松松地就将它放入了旁边的飞轮里。道奇兄弟俩充分展现了生意人一秒钟从暴怒变亲密的本事。他们大笑着表示自己是在开玩笑，并且承诺他们会做得更好。大家握手言和，之后道奇兄弟俩的脾气的确也略有改变。尽管如此，类似的问题在车辆组装时似乎不断增加。

这辆车被命名为A型车，暗示着它有望成为一长串按字母顺序排列的继任者的先驱。威尔斯在使这辆车变成成品时做了大量的绘图工作，但这辆车完全是福特的构思成果。

这款车很轻。福特吹嘘说：“这辆车比此前制造的任何汽车都要轻。”但他非常清楚，这辆车重达567千克，比奥兹莫比尔要重181千克。但从另一方面来说，福特的这种夸张也是有一定道理的，因为A型车物超所值。福特此前希望将售价定为500美元，但最终成本达到了750美元，而且如果带后座的话还要加100美元。对于一辆拥有5.88千瓦的双缸发动机的汽车而言，这个价格已经非常便宜了。双缸汽车的速度每小时达到了48千米，而且相比于单缸发动机运行得更加顺畅。

汽车较轻的原因之一在于车身。弗雷德·万德希（Fred Wandersee）是最初的12名工人之一，他的工作是清扫车间。他形容底盘的安装时说："工人用手推车将车身送过来。他的同事们可以轻而易举地提起车身。在汽车装配好后，一个人抓住汽车尾部，另一个人抓住前部，两个人能将整辆车举起来。"之后，这辆车被喷涂成深红色。最后的装配工作包括安装小小的挡泥板。其中一位工人调侃说："你可以把它们当作幸运符。它们实在太小了。"

汽车本身也很小，轴距仅仅只有1.83米。显然其设计者也感觉到了比例失调。公司第一次为车辆做广告而制作汽车剖面图时，福特要求绘图者"画长一点儿。现在看上去太短了"。

这一年的7月，A型车的广告出现在了杂志上。广告中A型车的长度看上去非常完美，但也不算夸张。《弗兰克·莱斯利月刊》（*Frank Leslie's Popular Monthly*）上的广告标题就是"公路至尊"（*Boss of The Road*）。"这款新的轻型旅行车介于轻便小汽车和重型旅行车之间，填补了市场空白。该车是市面上最完美的汽车，解决了气味、噪声、颠簸等其他汽车所常见的缺陷。而且它操作简单，15岁的小孩都可以独立驾驶。"另一则广告则写道："随时待命，质量可靠。带你去往任何你想去的地方并及时返回。助你成为守时之人，让你的客户心情愉快，乐于合作。不管商用还是自用，这辆车均为你而造。"

这辆汽车的速度很快，但"并没有达到被大众诟病的那种极其危险的程度"。这辆车的设计者就是"999车之父"，而这番话似乎又与另一则广告自相矛盾。"它可以让你畅享速度的快感。你可以驱车漫游林荫大道，也可以踩下油门风驰电掣，车窗外的景物从眼前飞速掠过，什么都看不清楚。"

接着公司开始宣传A型车"超级合理的"价格。"此前多数汽车价格相对高昂，许多人想都不敢想能买一辆汽车”，但 A 型车的价格“让他们也能够买得起”。设计简单、质量可靠、性能稳定、价格合理，这些优点都预示着福特汽车公司会脱颖而出，它们的确也深深打动了那些身家不及范德比尔特等富豪的潜在汽车购买者。

《弗兰克・莱斯利月刊》中的广告的最后一段话略带夸张，声称该车“精致漂亮，无与伦比”。那句话后面紧接着的是更为荒谬的一句“我们承诺马上交付”。

在广告发布之时，根本就没有任何汽车可供交付。在道奇兄弟公司按照最初的订单要求交付了第一批 650 个底盘成品后，福特手下的十几名工人每天坚持不懈地奋战 10 个小时来赶工。每辆车同时由 2 ～ 3 人进行装配，有人负责调整化油装置，有人负责安装刹车，有人将有问题的阀门拔出来，然后把它们放在旁边。其中一个人回忆说：“我们每天的目标是生产 15 辆车。为了生产这 15 辆车，我们累得像狗一样。”

每天生产 15 辆车需要耗费大量的成本，但当时并没有足够的资金。在第一个底盘交付前，公司举步维艰。到 6 月 26 日，福特汽车公司的账户里有 1.45 万美元。第二天，安德森转来他父亲的投资，此时公司账户里合计有 1.95 万美元。其中 1 万美元马上就支付给了道奇兄弟公司，640 美元用来从哈特福德公司购买轮胎。然后福特汽车公司又支付给道奇兄弟公司 5 000 美元。此外公司又发生一些大大小小的支出，用以购买挡泥板或支付“杂项账单”。到 7 月 10 日，在开业还不到 1 个月的时候，福特汽车公司的账户余额就仅剩下 223.65 美元。

5 天后，这家闹“钱荒”的新公司收到了一张支票，付款行是伊利诺伊州信托储蓄银行。一位名叫普芬尼希的芝加哥牙医成了公司的第一名客户。正如安德森此前在父亲面前乐观预测的那样，普芬尼希医生订购了带后座的汽车，所以支票上的数额为 850 美元。到了夏末，A 型车已经用事实证明了自己的成功。“业务量的增长简直就像是奇迹一样，”福特说，“这些汽车以质量可靠而闻名。”在诞生后的最初 15 个月里，A 型车吸引了 1 700 名买家。

但也有人认为这款车的质量是浪得虚名。即使在天气凉爽和状况良好的道路上高速行驶，水箱里的水也会沸腾。刹车虽能正常工作，但道奇兄弟公司的工人们为了赶工，难免出纰漏，要纠正他们的马虎行为就意味着要将车后轴全部拆开，这样刹车就变成了摆设。化油器最初也是由道奇兄弟公司供货的，但质量很糟糕，直到福特和威尔斯设计了一款更好的产品，情况才得到改善。火花塞也常常堵塞。即使刹车得到了很好的调整，它们脆弱的铸铁刹车鼓也常常碎裂。

1903 年，洛杉矶市一位早期的经销商迫切地寄来了一封建议信。这封信读起来像是自由体诗。信中对 A 型车的情况进行了总结，事实上这也是对整个汽车行业状况的总结。

> 缩短和调整吊环螺栓，提高刹车的灵敏度和强度。
> 检查注油器上的孔是否足够大。
> 建议改用舍布勒化油器吧。
> 使油箱的阀门避开化油器。
> 支撑杆的末端应在磨损后可以更换。
> 蓄电池端子应放在箱外。
> 前轮转向错误。转向节应向另一个方向弯曲。
> 散热器太小，需增加散热管。
> 转向杆吊环螺栓磨损速度太快。
> 火花塞拧入的铸铁太长。
> 方向盘轴销的两端应该颠倒过来。

福特和顾客一样，对汽车的每个故障都极其敏感。在福特告诉绘图师将 A 型车画长一点儿的时候，如果当时威廉·墨菲也在场的话，他可能会苦笑着表示认同。福特不仅有能力决定将汽车的画像加长，同时也能将真实的汽车加长。这样汽车会停产一个月，紧接着，当化油器暴露出缺陷时，福特就会去解决化油器的问题，此后刹车又会需要加以关注……

福特并没有再走这条大家都熟悉不过的老路——为了精益求精而使得生意无法继续，这要归功于另一个人的好斗和固执。

I INVENTED THE
MODERN AGE

第 8 章

找到得力帮手卡曾斯

在马尔科姆森和福特两人与道奇兄弟进行谈判的初期，约翰·道奇曾经建议对合同进行一些变更。用“建议”这个词也许太温和了，还不足以说明当时的情况。

一个 20 多岁面色苍白但看上去很健壮的年轻人回答说：“我不同意。”他蓝色的眼睛露出一丝敌意，戴着让自己看上去至少老了 10 岁的金丝框眼镜。约翰·道奇惊奇地盯着他：“这个混蛋是谁？”“他说得没错，”马尔科姆森赶快出来打圆场，“这是卡曾斯，我的顾问。”

詹姆斯·卡曾斯此前并没有特别想就福特汽车公司这件事情给老板提建议，但他跟在马尔科姆森身边很长时间了，非常清楚马尔科姆森煤炭企业人浮于事、捉襟见肘的状态。如果福特汽车公司破产，那么他的煤炭业务也会跟着倒闭。但如果福特汽车公司能够取得成功，马尔科姆森就会去处理汽车公司的业务，而煤炭生意就会交给卡曾斯来打理。卡曾斯对此也非常感兴趣。

敢于对老板发号施令

詹姆斯·约瑟夫·卡曾斯出生于加拿大安大略省的查塔姆（Chatham）小镇。

他一生似乎都在寻求一份重要的工作。他的父亲由于某种原因与他的爷爷水火不容。在来美国定居的路途中，他的父亲在距离边境和底特律约 650 千米的地方就花光了钱，于是在查塔姆下了车。此前，父亲曾在杂货店做过店员，有相关的经验，骨子里有一种傲慢，卡曾斯无疑继承了这点。老卡曾斯并没有试图去找一份高级的工作，而是在一家简陋的杂货店找了一份打杂的工作。但他说话时所表现出的优雅和学识，让邻居们认为他非常自命不凡。

查塔姆曾经是个无名小镇，但有着精彩的历史。在 1812 年战争期间，这个小镇的居民在占领底特律的过程中做出了很大的贡献。半个世纪后，废奴主义者帮助奴隶逃跑的地下铁路的最后一站就设在这里。1858 年，废奴主义者约翰·布朗在这里召开了一次会议，呼吁解放黑人。到老卡曾斯来到这里时，镇上的人口绝大部分是黑人。他在这里娶了一位自己从英国带过来的女子，并且生了一个小孩。当时邻居们开玩笑说小詹姆斯·约瑟夫·卡曾斯是“查塔姆出生的第一个白人孩子”。10 多岁时，这个小男孩不再是“小”詹姆斯·约瑟夫·卡曾斯了，因为他不想低人一等。他放弃了名字中的“约瑟夫”，成为詹姆斯·卡曾斯，他又成为卡曾斯家族中父子不和的新一代。

老卡曾斯已经被查塔姆的居民接纳，邻居们尽管看不惯他有些端着架子，又对妻子百依百顺的做派，但仍认可他是一个开朗且有礼貌的人。而在卡曾斯看来，他就是一个野蛮人。卡曾斯曾经说：“从我出生起他就一直严厉批评我。”这种恶果很早就在詹姆斯身上体现了出来。上小学时，卡曾斯莫名其妙地去扯校长的胡子，结果被劝退学。后来，卡曾斯说他“猜”自己之所以这样做，是因为在他眼里，校长的胡子代表着像父亲一样的“权威”。

老卡曾斯意外地继承了 1.5 万美元的遗产，于是他辞去了肥皂厂的工作，成立了“卡曾斯蒸汽肥皂厂”。卡曾斯也因此感受到了家庭地位随之发生的变化，这让他见识到赚钱的好处。于是他每周给父亲的长老教会教堂的管风琴除尘，赚得 10 美分。此外，他还每天晚上负责点亮查塔姆的 4 盏燃气路灯，月薪为 1 美元。卡曾斯的性格很早就已定型。他的一位同学的母亲同时也是他的邻居，曾对卡曾斯太太抱怨说，女儿向走在街对面的詹姆斯打招呼时，卡曾斯故意“冷落”她。当卡曾斯的妈妈问及此事时，卡曾斯解释说：“如果女孩想要和我说话，她就应该走到马路这边来好好说话。”

卡曾斯并没有在学校待很长时间。12 岁时，他在《查塔姆星球报》上看到一则面粉厂招聘记账员的广告。他觉得读高中就是浪费时间，于是去应聘这份工作并且取得了成功。不过整个工厂的环境糟糕得令人难以想象。卡曾斯不顾父亲的强烈反对去工厂上班了。由于他没有接受过任何职业训练，所以很快被解雇了。他发现自己非常憎恶失败，不得已又回到高中读了两年，但对那份短暂的工作仍耿耿于怀，于是又进入当地一家商业专科学校学习记账。

1890 年，卡曾斯对商业专科学校和查塔姆彻底失去了耐心，只身去了底特律。18 岁的他在密歇根州中央铁路公司找了一份货车检验员的工作，月薪为 40 美元。卡曾斯负责记录进入铁路货场的货车车厢数量，检查车门上的封条，然后在每节车厢的侧面钉一张确认卡。这项工作在 8 月的时候做起来已是相当累人。但到了 12 月，车厢在进入车场时两侧都会有几厘米厚的冰，这时卡曾斯的工作才是真正的磨难。天气不好时，他的同事通常会瞄一眼覆盖着冰的封条，然后随便写下“模糊不清”。但卡曾斯从来不会偷懒，他总是将冰凿下来，借助煤油灯的灯光去看清封条上的内容。在密歇根州的冬日里，人们都裹得严严实实的，不方便从口袋里拿大头针，于是他就事先准备好，用嘴巴衔着大头针。有时候，严寒可能会使大头针与舌头一起冻住。即使在暴风雨的午夜，在铁路货场上班的他也会穿得整整齐齐，像个银行家。他在破烂不堪的宿舍里几乎没有朋友，尽管他戴着眼镜，但在圆圆的镜片之后，他的眼睛看上去像枪上的瞄准器一样令人望而生畏。这种严肃伴随了他一生。

铁路公司的官僚体系通常都是反应迟钝的，但这位货车检验员的上司们还是注意到了卡曾斯的优秀表现。所以当卡曾斯年满 21 岁并且要求升职时，公司让他一下子越过了多位资历比他老的人，成了货运站的负责人。卡曾斯并不是一位受欢迎的领导者。他相当严厉，态度冷淡，而且总是发脾气。他的下属说，他每年唯一一次的微笑预示着春天的到来以及伊利湖的冰封结束。尽管如此，他还算得上是一个公正的人。“他从不会将责任推到其他人身上，让别人来给自己背黑锅，”他在货运站的一位下属说，“如果他犯了错，不管后果是什么，他都会自己承担责任。”但卡曾斯也的确对下属态度恶劣，而且他对上司，甚至对客户也是如此。另一位下属回忆说：“詹姆斯·卡曾斯在电话里和客户交谈的方式令人震惊。”

在这个岗位上，卡曾斯有很多机会来发挥这种“使人下地狱”的才能。当密歇根州中央铁路公司刚刚开始向客户收取滞留费时，所有客户都恼怒不已，这实质上也是对客户卸货耗时太长的一种惩罚。卡曾斯有很强的以牙还牙、以暴制暴的能力，一位常常被他臭骂的客户就是亚历山大・马尔科姆森。马尔科姆森本来脾气就很大，但和卡曾斯几次交锋过后，他反而不生气了。作为密歇根州中央铁路公司的员工，卡曾斯兢兢业业维护公司利益的精神给马尔科姆森留下了深刻的印象。这么坚决地维护公司利益的人不正是马尔科姆森煤炭公司所需要的吗?

1897 年，亚历山大・马尔科姆森邀请卡曾斯来管理煤炭公司的业务，其中包括所有的账务管理，卡曾斯感到非常高兴。尽管责任重大，但他的月薪只有 56 美元，比在密歇根州中央铁路公司的月薪少 4 美元。不过考虑到铁路公司的工作相对要单调乏味，卡曾斯接受了邀请。一年后，他的月薪达到了 100 美元，而且他始终坚持储蓄。在马尔科姆森和福特打算合作的时候，卡曾斯的存款已经达到了 400 美元。

卡曾斯对汽车一无所知，但这对他来说没什么。他还记得坐马尔科姆森的温顿车一起外出的时候，“老板常常会去转动仪表盘上的某个东西，解释说自己正在调整混合物”。卡曾斯认为老板正在往汽油里加水，“而且有很长时间，我一直这么认为”。

当马尔科姆森告诉卡曾斯自己计划向福特汽车公司投入资金时，卡曾斯对汽车依旧没什么兴趣。在马尔科姆森外出讨论压缩发动机和飞轮时，会让卡曾斯在煤炭公司内承担起更大的责任，相应地也会给他更多的薪水和奖金。但事实上，卡曾斯没有在煤炭公司谋得更大的发展。在一次福特汽车公司的准股东会议上，马尔科姆森向不情愿做总裁的约翰・格雷介绍了自己的计划。格雷完全不同意，他说，马尔科姆森还是最了解煤炭，应专注于管理他的煤炭公司。马尔科姆森回答说：“不是这样的，卡曾斯是一位出色的经理，他可以轻松地管理好煤炭业务。”格雷回复说，那好，“既然卡曾斯这么出色，你就把他派到福特汽车公司来。他也可以帮你打理好这家公司”。马尔科姆森再次提出抗议，但格雷终止了讨论：“我在你身上进行投资，是因为你是一位优秀的煤炭经营者。你必须留在煤炭公司。”

于是卡曾斯被指派为福特的助手。在那个闷热的6月的夜晚，公司会议结束后，福特提出驾车送卡曾斯回家。车子开动后，车内有了丝丝微风，福特开始同这位新的业务经理讨论起薪资问题。福特说："你觉得我们应该向股东要求多少薪水？"这个问题看似简单，实际上承载了太多意义。他和詹姆斯·卡曾斯将在麦克大街共事，股东将从他们的努力工作中获益。

合力打造了不起的公司

随着时间的推移，福特陷入对股东的憎恨中而不能自拔。但在进行生产的前几个月里，最让他担心的还是汽车买家的抱怨。每句抱怨都深深地刺痛着他，有的是对刹车鼓碎裂的抱怨，也有的是对水箱的吹毛求疵。不管具体的问题是什么，福特再次搬出了自己的信条：顾客永远是对的，这款汽车还不够成熟，必须加以改进再上市……再多花上一个月左右的时间可能就够了。福特的这种做派早已经毁掉了两家本来颇有发展前景的公司，但那两家公司没有像卡曾斯这种极其顽强且充满智慧的人。卡曾斯对福特说了"不"。卡曾斯表示，他愿意派遣一名机械师到美国任何地方去修理出现问题的A型车，但"不能停止发货，否则我们就会破产"。

于是福特继续发货。卡曾斯会陪着他来到铁路货场，以确保汽车被真的装上火车，然后关好车厢门，贴好封条。没有人比卡曾斯更了解铁路货场了。卡曾斯对公司运营的每个方面都保持着高度的警惕。每天早上7点他就出现在麦克大街工厂的办公室内，多数日子里都工作到晚上11点才离开。所有福特做不到的事情，他都做了。他负责记账，当然也会对车间进行严格的管理，同时他也撰写生动活泼且极具吸引力的广告宣传文案。不管是上司还是下属，他都没有和谁交好。马尔科姆森曾以折扣价卖给熟人一辆A型车，而这正是卡曾斯极力禁止的一种做法。马尔科姆森因此被骂得狗血喷头，最后只得自掏腰包补齐了差价。

几年后，纵使手下管理着的工人已经相当于一个师的规模，福特还是会偷偷地溜到卡曾斯的办公室，为了能让自己去做点儿私活儿而争取他的同意，尽管这种做法会带来一些不良影响。

唯一不怕卡曾斯的只有他的家人。还在铁路公司工作期间，卡曾斯娶了罗马天主教徒玛格丽特·曼宁（Margaret Manning），这让他父亲勃然大怒。面对父亲的抗议，卡曾斯的处理方法就像面对所有怒气冲冲的客户一样，那就是不予理会。这场婚姻似乎稳如磐石，而且两人相亲相爱。在孩子们的眼中，卡曾斯是一位宽容，甚至有点窝囊的老人。10 年前，他的孙子小弗兰克·卡曾斯（Frank Couzens Jr.）写道："我们爱他。我们称他是吉姆老爹。"在小弗兰克·卡曾斯的记忆中，吉姆老爹最严厉的时刻就是："看着我高高举起手肘在减肥时，他问道：'弗兰克，你是想要飞起来吗？'"

不过早期的一位工人说："在工厂里，卡曾斯是一个粗暴的人。我们早晨进入工厂时都是热情满满的，结果他总是一盆冷水浇下来，弄得我们心灰意冷。"另一位工人则说得更为简单："我叫他'阳光吉姆'，因为他实在是太刻薄了。"

卡曾斯虽然是一个严肃刻薄的人，但他做了很伟大的事。历史学家、福特家族的后人福特·R. 布莱恩（Ford R. Bryan）写道："单靠福特自己，他根本连一家小型的杂货店都管理不了。单靠卡曾斯自己，他连儿童的小型三轮脚踏车也组装不起来。但他们两人合力，打造了一家令世界震惊的公司。"

建立可靠的经销商网络

A 型车下线了，或者说工人将它们从锯木架上搬了下来，然后再以这家小工厂的最大能力来加以调整和打磨，让它们闪闪发光，最后再发向全世界，争取卖到最好的价格，尽管它们存在种种缺陷。在发货之后，就轮到福特的机械师们上场了。他们在烟雾缭绕的火车里小憩，让这些火车带着他们从底特律出发去往远方。到达目的地后，入住脏兮兮的铁路酒店，找到怒火冲天的车主，安抚他们，并把汽车修理好，当然还要将问题反馈回麦克大街，在那里福特和威尔斯会快速地解决问题。

操纵杆的吊环螺栓得到了加固，薄而易碎的刹车鼓加厚了，化油器更换了。彼得·史汀史翠普很生气地给福特写了一封信，头一句就是："你背信弃义。"原因就在于他发现新车里使用了滚珠轴承，而并非海厄特滚柱轴承公司的滚柱轴承。但福特曾经在广告中承诺，他们在福特汽车上使用的是滚柱轴承。福特和威尔斯带着工人们夜以继日地逐步改善着A型车。每个月都有一款性能更好的汽车在卡曾斯的进程表上热火朝天地推出。1904年初交付客户的A型车看上去和6个月之前的产品并无二致，但实际上已经是一款截然不同的汽车了。在销售人员、顾客、威尔斯、福特和卡曾斯的共同努力之下，这款车经历了彻底的改造，用艾伦·内文斯的话来说，是"重生"。

A型车已经成长为一款出色的汽车，此前对于卡曾斯的溢美之词现在已经名副其实。卡曾斯对汽车行业了如指掌，唯独不懂汽车的工作原理。他查看账本，发现截至1903年9月30日，此前两个月内工厂共生产了215辆汽车，而且其中195辆已经发货。此时的卡曾斯难得地露出了笑脸。此外，正如安德森此前向父亲所预见的那样，其中159辆汽车都装配了漂亮且利润稍高的后座。

11月21日，卡曾斯安排公司向股东们支付了10%的红利。福特又向道奇兄弟公司增订了725个底盘，并且希望每天能交付7个。麦克大街工厂耗资5 000美元，又增加了一层。在这几个月里，福特再也没有出现偶尔失踪的情况，他一直在工厂里，平易近人，总是愿意施以援手。一位负责安装底盘的工人回忆道："如果有比较脏的工作，即便他身上穿着一条好裤子，也会毫不犹豫地去完成这项工作。"脾气暴躁的质检员弗雷德·洛克曼说："我们将福特先生视为我们的教父或恩人。我们可以随时进入他的办公室，因为他办公室的大门总是大敞着，他对机械的了解简直太透彻了。"

福特的和蔼可亲中也偶尔会有一些恶作剧。在他最初招聘的12个人中，有一位机械师名叫迪克·凯特尔韦尔（Dick Kettlewell）。这位工人的长脸非常严肃，却总是带着一副无辜幼稚的表情，所以常常成为大家开玩笑的对象。大部分玩笑充其量也就是递给他爆炸的雪茄这种程度，但福特和威尔斯两人合伙跟他开了一个大玩笑。威尔斯一贯是以庄重著称的，但那时他才20多岁，依然童心未泯……两人在车间男厕所的金属小便池上搞恶作剧，戏弄凯特尔韦尔。另一位机械师弗雷德·西曼（Fred Seeman）描述，"迪克大叫一声，跑出了厕所，连裤子都没有扣好"，而福特就站在那里哈哈大笑。相对于在门把手上涂黄油来说，这个玩笑更加令人不快，也比把他人的鞋子钉在地板上更为恶劣。尽管福特在麦克大街工厂的生意具有良好的信誉，本人也表现得和蔼可亲，但这些恶作剧却显示了他的粗俗和残忍。

这些工人会去折磨容易上当的凯特尔韦尔，但从未想过要去跟卡曾斯先生开玩笑，就像他们从没想过要拿罗斯福总统开玩笑一样，连福特本人都会称呼他是卡曾斯先生。事实上，如果可能，他们会首选罗斯福总统来开玩笑，因为罗斯福总统可能脾气相对还要好一点儿。在福特先生和卡曾斯先生的合影中，没有哪张会让人感觉他俩的关系是亲密的。虽说他们两人之间看起来保持了一定的距离，但他们还是彼此充分信任的。卡曾斯从最开始就认为必须建立可靠的经销商网络。初期的汽车卖家通常会同时展示不同厂家的汽车，因为他们知道其中某家制造商可能到春天就会消失不见，或者某一家的汽车可能根本无法启动。在第一辆A型车售出之前，卡曾斯一直在努力建立组织结构规范的经销商队伍，而福特对此也非常认同。

弗雷德·洛克曼回忆说："福特先生始终信奉服务的重要性。他总是说汽车永远都是没有完工的，产品出厂时也只是完成了75%，还有25%是由经销商来完成的，它还需要汽油、需要修理轮胎、需要清洗、需要调整……交到客户手中的福特汽车仍需要制造商和经销商的服务。福特先生从一开始就极力要求经销商能够为他们的汽车提供维修服务。这在他心目中始终是最重要的事情。"

福特说："在销售完成时，制造商和客户之间的关系并没有结束，而是刚刚开始。如果不提供后续的服务，那么制造商最好就不要生产，因为他将收到最糟糕的广告效果，即一个心存不满的客户……在我看来，凡是购买了我的汽车的客户，就有权利不断地使用这辆汽车，因此如果汽车出现任何形式的故障，我们都有责任确保其尽快恢复正常。"

福特接着说，在他事业起步的初期，"维修人员一度是汽车行业最大的问题所在"。如果"糟糕的机械师对汽车了解不足，然后又一心想着从修理的每辆汽车上赚大钱，那么即使是轻微的故障都会修理数周的时间，产生巨额的维修费……甚至到了1910年和1911年，车主们会被大家认为是有钱人，人们应该从他们身上想办法捞钱。我们在一开始就应该正视这种情况，不能让那些愚蠢且贪婪的人影响到我们的汽车销售"。

最早的经销商是威廉·休森（William Hughson）。这位旧金山人是东部制造商在西海岸的代理人。1902 年，他在芝加哥的一个自行车展上，看到一辆四轮自行车，他完全被迷住了。当他正在仔细研究这个奇怪的东西时，身边一位衣着考究的人问他："有兴趣吗？" 休森问："这是什么东西？" 休森回忆道："那个人自我介绍说他叫亨利·福特，而那个'东西'就是汽车。他还没有说上几句话，我就意识到他是我见过的最有趣的一个人。他也是一位梦想家。他介绍了自己汽车的未来发展以及给人们带来的帮助，尤其是它将会减轻农民繁重的劳动负担。我脑子里面一下子还装不下这么多东西，但我完全相信他能够做到。"

福特询问休森是否有兴趣在加利福尼亚州代理他的汽车。休森做出了肯定的回答："做代理又不需要成本。"这一点的确没错，但福特告诉这位新朋友，他需要大约 5 000 美元来购买一批汽车作为库存。休森对此毫无异议，"福特答应在产品生产完成时通知我，而我则同意到时候拿着钱去找他。我们双方握手达成了交易"。

半年后，休森带着借来的 5 000 美元出现在底特律。当时是炎热的 6 月，公司正在组建当中。福特接待了他并表示尽管自己很快就会开始汽车生产，但目前还没有成品。福特说，为什么不将这笔钱直接投资到公司里呢？对于无限乐观的休森而言，这个建议似乎非常不错，但休森的投资者们并不这样认为。他们拍电报回复说："你前往底特律是为了购买汽车，那就去买汽车吧。"这些投资者根本没有想到就此与 3 500 万美元的回报擦肩而过，最终只是换来 10 辆摆在货架上的 A 型车。休森说："在 3 年内，一辆车也没有卖出去。我的搭档乔治·埃蒙斯（George Emmons）是一名货车司机。我们偶尔会出租汽车，但没有任何销量。"

地震给了 A 型车证明自己的机会

1906 年 4 月 18 日，是威廉·休森和妻子结婚 14 周年纪念日。这天凌晨，旧金山发生了地震，两个人都被震到了床下。"我的汽车都存在市场街的一个仓库里，于是我从办公室驱车赶往城市另一端的仓库。在经过考尔大楼时，楼的一角直接掉了下来。赶到仓库前，我看到市场街被火光笼罩着。"有些汽车被埋在了地下室里，他设法将六七辆汽车拖到了一楼，然后将它们交给了弗雷德里克·芬斯顿（Frederick Funston）将军，这位将军当时是这座城市的指挥官。“美国军队来这座城市救援赈灾……我前去找芬斯顿将军，他已经将所有汽车交给红十字会开展救助，或者协助军队进行工作。汽车可以前往马匹不敢去的地方。我的福特汽车能够爬山，而且在其他车辆抛锚时仍然保持良好的状态。”救援任务非常艰巨，当时军队一共征用了 200 辆私人汽车。这些汽车共消耗了约 5.7 万升的汽油，汽油由标准石油公司（Standard Oil Company）捐赠。当火光熊熊的街道导致汽车爆胎时，汽车就靠着轮圈行驶，避开那些因为烘烤和疲惫而死亡的马匹。

10 天后，《旧金山纪事报》（*San Francisco Chronicle*）写道：“汽车在旧金山西部的救援工作中发挥了无可替代的作用。与此同时，事实证明了汽车在城市管理中的巨大价值。汽车的表现让所有人大开眼界，人们也认可了汽车的重要性……排队等待发放救济物资的老人此前大部分时间都耗在餐桌旁，对这些轰隆作响的汽车大加谴责，但现在，他们只有赞美。救援人员甚至表示如果没有汽车帮忙，这座城市可能会全部被摧毁，他们无法去救助受伤人员，也无法去维持这座城市的秩序。”

“这是一段可怕的日子，”休森说，“我的喉咙因为吸入灰尘而说不出话，因此，我现在也只能低声沙哑地说话。但要知道，这是汽车在西部发展的开始。地震让人们看到了亨利·福特观点的正确性。”芬斯顿将军高度赞扬了福特的观点，并且让士兵们在市场街 318 号，即休森办公室的废墟位置，用胶合板为休森搭了一个小屋以示感谢。“我们是市场街上第一家恢复营业的商店，”休森说，“而且从那之后，汽车业务开始发展，汽车成为旧金山重建中的主力。”

50 年后再回忆起当初的那一幕，休森说：“亨利·福特亲自到西海岸来提供帮助。他说：‘如果你需要汽车，我们可以直接发货过来，你可以等到有能力的时候再付款。’那时候连保险公司都破产了，所以资金非常紧张。但福特给我们运来了一批又一批的汽车，直到我们重新振作起来。我绝对不会忘记这件事。”可能福特亲自前往被夷为平地的城市救援这件事让人觉得不太可信，但休森当时对他的那份感谢绝对是发自内心的。

这位经销商在5年后才有能力回报这份人情。1911年，有人在西海岸的一个垃圾场里发现一大堆奇怪的残骸，并且认出这就是999车。这辆车一路参加活动来到了太平洋海岸，但最终在那里遭遇事故。奥德菲尔德前去察看，宣布这辆车已经报废，无法再进行维修。但休森并不这样认为，他购买了这辆车的残骸，并且加以修复。现在，这辆车就像过去一样威风凛凛地矗立在迪尔伯恩市的博物馆里。

或许福特本人并未亲自前去看望休森，很有可能是卡曾斯这样做了。卡曾斯会想尽一切办法去拜见所有经销商，用自己冷酷而精明的眼光对经销商进行考察，显然他对休森非常满意。卡曾斯最终负责管理福特汽车在西部的120家经销商，在10年内，他对经销商的要求不断规范化，并且严格予以执行。这些经销协议包括：经销商手中应该拥有价值2万美元的备件；拥有相应设施并乐于维修任何一辆福特汽车，不管这些汽车是在哪里购买的；至少并始终有一辆整洁的新车用来向潜在客户展示；强烈建议当必须把存在故障的福特汽车运到维修店时，应该在天黑后再使用拖车运到店内，避免让其他客户看到汽车的状况。

在卡曾斯打造这个前所未有的销售网络的同时，福特的老对手亚历山大·温顿的广告吹嘘道："直接联系我们——我们没有经销商。"温顿汽车公司的最后一辆汽车产于1924年。

让投资人退出

1905年春，卡曾斯告诉《底特律日报》："我们现在平均每天生产25辆汽车，雇用了300名工人。"底特律同样也在快速地繁荣发展。这一年，《底特律日报》刊发了"汽车制造业从业人员已达8 000人"的头条新闻。福特表示，纽约汽车展应该更名为"底特律汽车展"，因为在汽车展上，来自底特律的汽车是其他所有城市的6倍之多。这一年底特律共生产了11 180辆汽车，除轮胎外，汽车上所有的零部件都是在底特律本地生产的。但这种状况在这一年春天也有了改变，因为一家橡胶品制造公司在底特律建立了一家工厂。这家公司总裁表示："汽车制造业是当今最伟大的行业，而且底特律很快就会成为全球汽车制造业的中心。”《华尔街日报》担心会出现“汽车荒”，并且表示“制造商们的订单应接不暇”。

福特汽车公司已经从麦克大街搬到了皮格特大街的一栋三层建筑里，建筑面积是原来那栋楼的 10 倍。福特在这里设计了 A 型车的接班车型——B 型车、C 型车和 F 型车（D 型车和 E 型车都实验失败了）。C 型车和 F 型车从本质上讲是 A 型车的改进版本，只是重量更大且动力更足，B 型车则完全是另一种车型。B 型车是威风的旅行车，拥有 17.65 千瓦的四缸发动机，时速超过 64 千米。那时旅行车这个词刚刚开始流行。B 型车重达 771 千克，售价为 2 000 美元。这款车是马尔科姆森的作品，福特并不喜欢。

马尔科姆森希望福特汽车公司生产价格昂贵的汽车。1906 年，一辆阿珀森的两座跑车（这个词在 40 年后才诞生）售价为 10 500 美元，而一栋漂亮的郊区房子大概才 2 000 美元。换算成现在的美元，如果价格保持相对不变，那么这栋房子现在的售价已经达到了 120 万美元，而一辆道奇蝰蛇则高达 600 万美元。当然，一辆售卖价为数千美元的汽车肯定要比售卖价为数百美元的汽车更赚钱。而福特的想法则截然不同，他认为汽车应该更便宜，而不是更昂贵。相对于卖给百万富翁少量昂贵的汽车而言，将大量低价汽车卖给农民和店员更赚钱。在后来的几年里，福特表示将把打造这种适合于普通百姓的平价轻型车作为自己毕生的目标。事实上很难去探寻福特究竟是什么时候有了这种想法，但在他创立福特汽车公司时，这种想法就已经形成了。在那一年的年中，他告诉约翰·安德森：“当你开始大量生产汽车时，如果你的汽车价格低廉，那么就会有更多的人有能力来购买这些汽车，这样市场自然就有了……批量生产汽车的方式之一就是让这些汽车全部一样，就像大头针工厂里的所有大头针也都长得一样。”

随着他的信念越来越坚定，福特与董事会之间的摩擦也就越来越多。卡曾斯当时在一切事情上都站在福特这边，他只想要生产售价高于生产成本的汽车。道奇兄弟则想要售价高昂的汽车，但他们又不喜欢马尔科姆森，所以当后者提出生产高价汽车的时候，兄弟俩并没有去为他争取。

作为一个主要的投资人，马尔科姆森有能力得到他想要的。1905 年末，K 型车上市，该车配备了 6 个汽缸，轴距达 3 米，重约 1 100 千克，每千克成本超过 2.2 美元，而且车饰采用的是黄铜、皮革和亮漆。与此同时，福特正在摸索着将 N 型车变为现实。N 型车比 K 型车短将近 1 米，重量也只有 K 型车的 1/3，配备了四缸发动机。从福特的定价来看，这辆车拥有一个前所未有的特点，“我相信我已经实现了价格低廉和构造简单这两个目标，制造技术的发展已经通过了实验阶段，而且公众只对自己经济能力范围之内的汽车感兴趣。我深信这款售价 500 美元的车型注定会给汽车制造业带来革命，而且我将新车型视为我人生中最大的成就”。

尽管这段宣言雄心勃勃，甚至带有某种救世主的味道，但福特一生的最大成就在当时尚不存在。N 型车参加了 1906 年的纽约车展，当时引擎盖下面空空如也，发动机还没有设计好，福特的代理商们都不得揭开引擎盖。但不管怎样，500 美元的价格让这辆引人注目的小汽车一经展示立刻就成了热门。

福特决心将 N 型车以 500 美元的价格推向市场，这也就要求福特在成本方面要格外精打细算。福特设法让车身制造商将价格从 152 美元降到了 72 美元。有些方面的节省发生得很偶然。福特的一位同事回忆说：“给车轮上漆被认为是技术含量很高的工作，因为辐条上的条纹会让轮子中间闪闪发光。这项操作的成本相当高，直到有一天，我们拒绝了油漆工提高工资的要求，他们直接就罢工了。于是我们就放弃了轮胎上漆，轮胎上漆的问题竟然因此得到了解决。所以说在某种程度上，油漆工的罢工帮助我们降低了成本。”福特汽车公司竭尽所能地压低造车成本，并且按照所承诺的价格将这款车推向了市场。这时，经销商们的购车愿望常常难以得到满足。为了销售 N 型车，他们不得不接受福特公司的要求，每购买 10 辆 N 型车就搭配一辆 K 型车。福特汽车公司当年的净利润几乎是其最初投资额的 30 倍。

马尔科姆森心目中理想的车型销售得并不好，福特没有多说话，但始终在那儿幸灾乐祸地注视着这一切。当然他不仅仅只是幸灾乐祸，除此之外还做了许多其他事情。尽管 A 型车给参与其创造的所有人都带来了一定的财富，但股东之间的摩擦却与日俱增。多数矛盾源自福特和马尔科姆森之间的目标不同，他们有时甚至会恶语相向。早在底特律汽车公司的时候，福特就厌恶给人打工。正是马尔科姆森的信任和资金才让福特取得了成功，但这一点现在对福特来说已经没有太大意义。他曾经说：“所有没有参与到公司制造过程中的人都不是在做贡献，而是一个寄生虫。”他在说这番话的时候，心里想的肯定是自己的这位主要投资者。而在马尔科姆森看来，福特顽固不化，相当乖戾。当时整个行业的发展方向就是销售价格高昂的汽车。1906 年，美国所售汽车中半数的售价在 3 000 ～ 5 000 美元之间。为什么自己的公司要销售价格只有其他汽车价格 1/10 的汽车呢？ 10 年后，这类昂贵的汽车所占市场份额不到 2%。但当时在争吵不休且充满敌意的董事会会议上，只有福特一人预见到了这种发展趋势。

这种争斗从大吵大闹发展到真正的公司内讧，挑起争端的人是马尔科姆森。他表示，最初的安排的确是规定由卡曾斯负责汽车业务，马尔科姆森在将自己的煤炭业务安排妥当后，两人再进行互换。这也是卡曾斯在几年前加入福特汽车公司时所希望的。初期，卡曾斯还曾经认为汽车可以在水面上行驶。但现在他与自己的搭档辛辛苦苦取得了成功，所以他拒绝了老板的安排。福特也反对两人进行互换位置：“我告诉马尔科姆森，我不想让他来公司，我只想要他的手下卡曾斯。”马尔科姆森此后似乎想要解雇卡曾斯，而福特则说服了董事会给自己的业务经理加薪，薪水从 4 000 美元翻番到了 8 000 美元。这是一种挑衅，而且与多数精心策划的挑衅一样，它取得了一定的效果。在接下来的股东会议上，马尔科姆森强烈抗议。

在一场场争吵不休且让人压抑的会议后，福特和卡曾斯想到了一条对策，这一对策相当直接，但又颇为狡猾。福特汽车公司已经逐渐发展成熟。在这个阶段，如果公司仅仅只依靠一家供应商来提供汽车的核心零部件并非理想的状态，甚至可能是一种危险的状态。福特宣布成立福特制造公司（Ford Manufacturing Company），该公司将生产底盘，但这些底盘将仅仅用在 N 型车上。道奇兄弟公司将会继续为 K 型车生产底盘。兄弟俩没什么好反对的，因为他们自动成了新公司的股东，而且也能享受到新公司所创造的所有红利。另一方面，马尔科姆森却并没有成为新公司的股东。当然，他保留了自己在福特汽车公司的股份，但仅仅只能享受到成车销售所带来的利润。但谁又知道自制的新底盘会侵占成车多少利润呢？这些新底盘的销售价格“并未明确规定”。底盘价格在整车价格中所占比例对于那些在两家公司都持有股份的人来说无关紧要，但对于马尔科姆森来说则意义重大。

他给董事会发了一封愤怒的抗议信，谴责“福特制造公司的创立者和控制者是汽车公司的大股东和高层管理者，而且该公司的目的就是将自己的产品卖给汽车公司，并且从中牟利”。新公司的股份分配确保了其“从外部瓜分汽车公司利润并伤害公司股东。……我认为这种行为非常愚蠢，也有失公平”。这种情况的确无可辩驳。但在当时，马尔科姆森有着赌徒般的大胆，当初正是这种大胆才带来了福特汽车公司的诞生。大胆再加上愤怒和受伤的情绪，促使马尔科姆森采取了愚蠢的举措。

1905 年 12 月 5 日，《底特律自由新闻报》宣布这座城市成立了一家新的汽车工厂——飞行车公司，其注册资本为 40 万美元，目前正在麦克大街建造工厂，它将在 1906 年生产 500 辆风冷型旅行车。该公司的汽车不论“现在、明天还是未来数年都不会过时”，公司的所有者为马尔科姆森。福特汽车公司的财务主管现在竟然要与公司进行竞争，这让整个董事会一下子都站在了福特一边。董事们要求马尔科姆森辞职。在几个月的争吵和谈判之后，马尔科姆森将自己手中所持有的占公司 1/4 的股份卖给了福特，他得到了 17.5 万美元。从 3 年前 1 万美元的投资额来看，这笔投资的回报还是相当不错的，但他如果再坚持 10 年的话，也许能获得 1 亿美元。黛西气枪公司的巨头贝内特非常厌恶这种做法，不想再和策划了这一切的人为伍，所以也选择了退出。

福特发现，尽管自己竭尽所能来挤压成本，但依然无法坚持以 500 美元的价格来销售 N 型车。他将价格提高了 100 美元。这辆售价 600 美元的 N 型车确实不便宜，但因为有了四个汽缸，所以它的动力和可靠性要比同等价位的汽车更胜一筹。直到 1906 年 9 月，福特才真正地将售价控制在 500 美元，这时福特公司已经提供了众多车型，其中当然包括豪华的 K 型车。而且截至此时，公司已经销售了 1 559 辆汽车。到了 1907 年 9 月，只凭销售 N 型车和少量在 N 型车基础上稍加变化的车型，福特就卖出了 8 243 辆车。

受伤的合作伙伴马尔科姆森一心想要发起挑战，并且也生产了部分飞行车。但他的飞行车公司同那些年里诞生的数百家汽车制造商一样，消失不见了。

飞行车公司在 1908 年破产。40 年后，记者约翰 · 冈瑟（John Gunther）来到底特律为他的一本书搜集材料。这本书就是后来的畅销书《美国内幕》（*Inside USA*）。在查阅福特汽车公司最初的股东们的资料时，他发现了一个陌生的名字，并且颇为好奇："我非常想更多地了解一下这个名叫亚历山大·马尔科姆森的人。他在最初的公司里持有 255 股原始股，和福特的持股数量一样，而且他还是公司的第一任财务主管。他似乎是一位煤炭商人，而卡曾斯是他的办公室文员。当然，福特肯定是在很多年前买下了他的股份，就像他后来买下卡曾斯的所有股份一样。目前我在底特律找不到有关马尔科姆森先生的进一步资料。"

第 9 章

决定将T型车推向市场

这辆车必须足够便宜，让农民买得起

争斗结束后，福特成为公司的大股东。此前，是马尔科姆森出资成立了这家公司，而且以福特的名字命名。1906 年夏天，约翰·格雷因为心脏病离世，福特由副总裁升任为福特汽车公司的总裁。再也没有人能对他的计划指手画脚了。

克拉拉的家庭记录显示，她家的生活由此变得富有。她第一次开始从餐饮公司购买食物，购买 10 美分一个的鸡肉沙拉三明治、每升 1.59 美元的龙虾沙拉。她还订阅了一些杂志，其中包括名噪一时的儿童杂志《圣尼古拉斯》(*St. Nicholas*)、《好主妇》(*Good Housekeeping*) 和《蒙西杂志》(*Munsey's Magazine*)。这算是高层次的爱好。福特在这段时间过得很开心，他喜欢和克拉拉一起去剧场，也喜欢和埃德塞尔一起玩耍。

同时福特也一直在担心一些问题。N 型车的业务可谓相当成功，但每当福特看到这款车时，他总是想着可以在这款车的基础上再开发出一款更好的车。在他买下马尔科姆森所有股份的那天晚上，他让弗雷德·洛克曼开车送自己回家。在公司成立之后，他也曾与卡曾斯一起开车回家。而现在，这家公司已经无可争议地完全属于他了。同那天一样，都是炎热的夏天，他和洛克曼在暮色中前行。“弗雷德，”他说，“今天是伟大的一天。我们要扩大这家公司，你会看到它突飞猛进地发展。我脑子里已经有了想法，设计各种适销对路的汽车推向市场……如果你能将工人们聚集在一起，为了生产彼此友好协作，像和睦的邻居一样，汽车就会普及开来。我们就不会再有罢工和战争了。”

不过如何让福特汽车更受大众欢迎呢？生活在这座城市里的人们早已经习惯于用汽车价位来进行阶层划分了，购买价格高达 4 000 美元的庞大机器对普通人来说等于倾家荡产。农民似乎很不喜欢城市里的人到乡下开车兜风。时速 80 千米的汽车颠簸着呼呼地经过乡村小道，荡起令人厌恶的尘土，留下沾满灰尘的晾晒在外的衣物和受到惊吓的牲畜。有些地方甚至因此通过了一些看上去奇怪的规定。有一则规定要求，如果驾驶者看到远处有一群动物朝自己的方向走过来，应该停车发出警示，就像船只失事后救生船上的幸存者所发出的求救信号一样（很难理解这种方法怎么才能让马匹或牛群不受到惊吓）。

然而事实并非如此，实际上越来越多的农民想拥有属于自己的汽车。当然，并不是价格比农场价格还高的那种笨重的汽车。汽车太重，会被困在偏僻小道上动弹不得。1909 年一项关于美国道路的普查显示，美国只有 8.66% 的公路进行了表面处理，有的仅仅是铺设了砂石，有的可能还是用一根根的圆木并排摆放铺在路面，就像铁轨一样，把旅行者置于无休止的剧烈颠簸的炼狱中。其余的道路则因为马车长年累月地在上面行走，留下两道深深的车辙，车辙之间则是高低不平的岩石、泥巴或页岩。这些马路就是当时的大道，在 20 世纪初期，一种新型汽车出现了，载着农民们在这些大道上行进，这种车子被称为“高轮车”或“西部轻便车”。之所以被称为“西部轻便车”，是因为这些车子都诞生于中西部，“轻便车”基本上采用轻便的放置在高约 1 米的轮子上的马车框架，然后装配了单缸发动机。这些车子相对福特的四轮车而言更为原始，但重量更轻，价格也更低（起售价只有 250 美元），而且这种车拥有高高的轮子，使得它们在特别崎岖不平的道路上也能行驶。但车身的轻巧木质骨架意味着它们有可能在几个月内就会散架，而且单缸发动机则可能导致高轮车动力不足。然而在过去的 5 年里，高轮车的销量却支撑着数十家公司。一个农民的话颇具代表性：尽管这种高轮车存在种种缺陷，但自己依然还是很喜欢。在他的这一生中，他的视野一直局限在“方圆 16 ～ 19 千米的范围内，那是我的马匹一天内能往返且不至于太累的距离。我现在外出的距离可以是原来的 5 倍。我可以去拜访 48 千米外的朋友，他们已经邀请我 20 年了”。

福特深谙这一点。他想要一辆底盘足够高的汽车，能够在最糟糕的道路上正常行驶。该车也必须足够牢固，不能使用一个季节后就散架。最重要的一点在于，这辆车必须价格便宜，能让农民们买得起。

搭建设计室

1907 年冬日的一个清晨，福特走进皮格特大街工厂的样品部，来到一位高大英俊又强壮的男子面前。这个男子 25 岁左右，看上去非常严厉。福特说："查理，我想要在这里马上隔出一个房间，修一堵墙，在墙上开一个门，门的宽度要足够汽车进出，最后配把好锁，之后让约瑟夫·加兰（Joseph Galamb）也到这里来。我们要开始一项全新的工作。"

查理就是查尔斯·索伦森（Charles Sorensen），他是福特顶级助手中任职时间最长的一位。查尔斯·索伦森完全有资格将自己的回忆录命名为"我与福特共事的 40 年"。他 1881 年出生于哥本哈根，5 年后来到美国。他的父亲索伦·索伦森（Soren Sorensen）是一位经验丰富的木工，因为崇拜职业跑步运动员小索伦森，他从丹麦移民到美国。这位名叫"小索伦森"的运动员和他并无亲戚关系，但再没有什么关系能比他们之间的感情更深的了。查尔斯·索伦森写道："索伦森这个名字在丹麦非常普遍，恰如史密斯在美国。"小索伦森前来美国参加跑步比赛，并且大获全胜。他在给粉丝的信中写道："这是一个伟大的国家。来吧！"索伦·索伦森马上就照做了。小索伦森最终在布法罗市定居，查尔斯·索伦森也正是在那里读了 10 年的公立学校，然后查尔斯·索伦森前往一家生产炉具的公司做了一名制模工人。到了世纪之交，查尔斯·索伦森和家人搬到了底特律。1904 年是他人生中关键的一年，他娶了太阳炉具公司年轻的会计海伦·米勒（Helen Miller）。也就是在这一年，福特聘请他到自己的新公司做实验制模工作，日薪为 3 美元。从选择查尔斯·索伦森这件事情来看，福特再次证明了他对那些脾气强硬且暴躁的人的喜爱。查尔斯·索伦森的脾气和卡曾斯、道奇兄弟一样大。当然他的能力也同样出色。

福特需要找一位制模工人，这是他制造自己所设想的汽车的第一步，这一点并不奇怪。因为制模工人就是连接威尔斯的蓝图和机床刀具之间的一座桥梁。多年后，查尔斯·索伦森依然为自己在1906年所掌握的技术而倍感自豪。他写道："制模不是一种职业，也不是一个行业，而是一门要求严格且相当需要技巧的手艺，制模工人必须对蓝图和机床都有所了解。"制模工人在仔细研究齿轮或汽缸的设计图后，将它们"翻译"（这是查尔斯·索伦森自己的话）成模型。套用查尔斯·索伦森的话来说，制模工人必须具有一定的"透视能力"，因为他必须"能够读懂最复杂的图纸，而且拥有比木工更加细致的技艺和无限的耐心，通过锯、刨、打磨，然后用胶将模型粘在一起，准确地展现设计师或制图人员的想法。"模型必须准确无误，因为工人们会根据它来制作模具，再浇灌熔化的金属，待金属冷却后再进行加工，从而制成零部件。

在福特心目中，制模工人的技能要比制图员的技能更为重要，尽管他本人并非完全看不懂图纸。后来，他的部分同事解释说，福特总是觉得可触摸到的实物要比文字和图纸更令人踏实、安心。查尔斯·索伦森写道："很显然，只有把设计变成三维的模型，福特才能真正地懂得这个设计究竟是什么模样。我也发现他确实不具备制图能力，画不出清晰的草图。"查尔斯·索伦森能领会老板的意图："我开始根据他的想法来绘制草图和图样。在皮格特大街的工厂画不完的时候，我就把它们带到模型车间去。"后来，查尔斯·索伦森不再需要绘图了，福特向他阐释自己的想法，查尔斯·索伦森就能拿一块木头做出来。"我们当时有最漂亮的雪松木，又笔直又光滑，"他热切地回忆说，"做出模型就一目了然了。"在模型车间完成后，他会把模型拿给福特，用模型准确地展现福特的想法。福特则将模型拿在手里把玩，眯着眼睛盯着模型的曲线和凹槽，他对接下来需要做些什么就一清二楚了：这里削掉几毫米，这里太薄了，这个法兰（轴与轴之间相互连接的零件）没用等。

所以当福特想要一个自己的设计室时，马上想到的就是查尔斯·索伦森。几天后，设计室建好了，这个地方并不大，长约4.6米，宽3.6米，里面摆放了两块黑板、一张制图桌、几个电动工具，还有一张从福特家里搬来的摇椅。摇椅曾经是他母亲的，他希望摇椅能给自己带来好运。很快约瑟夫·加兰就在制图桌旁忙碌了起来。

同制作四轮车时的那些日子一样，能进出这里的人是严格受到限制的，只有加兰、威尔斯，跟随福特多年的机械师吉米·史密斯（Jimmy Smith）、查尔斯·索伦森（不过可能并不像他在回忆录中所说的那样能随意进出）以及 14 岁的埃德塞尔。“蜘蛛”赫夫也回来了。他不用再把身体甩出车外来避免赛车在拐弯处翻车，而是作为一位杰出的电气工程师，将为新车设计最核心的一些零部件。

福特每天都会在摇椅上坐上几个小时，而加兰则用粉笔在黑板上为他的想法画出草图，并且对图纸进行修改完善。在进行下一次讨论前，黑板上的草图会被擦掉，但会拍照保留，这既是为了以后能申请专利，也是为了给他们的快速发展留下记录。

永远将驾驶位设在左边

在这间密室内，福特的天赋得到了充分而稳定的展现，对于在这里所发生的一切，用“天赋”这个词来形容并不为过。他总希望两全其美，想竭尽所能制造简单的汽车，但这种外表简单的汽车设计又相当错综复杂。比如它会像 N 型车一样拥有 4 个汽缸，但又不完全像 N 型车。当时几乎所有的多汽缸发动机，即使是最豪华的，基本上也都是由几根厚壁的管子制成，然后用螺丝固定在一起，甚至连 N 型车的 4 个汽缸也是由两种不同的铸件组合在一起的，福特表示这种设计过于复杂，难以令人满意。他说，我们的发动机必须只用一块金属制成。在查尔斯·索伦森苦苦思索究竟要怎么实现这一点时，福特又有了另一个想法，要把顶部切开，也就是说，让发动机成为一个铸件，汽缸完全可接触，从而便于制造和修理；然后将汽缸盖像个帽子一样盖在 4 个汽缸上，再用螺栓固定。今天的汽车发动机正是采用了这种设计。

加兰因此费了很大的力气来寻找合适的密封垫，用以密封发动机盖，以避免汽车前进时汽缸内部发生无休止的小爆炸或泄漏的情况。福特则坐在摇椅里摇来摇去，表现得相当平静和笃定。他深信加兰能解决问题，加兰也的确不负众望。卡曾斯就没有那么平静和笃定了。“福特总是非常放松，”查尔斯·索伦森回忆说，“而卡曾斯则把自己逼到了极点。……福特的耐心可能大过了卡曾斯的焦灼，这种耐心激励着我们每天长时间工作来解决问题。”

最初，他们将把用查尔斯·索伦森的模型制造的铸件安装在一辆 N 型车的底盘上，将车从密室的大门处开进来。根据字母表命名的车型已经不再局限于N型车了，新客户当时已经可以购买到S型车。S型车看上去更为成熟，其引擎盖和挡泥板与真正的脚踏板融为一体，此外还增加了伞架这类改进的部件。但真正引起轰动的汽车不是N型车，也不是S型车，而是T型车。

到了1907年秋天，这款车已经有两个底盘可以上路实验了。福特针对这款新车进行了上千次各种各样的改进和运算，其中众多零部件已经在N型车上进行过实验并且得到了令人满意的结果，其他的零部件均为全新设计。威尔斯一直在思索要如何做才能解决发动机和变速器的润滑问题。他坐进浴缸洗澡时，像阿基米德一样，突然茅塞顿开，找到了解决问题的方法：将两者放在同一个罩子里，利用重力将两者泡在润滑油中。

哪种变速器可以这样来进行润滑呢？当时的大多数汽车都使用滑移齿轮，这种滑移齿轮一直使用到现在，至少对手动挡汽车来说是这样。相对于现在的变速杆而言，当时的变速杆更加难以操纵，因为它要求司机在正确的时间换挡，然后再踩下离合器，在不折断轮齿的情况下转换到下一挡速度。

福特通过测试发明了这种变速系统。准确地说，他是让一位名叫查尔斯·巴拉夫（Charles Balough）的工人通过测试找到了正确的方法。在一个繁忙工作日的夜晚，巴拉夫驾驶着实验车来到底特律市中心。他对面有三辆电车，他踩下离合器，用力推动变速杆，想要绕过电车。50年后他回忆说："那款实验车惨不忍睹，被挤碎在电车与电线杆之间。"巴拉夫回到办公室，担心老板会发火，结果福特却说："查理，这是你为公司做的最棒的贡献。"福特一直乐于尝试使用滑移齿轮，但他更喜欢自己在N型车上所使用的行星齿轮变速箱。司机不需要去用力扳动变速杆，因为所有的齿轮都始终围绕着曲轴不断转动，因而被称为"行星"。脚踏板在绷紧一个齿轮上的皮带的同时松开另一个齿轮上的皮带。福特最初想要的是三挡变速器，让巴拉夫到街上测试。这一次，巴拉夫成功地避开了有轨电车，但这个变速系统没起作用。福特再次微笑着打消了他的顾虑："只有那些你从来都不用的齿轮才不会给你带来麻烦。"T型车有两个前进挡，初期的T型车比前期车型更加结实，他和查尔斯·索伦森用一系列精雕细琢的木质车轮实现了结实方面的目标。福特坚持认为，这些车轮可以做得更小。

在那些辉煌的日子里，福特总是做出正确的决策。这些决策可能很快就会影响到每个美国人。福特将方向盘的位置设定在左侧，他挑战了铁路的先例，因为当时火车司机总是坐在驾驶室右边的座位上。福特认为这在美国的马路上是没有意义的。

新专家，新发动机，新材料，新车型

当时道路的状况需要车子有相当的灵活性。多数汽车底部的弹簧是与车身平行的。福特让前后弹簧弓几乎是从一个轮子到另一个轮子，横跨在车的前后轴上。他使用两个牢固的三角形半径杆让汽车保持平衡。半径杆一直从轮毂通往发动机，而发动机则仅仅通过三点固定在汽车的车架上。当时，多数汽车的发动机都是通过四点固定在车架上的。当车架发生弯曲时，发动机的螺丝可能会脱落，然后就像手提袋一样敞开。福特设计的底盘可以带着发动机去往任何地方，在崎岖不平的道路上蜿蜒前进时，它就像从栅栏下钻进钻出的身体柔软的小猫一样。

说起重量方面的考虑，福特表示，在佛罗里达州奥蒙德比奇（Ormond Beach）参加一次赛车活动时，他曾经去查看过一辆出事的法国汽车的残骸，“我捡起一根阀杆。它非常轻，但非常坚固……我四处询问这个东西是用什么制成的，但没有人知道”。于是他将阀杆交给了一位助理说：“去了解这个东西的所有信息。我们必须在自己的汽车上也使用这种材料。”这个生动逼真的故事也许只是福特杜撰的一个宣传故事。福特在古稀之年时，一位记者注意到他的脚踝上缠着绷带，于是问他是怎么回事儿。福特非常随意地回答说，我和几个小孩玩橄榄球时受伤了。事实上，他那里起了水泡，可见他有随口撒谎的习惯。“我派人去英格兰，”福特回忆说，“寻找掌握生产这种材料技术的人。我主要的目的就是要找一家工厂来生产这种材料。”实际上，他派人去的是俄亥俄州的坎顿市，也的确有一位英国人参与了新材料的研制。那根阀杆是金属材质的，这种金属是一种名为钒的合金钢，威尔斯在 1905 年参加一次工程设计大会时第一次听说了这种材料。一位名叫 J. 肯特 · 史密斯（J. Kent Smith）的英国冶金学家是这种材料的积极推广者，1906 年他来到皮格特大街工厂与福特就钒进行交流。史密斯在坎顿市有一个实验室，福特去参观了这个实验室，并且在参观结束后就完全认同了史密斯的观点：“在此之前，如果钢材的抗拉强度达到 2.7×10^5 牛到 3.2×10^5 牛，我们就已经感到满足了。但有了钒，钢材的抗拉强度高达 7.7×10^5 牛”。这就意味着“汽车车轴或曲轴的强度可以翻倍，同时又不用改变其尺寸或增加重量”。钒钢重量轻、强度大，相对镍钢而言也更容易进行加工。钒钢就这样被用在了 N 型车上，而且它将成为 T 型车的支柱。

决定使用钒钢以后，威尔斯对福特说，公司需要建立自己的冶金实验室，而且应该聘请一位专业人士来建立这座实验室。福特并不喜欢专业人士。“不，我们要培养一个专家。”他对威尔斯说。于是他派曾经受雇清扫工厂车间的员工去联合钢铁实验室接受了 3 个月的培训，到了 1907 年末，福特在皮格特大街有了自己的实验室，并且开始为新车订购钒钢。

有了钒钢，再加上每个零部件重量的削减，T 型车的重量只有 0.5 吨。发动机的动力为 14.71 千瓦，这些数字现在听起来可能不足为奇，但在 1907 年，美国的汽车通常每千瓦所能带动的重量约为 50 千克。1908 年，托马斯飞鸟车赢得了一场从纽约到巴黎的特别赛事（这场赛事的路线是一路西行，横跨北美和白令海峡，然后沿着横跨西伯利亚的铁路线行驶）。托马斯飞鸟车每千瓦的重量达到了 39.5 千克，T 型车每千瓦的重量只有 37 千克，而且 T 型车的售价只是托马斯六缸豪华汽车的 1/10 多一点儿。福特从工程设计的角度阐述了其中的差别，而且这番话绝非夸张。“福特汽车的活塞位移 1 立方厘米只能带动 0.22 千克的重量。”他补充说，“正因为如此，无论何时何地，只要你看到福特汽车，它们‘始终都在前行’，它们穿过沙漠和沼泽、雪地和溪流，翻过山丘，越过荒野。”

与此同时，“蜘蛛”赫夫正在设计 T 型车中最具革命性的一个零部件。当时几乎所有的汽车都装有电池，但电池成本高昂，又容易损坏，而且需要经常更换，但又不可或缺，因为汽车需要它产生的火花来点燃汽缸中的气体。

赫夫则反其道而行之。近 75 年来，工程师们知道当线圈靠近磁铁时就会产生电流。福特和赫夫从这个角度进行了思考。在发动机运转时，汽车的飞轮始终在转动。为什么不在飞轮上增加一些磁铁（两人决定在飞轮上放置 16 块磁铁），然后在对面放置 16 个固定的线圈呢？当飞轮转动经过这些线圈时，嵌在飞轮里面的磁铁就会使线圈里产生电流，这样汽车就会自己产生动力来发动引擎。而且这些都可以放在威尔斯的油槽里。

福特总是通过各种技术手段为自己的作品带来美感。不过在这辆汽车的车身等结构装配完成后，能容纳司机和 5 名乘客的汽车可能就不再那么美了。但其底盘所拥有的那种稳固和简洁绝对具有审美价值。

“毫无疑问，这是有史以来最伟大的汽车发明”

工厂装配的第一辆 T 型车于 9 月 24 日完工。福特驾车开始了在威斯康星州北部的狩猎之旅。吉米 · 史密斯一路随行，大部分驾驶都由他完成。史密斯对磁力发电机还是不放心，所以他随身携带了一个蓄电池备用。大概 8 个小时之后，在他们前往芝加哥的途中，蓄电池翻了，电解液流了出来，弄得车厢地板上到处都是。他们将蓄电池丢掉继续前行。在没有蓄电池的情况下，他们以平均每小时 32 千米的速度穿过糟糕的道路，成功抵达了芝加哥。然后他们又前往密尔沃基（Milwaukee），接着是艾恩芒廷市（Iron Mountain），再返回密尔沃基，并且在 10 月 2 日回到了底特律。T 型车在回到底特律时看上去破破烂烂，好像被涂了一层厚厚的泥浆，但它已经行驶了 2 184 千米，途中唯一的意外就是一次爆胎。

福特决定将 T 型车推向市场，售价定为 850 美元。卡曾斯的经销商欣喜若狂，有些人甚至把 T 型车的宣传资料先藏了起来，以确保在这款车到来之前先把 S 型车库存清理掉。一位底特律的代理商写道：“我们反复用力地揉眼睛，以确定这不是在做梦。”宾夕法尼亚州的一位代理商则称赞道：“毫无疑问，这是有史以来最伟大的汽车发明。”

前方的道路光芒万丈。近半数的美国人似乎都准备好购买这款汽车了。前提是福特真的可以销售这款汽车。

第 10 章

“斗士福特”，凭借专利战赢得尊敬

塞尔登专利战打响

关于亨利·福特的许多故事听起来都非常像是杜撰的，但实际可能并非如此。下面这个故事很可能是真实发生过的。当福特身着衬衫和严厉的卡曾斯一起在铁路货运站监督第一批 A 型车发货时，一名信使穿过铁轨来告诉他们，乔治·塞尔登从 1879 年开始提交的有关发动机在内的一系列专利申请，经过 16 年反复修改细则，于 1895 年 11 月被正式授予专利。这根导火线终于开始引爆了。

1903 年 10 月 23 日，塞尔登起诉福特汽车公司侵犯其专利权。他对美国所有燃油汽车都拥有专利权。塞尔登虽然从未制造过专利书上所说的汽车，但他坚信自己拥有绝对的专利权。起初塞尔登没有足够的钱来聘请律师为自己进行辩护，现在他找到了一个强大的合作伙伴——电动汽车公司，他们联合提起诉讼。

正如公司名称所显示的那样，电动汽车公司对内燃机不感兴趣。1895 年，海勒姆·马克沁放弃了独立制造燃油汽车的机会，接受了阿尔伯特·波普上校的邀请，在其位于哈特福德市的工厂工作。当时他同时研究汽油车和电动汽车，但他的兴趣点始终更多地放在汽油车上。这让他和波普上校的汽车开发负责人乔治·H. 戴（George H. Day）产生了一些分歧。乔治·H. 戴认为汽油车噪声过大，而且油乎乎的。

1899 年 4 月，金融家威廉 · C. 惠特尼（William C. Whitney）从纽约来到哈特福德市考察波普上校的工厂时，这两种车卖得都不错。惠特尼也喜欢电动汽车，并且已经拥有一支由电动汽车组成的出租车车队，这些汽车可以在曼哈顿地区毫无噪声地穿梭。现在，他想要更多的出租车，而且数量非常大。他的身后有可靠的投资者，他提议将波普上校的汽车工厂与电动汽车公司合并。波普上校非常开心，因为新公司的资本将达到 300 万美元。

不过在完成交易前，惠特尼认为最好还是调查一下这些产品是否存在什么专利问题，以免日后产生麻烦。波普上校有一个勤勉的手下负责专利事务，他一路找到了塞尔登。马克沁当时对汽车的了解也只是普通水平，当他看到那个专利时“颇为不屑。我可以指出专利上所设计的发动机完全不切实际，这就是个玩笑……那项专利的权利范围太广，实在荒谬”。但惠特尼并不这么认为。他给了幸运的塞尔登 1 万美元用来购买他的专利，并且提出塞尔登可以永远获得专利权使用费的 5%。6 月，电动汽车公司的律师开始向美国汽车制造商发出律师函：“在此谨代表我们的客户告知贵方，你们正在制造和销售的汽车侵犯了塞尔登的发明专利……在此通知贵方停止此类行为，同时对专利所有人做出相应赔偿。”

汽车制造商收到律师函后要么不屑一顾，要么颇为恼火，这也是意料之中的事情。于是电动汽车公司开始起诉这些汽车制造商。

法庭判决塞尔登胜诉

亚历山大 · 温顿是这次诉讼的主要目标。专利持有者认为，如果他们向国内最著名的汽车制造商提起诉讼并胜诉的话，那些小公司就会乖乖就范。温顿本性好战，他让公司的财务主管代表自己做出了回应：“塞尔登的专利荒谬之极，本就不应该授予……这个专利是站不住脚的。”虽然温顿和其他制造商结盟，反对电动汽车公司的要求，但这个联盟过于松散，不太牢固。

1900 年 9 月，温顿的律师应诉并提出异议。在答辩书中写道，尽管起诉指控的事实可能属实，但并不构成诉讼的合法理由，所以被告有权不予理会（现在这一做法被称为撤案申请）。温顿的律师提出，塞尔登的汽车根本不是什么发明成果：当时蒸汽机已经发明了近 100 年，使用内燃机替代蒸汽机仅仅是一个常识。

法官阿尔弗雷德·C. 考克斯（Alfred C. Coxe）不认同这种说法。“不应该从狭隘的角度来看待专利持有者的贡献，”考克斯在 11 月发布的颇具说服力的判词中表示，“在看待他的成果时，不应该将望远镜倒过来。发明创造的世界不应该被缩减到 6 便士那么大。”塞尔登“必须被视为制造使用内燃发动机供能的公路机车的第一人”。这份判词最站不住脚的地方就是“制造”这个词，因为塞尔登从未制造过公路机车、内燃机或其他任何东西。此外，尽管在漫长的酝酿期内，这位所谓的发明家针对自己的专利进行了 100 多次变更，但他所描述的汽车与 1900 年马路上跑的汽车毫无相同之处。只是因为当时社会还处在快速发展的技术革命的初期，所以法庭倾向于对基本专利索赔权予以保护。一切都进展得如此之快，同时又在技术方面频频出现新的和复杂的难题，法官们认为不能因为某个概念在快速发展的当下看起来过时，就草率地驳回几十年前的专利。考克斯法官的裁决没有否定该专利的有效性，这意味着温顿没有办法来抵制这个专利。在这种情况下案件只能提交法庭进行审判。

这份判词让温顿十分头痛，专利之争在当时所有诉讼中是最复杂、最耗时的。尽管有大量的证词，但法庭上几乎不会有激烈的唇枪舌剑。律师必须现场收集证词，认真转录，而且在整个作证过程中，主审法官不得裁定证据是否与案件有关，也不得加以催促。温顿知道他的诉讼可能会耗上数年的时间。

此外，专利持有者正拿着考克斯的判决大做文章，宣传自己已经完胜。反对这项专利的公司则在维护自身立场上缺乏干劲。所以当两家小型企业瑞兰特汽车公司和汽车挂车公司看到对手已经迅速成长为拥有 1 800 万美元资金的财团时，想到那些不可避免的律师费，他们选择了放弃，承认了这项专利。于是整个行业开始紧张起来。

温顿则坚持不懈。他聘请了纽约一家知名专利律师事务所的律师，并且派遣助手前往美国各地和欧洲去收集用以反驳塞尔登的证据。1901 年 2 月，律师向考克斯提交了答辩书：多达 1 400 页的辩诉材料中详细列出了 32 条辩护意见，这些意见是在自 1794 年以来美国、英国和法国所授予的 126 项专利的基础之上提出的。

多数汽车制造商屈服了

塞尔登背后的利益集团将此案诉诸法庭。审判持续了两年。在此期间，温顿的联盟四分五裂，最终只有他一家公司独自承担所有的律师费用。1902 年秋天，温顿联盟的一些盟友申请了塞尔登的专利许可授权。于是温顿找到电动汽车公司，询问许可授权的相关条件。电动汽车公司相当大方，因为他们迫切想要拉温顿入伙，所以他们立即放弃了在双方达成和解之前累积的所有专利权使用费，同时提出在未来的专利权使用费中扣除他在这场诉讼案中产生的所有费用。

那些专利权使用费会是多少呢？这将由一群汽车制造商来决定。这些愿意承认专利的公司将组成一个组织，其中 10 家位于底特律。他们准备与塞尔登达成交易，但对所遭到的胁迫恼火不已，他们不想按照电动汽车公司的要求每卖一辆车就支付 5% 的专利权使用费。于是他们自发成立了一个小型组织，每家公司向该组织捐款 2 500 美元，委托 5 位代表在 1903 年 3 月前往纽约，参加在麦迪逊广场花园举行的汽车展，更为重要的是去和威廉·惠特尼进行谈判。

惠特尼邀请代表们来到他位于第五大道的府邸里参加非正式会议。惠特尼的热情好客是出了名的，但在这次会议上，他犯了一个战术性错误。奥兹汽车工厂的财务主管弗雷德里克·L. 史密斯（Frederick L. Smith）写道："在纽约市的那间客厅里，无论惠特尼先生表现得怎样彬彬有礼，怎样真诚直率，都无法消除我们像羔羊一样任人宰割的心理阴影。我们立刻变成了拥有 2.5 万美元真金白银的公羊、骡子、雄狮，或者说冲锋向前的公牛。"

协会将谈判的任务交给了伊莱休·卡特勒（Elihu Cutler）。卡特勒是一位务实的新英格兰人，也是马萨诸塞州斯普林菲尔德市诺克斯汽车公司（Knox Motor Company）的所有人。卡特勒采取了一种简单的方式来谈判，他将自己的条件写在了一个破旧的蓝色信封背面。每当惠特尼或他的同僚提出一个观点时，卡特勒就会拿出那个信封大声念道：

> 第一，我们将会支付 1.25% 的专利权使用费，其中 0.75% 交给电动汽车公司，0.5% 交给我们自己的协会。
>
> 第二，应该由该协会来决定根据这项专利谁应该或不应该被起诉。

第三，应该由该协会来决定谁应该或不应该获得专利的许可权。

卡特勒的话语不断重复，而且内容完全一致。久而久之，电动汽车公司屈服于他那无休无止的念叨。温顿承认塞尔登的专利有效，而且结束了彼此之间的争吵，这一结果也让一度为敌的两方汽车公司都十分开心，因为他们建立了一个全新的组织，即特许汽车制造商协会（Association of Licensed Automobile Manufacturers）。特许汽车制造商协会的诞生并不是没有好处，其中包括防止粗制滥造和假冒伪劣的汽车制造商损坏整个行业的声誉。现在整个行业都由这个协会来控制。

福特拒绝支付“不正当费用”

同特许汽车制造商协会的众多会员一样，福特认为塞尔登的要求实在是荒谬可笑。他本性就不喜欢受制于人，这种不合理的事情更是让他怒火冲天。但他这家汽车公司的启动资金只有2.8万美元，而且他也清楚，如果他起诉塞尔登的话，公司账户的钱在几个月的时间内就会耗光。

1903年夏天，他找到了特许汽车制造商协会会长弗雷德里克·史密斯。后来史密斯回顾25年前的那次会议时说：“亨利·福特找到我，想要知道他在递交申请之后多久才能获得会员资格。当时我并没有以特许汽车制造商协会会长的身份回答他的问题，而是以个人身份给他建议。我告诉他，我认为福特汽车公司在这个特定时刻提出的申请可能并不会得到考虑……他的公司仅仅是一个‘装配工厂’，这对特许汽车制造商协会来说犹如毒药。当他们有了自己的工厂，并且成为这个行业中重要的一分子的时候，才会受到协会的欢迎，因为不管其他原因如何，最重要的原因在于他们生产的那种车型不是特许汽车制造商协会成员生产的。”这个对话让福特恼怒不已，原因是多方面的：首先，史密斯对福特假意奉承，而当年惠特尼也是那样对待史密斯的，也曾让史密斯痛恨不已；其次，所谓的“装配工厂”实际上是在嘲笑福特，其实大多数特许汽车制造商协会的会员们也采用这种生产方式，没有哪家工厂能够完全独立于外部供应商；再次，史密斯微妙地提到“特许汽车制造商协会的成员不会生产”福特制造的那种汽车，意思是指福特的汽车太过廉价。特许汽车制造商协会不喜欢廉价汽车。该组织喜欢那种既笨重又昂贵的汽车，也就是马尔科姆森迫切想要生产的那种汽车。大多数聚集在塞尔登专利下的汽车制造商生产的汽车售价都在 3 000 ～ 6 000 美元之间不等。这家成立数周的协会已经变得像所有古代为贵族们制造护胸甲或餐具的行业协会一样傲慢自大。

尽管如此，福特还是去参加了特许汽车制造商协会召开的另一次会议。这可能是约翰·格雷和始终乐观的约翰·安德森力促的结果。约翰·格雷始终对汽车行业心存忧虑。而约翰·安德森已经被特许汽车制造商协会吓到了。

福特汽车公司的股东们与特许汽车制造商协会的代表们一起在拉塞尔酒店（Russell House）共进午餐，那里据说是“密歇根州设施最齐全、环境最优雅的酒店”。史密斯再次试图表现得温和一些，尽管他有一种略微莫名的不安感觉。在用餐时，约翰·格雷介绍了福特汽车公司的远大目标，并且提出质疑，即为什么福特公司不适合特许汽车制造商协会。史密斯回忆说：“格雷先生在阐述他们的情况时说得非常简明扼要而且客观，让我在陈述特许汽车制造商协会的规则时感觉有一种和长辈‘顶嘴’的罪恶感……这些人对我非常友善，和我打交道时也非常正式，这让我感觉自己的做法欠妥，让他们伤心了。”

但友好的气氛并没有持续多久。在史密斯陈述完并坐下后，詹姆斯·卡曾斯说：“让塞尔登拿着他的专利下地狱吧。”史密斯惊愕地环顾了一下整个房间。福特正把椅子前部翘起来靠在墙上，此前他一直在默默地关注着事态进展，现在他开口了：“卡曾斯已经给了你答案。”“你们这两个笨蛋，”史密斯说，“这会让你们破产的。”福特将椅子放平后站起来说道：“那就试试吧。”午餐和谈判就此结束。

孤军奋战，直至胜诉

特许汽车制造商协会开始在报纸上刊登广告，警告消费者，如果他们购买福特汽车，官司也会随之而来。卡曾斯则在《自行车与汽车贸易期刊》（*Cycle and Automobile Trade Journal*）上发表了一封挑战信以示回应：“我们未来的行动计划非常简单，就是制造和销售目前所生产的汽油车。我们认为塞尔登专利持有者的要求是对汽车行业的垄断，且完全没有根据和事实基础。因此，我们不会尊重任何此类要求。”

这是一种挑衅，而这种挑衅也的确奏效了。特许汽车制造商协会针对福特汽车公司提起了诉讼。福特和卡曾斯聘请了底特律最出色的专利律师罗尔兹蒙德·A. 帕克（Ralzemond A. Parker）来应诉。帕克是一位 60 岁的内战老兵，曾参与安蒂特姆会战。虽然帕克即将退休，但他很早就对汽车产生了兴趣，而且对汽车了解得非常全面。他认为塞尔登的专利非常荒谬可笑，并且很钦佩福特对此的反对，因而他接受了这份工作，并为此奋斗了数年。

在福特聘请帕克后不久，底特律的报纸就刊登了一则“致汽油车的经销商、进口商、代理商和用户的通知”，说将在任何涉嫌侵犯专利的指控中保护他们。文章是以帕克的名义发布的，而且引用他的话说：“塞尔登专利不是一个宽泛的专利，并且其想法极为普通，相信很多人在塞尔登之前已经有了相似的想法。该专利并没有涵盖任何实际的机器，也绝对不可能根据该专利生产出真实的机器。”文章接着提出了一个强有力但错误的声明，称“福特先生制造了底特律的第一辆汽油车，同时也是美国的第三辆汽油车”；然后又回到了真相上：“福特先生还制造了著名的 999 汽油车。巴尼·奥德菲尔德周六在纽约驾驶该车在圆形跑道上创造了每千米 34.9 秒的世界纪录。1901 年，福特先生也曾驾驶着自己的汽车在格罗斯波因特的赛道上战胜了温顿先生。我们一直都是赢家。”

报纸上的斗争还在继续，而福特也开始越来越多地使用卡曾斯宣战书上出现的“垄断”这个词语。在那个对“托拉斯”极度反感的时代，福特恰当地利用了公众对垄断的普遍敌意。西奥多·罗斯福总统也认同这一点，并且支持这种敌意。

到了 1905 年，福特汽车公司在自己的广告中直接称呼特许汽车制造商协会为“托拉斯”。在其中一张照片中，一名男子站在一辆福特汽车旁，将手搭在车上，冷静而轻蔑地看着一个“稻草人”吹着锡质喇叭朝自己摇摇晃晃地走来。这名男子说：“每次城里举办汽车展时都要小心这个人。这位漂亮的‘稻草’妖怪是托拉斯的官方代言人。”广告结束时向“福特汽车买家们”保证：“我们将一如既往地全力保护购买者的权益……不要因为被托拉斯凶猛的攻势吓到而多花一两千美元去买一辆普通的汽车。”

帕克当时在全美各地收集证据。此前温顿还在福特阵营时也曾做过这项工作。他带着审查员或公证员以确保收集的材料准确无误，法官并未阻止他们采集证据。最终帕克的律师团队形成了长达 1.4 万页、合计 500 万字的令人瞠目结舌的证词。

帕克也收集到了更多的实物证据。在塞尔登的汽车专利申请提出 25 年之后，电动汽车公司为塞尔登制造了一辆汽车，以供证实专利上的汽车的确能够行驶。塞尔登的汽车在罗切斯特（Rochester）制造。这里的一些居民说看到过汽车展示，但当它被作为该案件的第 89 号证据时，帕克非常生气，因为辩护方此前没有被告知该展品的存在。他说："从个人角度来说，我并不相信第 89 号证据……曾经在罗切斯特跑过哪怕 50 米的距离。"

与此同时，查尔斯·索伦森接到了一项让他自己都感到惊讶的任务。"帕克先生追踪到一篇法国技术杂志上的文章，描述了 1862 年的一辆汽车使用的就是由比利时人让·约瑟夫·艾蒂安·勒努瓦（Jean Joseph Étienne Lenoir）所制造的内燃机。我们决定按照勒努瓦的技术参数制造一台发动机，如果成功了，或许就能推翻塞尔登的权利主张。我根据福特汽车公司制图室的图纸制作模型，然后生产铸件，再将它们拿到工厂。福特先生授权公司的电气专家弗雷德·艾利森（Fred Allison）来制作这台发动机，并将其安装在福特汽车的底盘上。这项工作花费了一年半的时间，而且进行了多次测试，最后那个奇妙的装置真的动起来了。"帕克要求对塞尔登的汽车进行一次公开测试，并且也得到了批准。这辆车的侧面醒目地画上了 1877 这个时间。但它的表现不是很好，花了几个小时的时间，只跑了不到 400 米。最后在 1907 年 9 月，这辆车被拆除，变成了曼哈顿人行道上的覆盖物。

福特在汽车考古学方面的工作则做得更好。该公司已经找到了查尔斯·杜里埃来做目击证人。在汽车这个年轻的行业内，查尔斯·杜里埃可算得上是一位知识渊博且经验丰富的老手。杜里埃坐着福特公司制造的勒努瓦车从福特位于 54 街和百老汇大街交汇处的办公室出发，开到哥伦布环岛又返回。杜里埃称："这辆车能稳定发动，行驶速度也很快，当路况良好时，这辆车的车速偶尔能超过每小时 19 千米。停车、启动、减速、加速、倒车以及其他操作，所有这些都令人满意，车子非常实用。"

最终，虽然这件全新的古董对整个案件没有产生决定性的影响，但这次高调的试驾吸引了目睹测试过程的纽约人，然后又深深吸引了所有通过新闻了解了该事件的美国人。相关新闻报道显示，这辆新款汽车拥有令人尊重的过去，有希望开创美好的未来。

随着争论的继续，福特的名气也变得越来越大。1906 年的一张拍摄于皮格特大街工厂的照片显示，工厂大楼上的标语和整个大楼一样长。标语上写着“著名的福特汽车产地”。这句话的用词有误，虽说福特汽车和其制造者现在有了一定的知名度，但根本还算不上著名。公司的创始人因为赛车而获得了公众的关注，而且他的 A 型车卖得很好，这使得他有勇气公然反抗特许汽车制造商协会。为了打赢专利诉讼案，他生产的每辆车平均要承担 6 美元的诉讼成本。而他的公司只不过是众多汽车制造商中的普通一员，只因为他凭借微弱的一己之力对抗一家实力雄厚的财团，所以越来越多的美国人将他视作当时反垄断精神的勇敢化身。

福特相当精明，他充分利用了这个时机。此时他的商业本能和个人信念完美地契合在了一起。“我们拥有美国人追求自由的精神，这激励我们反抗压迫和不公平的竞争，”福特说，“被胁迫或是被恐吓都是有悖美国精神的。在这种情况下，如果还不站出来抗争，那么我们就丧失了做人的尊严和基本的诚信。在这种情况下，为了权宜之计而卑躬屈膝就是一种欺诈，那样不仅会成为不正当费用的贡献者，同时也会让整个汽车行业和消费者背负起不公正和不必要的重担。”

特许汽车制造商协会也同样坚决。协会派遣“专利侦探”上街去检查汽车，看司机们是否携带了已经按照要求支付相关费用的证明。这个证明是一块 7.6 厘米宽的铜牌，上面刻着塞尔登专利上的汽车图像。

这些侦探们工作得非常认真。一位名叫威廉 · J. 穆尔（William J. Moore）的年轻纽约人购买了一辆未经许可的瑞士造马提尼车（Martini），特许汽车制造商协会发现后起诉了他。穆尔没有出庭，于是法庭针对他发布了禁令。这把穆尔吓坏了，甚至不敢露面。穆尔说服纽约的马提尼车经销商宣布自己已经前往得克萨斯州并且在那里离开了人世，然后他一直以假名在东部生活。但特许汽车制造商协会的人一路追踪他来到了奥尔巴尼市（Albany）。当穆尔正在坦恩艾克酒店的酒吧里喝酒以缓解紧张的情绪时，他们让一位联邦警察局长交给穆尔一份禁令。

帕克继续在收集证据，他在这方面非常在行。他看上去有点儿像威廉·特库姆塞·舍曼将军（General William Tecumseh Sherman），表情严肃，绷紧的脸上充满了坚韧。他正在试图击败工程师休·C. 吉布森（Hugh C. Gibson），一名特许汽车制造商协会聘请的专家证人。塞尔登在自己的专利中明确了“火焰点火”，但这种点火方式已经普遍被电点火所取代了（甚至在第 89 号证据中也是如此）。帕克请吉布森解释一下这个问题。

答：以我目前的能力而言，我并不了解火焰点火。

问：“以我目前的能力”是什么意思？

答：我是指作为没有掌握专业知识的普通人，我并不了解纯粹的火焰点火。

问：你是否了解该发动机（第 89 号证据中装配的发动机）所采用的“纯粹的火焰点火”？

答：作为普通人，我不了解，也不可能了解。

问：那么作为专家，你了解哪些东西？

答：我不能告诉你我作为专家所了解的东西。

问：你是说你不能，还是不想？

答：我说的就是我不能。

问：为什么不能？

答：我不知道。

尽管帕克是一个咄咄逼人的质询者，但他在与塞尔登本人对峙时也毫无进展。塞尔登面对质询者而坐，他的领带夹正是专利汽车的形状，轮毂和大灯处镶嵌着闪闪发光的钻石。塞尔登相当平静，他坚信自己就是“汽车之父”，但当被问到具体的问题时，塞尔登就会狡猾地回避。例如当帕克问到“你是否曾告知公众你的专利信息，例如曲轴的速率和驱动轮的速度之比应该是多少才能确保达到你所设定的效果？”这类问题时，塞尔登回答说：“我的专利是基于一种先进的设想，我认为根据现有条件，人们可以在我的专利基础上随意进行诠释。”面对接踵而来的细节问题，塞尔登在压力之下仍然长篇大论地讲述自己作为年轻发明家时的孤军奋战，或者是大谈其发明如何越来越重要。当帕克请他“回答是或否”时，塞尔登泰然自若地回答说：“你已经数次试图让我照着你的答案来回答。截至目前你从未取得成功，而且我也质疑你是否会取得成功。”两个人的对话没有丝毫诚意。帕克一度问道：“你打算说实话吗？”塞尔登回答说：“先生，你的这个问题是在侮辱我，我拒绝回答。”帕克不断向塞尔登发起攻击，但都像打到棉花上一样无力。

这起案件于 1909 年春天在纽约南区巡回法庭开庭。法庭位于市政厅公园南端的老邮政大楼里。尽管帕克在这个案子上已经努力了多年，但他仍写信告诉福特：“我希望该案的开庭时间能够稍微推迟一点儿……而且不要让霍夫法官来审理此案。据说霍夫法官脾气暴躁，同时我知道他并非专利法官。”这一点没错，但不管怎样，查尔斯·梅里尔·霍夫法官（Judge Charles Merrill Hough）还是接手了这个案子。霍夫精力充沛、勤奋敬业，而且非常熟悉专利法的条款，但他对汽车及其历史一无所知。他力图做到公平公正，可是由于帕克在收集证据方面效率太高，从而有点儿准备过头了。帕克花了几年的时间收集了所有的证据，但他有一个糟糕的习惯，就是想把自己所了解到的东西悉数摆出来，这让霍夫法官感到厌烦和恼火。塞尔登的律师们在进行辩论时则非常干脆利落。

霍夫法官整个夏天都在通读大量的记录，这实在让人心情郁闷。9 月 15 日，他发表了自己的意见，他承认塞尔登在汽车的发明中并未做出任何实质性的贡献，但他也表示，塞尔登的专利“在我看来是一个出色的构想。这个构想形成于 1879 年，在 1895 年之前一直都处于休眠状态，此后就被藏在文件夹内，但现在要求后来的独立发明家缴纳专利使用费……后来的独立发明家更为快速和成功地将自己的想法变成了现实……不过专利是以颁发的日期为准的。除非塞尔登在和专利审查员打交道的这 16 年里有违法行为，否则他就享有合理的专利权”。霍夫法官做出了有利于塞尔登的裁决。

《汽车世界》杂志称这份裁决是“截至目前对汽车行业影响最重大的决定”。这份裁决认为，根据法律，未得到特许汽车制造商协会的许可，任何汽车不得在美国生产、进口或驾驶。亚历山大·温顿早已忘记自己当年是如何拒绝塞尔登的要求的，他满意地说：“现在的工作只剩下从所有侵权者那里夺回他们多年来在没有专利许可证的情况下所赚取的部分收入。”福特则认为还有许多工作要做。在裁决当天，他发了一份电报给印第安纳波利斯的一位汽车制造商：“塞尔登案件的裁决对福特汽车公司的政策毫无影响，我们将战斗到最后一刻。”

在这场战争中，他的战友越来越少。在霍夫法官做出判决后的一个月里，有 8 家独立的汽车制造商加入了特许汽车制造商协会的行列，而且这家组织正在起诉那些顽固分子。10 月 19 日，刚成立一年的通用汽车公司负责人威廉 · C. 杜兰特（William C. Durant）选择了投降。

这种背叛当然让福特很头疼，但当时他的立场已经让他成了全国闻名的人物。《底特律自由新闻报》的一篇社论标题就是“斗士福特”。为了避免读者认为这个标题太含糊了，社论开篇就写道：“向斗士福特致敬！”公众支持福特。报道写到了福特说的话：“我的对手越来越狂热……有些对手私下放狠话说我不仅会面临民事诉讼，还会面临刑事诉讼，说人们购买福特汽车就是在购买进监狱的门票。”在这个时候，福特承诺自己的公司会为每位新买家提供公司债券作为补偿。“我们本来希望通过这种方式让买家放心，我们以为他们需要信心，但事实是他们始终对我们抱有信心。我们卖了 8 万多辆汽车，几乎相当于第一年产量的两倍。只有不到 50 位买家要求提供债券。”

1910 年 11 月 22 日，辩论者又重新回到了老邮政大楼。帕克认为自己并不适合在法庭上参与这场斗争，因此推荐了著名的纽约专利律师埃德蒙 · 韦特莫尔（Edmund Wetmore）。韦特莫尔带着同样精干的同事劳伦斯 · 吉福德（Lawrence Gifford）共同出庭，他们在三位经验丰富的法官前面进行辩论。这三位法官中最年轻的就是 45 岁的沃尔特 · 查德威克 · 诺伊斯（Walter Chadwick Noyes），他早已因为深谙专利诉讼而闻名。

韦特莫尔与吉福德所阐述的内容和帕克的观点几乎相同，但要简洁许多。法官结束了作证环节。鉴于证据的数量，福特和其他所有相关人员都认为法官需要几个月的时间才能做出裁决，但法官们只用了 6 周的时间。

1911 年 1 月 9 日，诺伊斯法官宣读了判决：“专利申请书的所有元素都非常陈旧，综合在一起也不是新东西。”塞尔登此前一直坚称是自己独自发明了汽车，因此，这个案件的关键是被塞尔登取名为布雷敦的两冲程发动机。法庭认定专利适用于两冲程发动机，而并非美国所有的汽车。当时只有俄亥俄州生产的埃尔莫尔汽车仍然使用两冲程发动机。诺伊斯总结说："我们可以看出，如果塞尔登此前认识到四冲程奥托发动机的优越性，并且将它使用在自己的组合里，那么他的专利就可以覆盖现代汽车。但他并没有这样做……所以我们不能对专利进行强制解释，将塞尔登的设想曲解为真正的技术发明的等价物，以牺牲这些被告的利益为代价，让塞尔登胜诉。这些被告在法律和道德上都不亏欠塞尔登任何东西。"

在接下来的几个小时里，福特收到了上千封电报，其中一封来自老朋友查尔斯·金："亨利·福特万岁。"这是大家普遍的反应。《底特律日报》的文字和其他社论遥相呼应："如果多年前福特先生向塞尔登专利持有者屈服或妥协，那么对他个人相当有利。但在 7 年多的时间里，他为了原则，面对巨大的困难一直坚持斗争，而且几乎是孤军作战。他深信自己的权利和所有美国居民的权利都受到了侵害，我们从他身上看到伟大企业家的精神与智慧。"

查尔斯·索伦森在 20 世纪 50 年代中期出版了回忆录。尽管在他的回忆录中，描写了许多关于自己的老板模棱两可和令人讨厌的事情，但他在很大程度上仍然站在福特一方，反对特许汽车制造商协会。他曾为勒努瓦汽车制作模型以对抗第 89 号证据。"福特与塞尔登的专利之战是汽车行业发展史上的一座里程碑。我深信这件事情不仅仅是福特先生为福特汽车公司所做的最伟大的事情之一，而且对汽车制造行业的所有人来说都是最伟大的事情之一。在这起持续多年的诉讼案中，他身边的所有人都只发挥了很小的作用，不管成功与否，他都独自背负起了所有的责任，董事会成员没有给他任何支持。"福特本人对这次的成功却有所保留。"现在不管我说些什么，听起来都像是在吹嘘。我认为裁决结果已经说明了一切。"

在宣判的第二天，福特和埃德塞尔驾车来到帕克居住的罗亚尔奥克（Royal Oak），向他表示祝贺，并且祝愿他此后的退休生活过得开心。他此前将自己的退休日期推迟了近 10 年。帕克一直幸福地享受着退休后的时光，直到 1925 年过世。塞尔登面对结果泰然自若，1922 年离世之前，病床上的他说："从道义上来说，胜利属于我。"

特许汽车制造商协会解散了，但也留下来一些宝贵的遗产，其中包括对导致案件拖延的专利法进行改革，以及汽车制造商之间的专利共享协议。这种专利共享协议一直延续到了现在，可以避免不断的诉讼。福特从未加入任何行业协会，也从未与行业其他人分享过自己的专利。阿尔弗雷德·E. 里夫斯（Alfred E. Reeves）是特许汽车制造商协会的最后一任会长，他并未对福特怀恨在心，反而称赞他道："亨利·福特是汽车世界最伟大的人。福特汽车工厂是世界上最伟大的汽车工厂。福特汽车公司是世界上最出色的汽车企业。"

在 1911 年这个大获全胜的年份里，福特汽车公司销售了 34 528 辆 T 型车。

I INVENTED THE
MODERN AGE

第 11 章

T型车一战成名

纽约 – 西雅图赛事拉开帷幕

1909 年 6 月 1 日，罗尔兹蒙德 · 帕克在霍夫法官面前开始了徒劳的辩护。当天上午休庭期间，法庭上的所有人都走到老邮政大楼满是污垢的窗户前，想要看看楼下究竟发生了什么事儿。

当天，阿拉斯加 – 育空 – 太平洋博览会（Alaska-Yukon-Pacific Exposition）在西雅图拉开帷幕，始于几年前的淘金热使这届博览会成为庆祝美国西北部地区繁荣发展的盛会。30 多岁的罗伯特 · 古根海姆（Robert Guggenheim）是一个汽车迷，他凭借采矿积累了一定的财富。古根海姆认为举办一场横跨东西海岸的汽车赛事是宣传博览会的一种很好的方式，所以就赞助了这场赛事。那时还从未有汽车从东海岸开到西雅图，并且当年活跃在美国市场上的 300 多家汽车制造商，其中大多数都不愿意在几乎没有公路的山区公开测试自己的产品。此外，特许汽车制造商协会反对举办这场比赛，这让众多制造商更加失去了参赛的兴趣。但他们的这一举动激发了福特参赛的欲望。

最终来到起跑线上的只有 5 辆汽车，其中 1 号和 2 号赛车都是 T 型车。相比之下，另外 3 辆汽车在重量和动力上远远优于 T 型车。一辆是发动机 6 缸、功率 35.3 千瓦、重 1.59 吨的艾克米（Acme）；另一辆是功率 36.8 千瓦重约 2 吨的伊塔拉（Itala），它也是唯一的一辆外国赛车；最后一辆是33.1千瓦的肖马特（Shawmut），比伊塔拉还重半吨。

尽管参赛选手寥寥无几，但古根海姆的赛事还是如期举行了，吸引了众人的关注。6月1日，威廉·霍华德·塔夫脱总统在白宫里用食指按下一个镀金的电报键，宣布博览会开幕。就在总统发出电报的那一刻，市长乔治·B.麦克莱伦（George B. McClellan）扣下信号枪的扳机，参赛汽车从市政公园出发，驶向西雅图。福特给自己的赛车手送行返回后，站在窗户前的一名辩护律师转过身来，故作惊讶地说："先生，有一点我实在没弄懂。我完全没有看到塞尔登汽车，只看到福特汽车，而且是两辆，怎么会没有塞尔登汽车呢？"这番话甚至把霍夫法官都逗乐了。

很难相信在曼哈顿发生的这些事情会改变华盛顿州一个农场男孩的命运，但T型车的确做到了。

罗斯科·谢勒（Roscoe Sheller）住在森尼赛德镇（Sunnyside）的亚基马河谷（Yakima Valley），他在6年前来到这里时，这里共有314位居民。最近他找到了自己的第一份工作，在查尔斯·阿蒙森（Charles Amundson）的五金店里打杂。查尔斯·阿蒙森不想做的事情全都归他做，比如扫地、修水管、打锡，此外还有记账。

赛车手驾驶着赛车沿着马车道来到了亚基马河谷，沿途都是新修的高压线，镇上人人都知道这场赛事。自从汽车驶离爱达荷州（Idaho）的博伊西市（Boise），关于赛事的宣传就越来越密集。一辆福特汽车领先那些成本高昂的重型车9个小时。有消息传来，福特2号赛车已经在前一天晚上跨过哥伦比亚河，现在已经到达了河谷。镇上的居民们半信半疑，纷纷来到第六街的街尾，在新修的高压线下四处奔走。因为担心老板不同意，谢勒没有请假就跟着邻居们一起出来看热闹。人越来越多。谢勒写道："顺着电线杆望去，我远远地就看见尘土飞扬。不管是什么东西扬起了这么多的灰尘，至少它比四轮马车要快，甚至比由勇猛的马拉的轻便马车还要快。""它来了！"伯特·斯科特（Bert Scott）和吉米·史密斯颠簸着驶入了森尼赛德镇，汽车水箱吐出一团一团的蒸汽。开车的斯科特跳下来问道："请问有水吗？"他和史密斯取下护目镜，脸上露出了白色的椭圆形印迹。谢勒回忆说："他们脸上没有被护目镜遮住的地方全是灰……在我看来，他们就像是来自另一个世界的怪物。”谢勒盯着他们的汽车来回打量。在他眼里，这辆汽车像福特最初所设想的那样，就是“一个骨架”，因为它已经简化到只有简单的底盘。这辆 T 型车的重量相当于普通 T 型车的 2/3，只有 400 千克多一点，破旧的引擎盖已被 12 个州道路上的碎石砸得面目全非，侧面画的数字“2”已经变得斑驳。

1 号车由弗兰克·库利克（Frank Kulick）驾驶，在博伊西市时还领先 9 个小时，但由于一位当地人在指路时没有说清楚，导致这辆车迷途了。其余的车辆则落后几个小时甚至几天。

水来了，史密斯和斯科特一边大口喝水，一边洗着脸。T 型车两个座位后面的小平台上面堆满了废胎，它们被紧紧地捆扎在平台上。史密斯俯身从轮胎堆里扯出一罐机油，将机油倒入发动机中，此时人也越聚越多。“肯定很耗油。”一个站在最前面的勇敢的小男孩说道。史密斯瞥了他一眼说：“如果你像这辆汽车一样跑这么远的路，肯定也一样耗油。”“马就不会。”这个小保守分子的话让人群爆发出了一阵笑声。

就在大家你一言我一语的时候，斯科特戴上笨重的驾驶手套，小心翼翼地旋开了水箱盖。他最后用力拧了一下，然后退后，“喷涌而出的蒸汽和沸水将水箱盖子从斯科特的手中冲了出去，溅了斯科特和前排看热闹的人一身水，留下了‘到此一游’的纪念，那些看热闹的人将来可以在自己的孙辈面前吹嘘一番了”。斯科特将水箱盖子找了回来，然后将水缓缓地倒入水箱内，水箱时而愤怒地抗议，时而发出解脱的叹息声。在桶内的水倒完之前，机器终于安静下来。“先生，它必须靠着汽油和水才能前进吗？”小男孩向司机问道。“是的，小伙子，”斯科特回到座位上，“准备好了吗，史密斯？”“好了。”史密斯回答说。在斯科特操纵方向盘上的几个拉杆时，他的搭档走到车前，抓住水箱下方的一个曲柄，猛拉了一下。仍然有一定温度的发动机立马活了过来，发出了快速的谷物脱粒般的声音。史密斯绕过右前轮跳上汽车时，汽车开始移动。

森尼赛德镇上的居民目送着 2 号车远去。此时这辆 T 型车距离西雅图还有几百千米的距离，但它还要穿过喀斯喀特山脉。即便现在是 6 月下旬，那里的群山可能依然是白雪皑皑。

谢勒往五金店走，脑子里全是 2 号车的样子，他一心想着自己哪天也能拥有一辆汽车。他的老板已在店里，问道："迟到了，对吗？去看赛车了吧？"谢勒回答说："是的，先生。"说这句话的时候，他确信自己 60 美元的月薪要泡汤了。阿蒙森先生走到窗前说："当下就有真正美好的东西在你眼前，为什么要浪费时间做白日梦呢？""什么意思？"谢勒疑惑地问。老板微笑着："过来看看，街对面。""哇！她……她……她是谁？"谢勒惊讶道。老板缓缓地说："我也不知道她的名字。她是穆尔药店的新店员。"

她的名字叫艾娃·本杰明（Iva Benjamin）。一年后，谢勒就娶了本杰明。不管怎样，这对罗斯科·谢勒来说，可真是难忘的一天呀！

T 型车大获全胜

史密斯和斯科特的确在喀斯喀特山遇到了厚厚的积雪，路面上结了冰，硬邦邦的，2 号车成功地在冰面上行驶了数千米。不过当太阳开始升高时，冰面融化变薄，有些地方慢慢裂开，T 型车陷在淤泥中，不能动弹。两人到处找人帮忙，很快他们就找到了一群虽然嘴里骂骂咧咧，但手里却在不停忙碌着的铁路工人，他们很快把这辆汽车从淤泥中解救了出来。

史密斯和斯科特开上了这段赛程的最后一段下坡路，此时距离西雅图还有约 145 千米。当他们遇到福特时，福特正在 T 型旅行车上等着他们，车上还有丹佛以及西雅图分公司的经理。

6 月 23 日，他们驾车进入西雅图的博览会会场，1.5 万名观众为之欢呼。当 2 号车穿过大门时，古根海姆按下了手中的计时器，史密斯和斯科特花费了 22 天 55 分钟完成了 6 608 千米的路程。他们创造了一项世界纪录，因为此前从未有其他汽车做过这种特殊的旅行。肖马特在 17 个小时之后到达，接着是驾驶 1 号车的弗兰克·库利克。尽管离开博伊西市后 1 号车就一直运气不佳，但库利克还是在 6 月 25 日赶到了西雅图，获得季军。艾克米比 2 号车晚了几天。伊塔拉则是用货车运来的，因为它的团队在怀俄明州夏延市就退出了比赛。

罗伯特·古根海姆在颁奖时发表了一番演讲，而最让福特高兴的莫过于这段演讲稿是由他和卡曾斯起草的："福特先生认为动力强劲的轻型汽车可以去往重型汽车无法到达的地方，事实证明，轻型汽车能够在陡峭的山路和崎岖不平的道路上完胜成本是其五六倍的重型汽车。我相信福特先生能够解决目前汽车存在的普遍问题。"

福特将一辆 T 型车留在了西雅图，供博览会的参观者观摩。福特安排对 2 号车进行全面的检修，同时斯科特和史密斯也有 5 天的时间进行休整和观光。随后，他们悠闲地驾驶着 2 号车借道洛杉矶返回底特律，总行程 9 656 千米。这些胜利者沿途拜访了福特汽车的各个经销商，一路上，报刊上的广告一再昭告天下："冠军同款的 5 座旅行车仅售 850 美元，其他参赛车辆的成本都要比这个价格高出至少 5 倍。冠军车是由普通车改装成的赛车，所有 T 型车都可以取得这样的成绩。购买这款性能可靠的汽车不用耗费 1 万美元现金，也无须学完大学工程学课程才能驾驶。现在下单吧，8 月就可以拿到车。"

这 5 个月的宣传活动可谓硕果累累。此后，赛车活动的裁判们发现福特为顾客提供的远远不只精神支持。福特汽车公司有着无可匹敌的经销商网络，它们遍布各地，工作人员随时可以为顾客提供帮助。事实上这场赛事后续还发生了一些状况，在某段状况糟糕的线路上，福特公司的机械师更换了 2 号车的整个发动机，这种行为公然违反了古根海姆设定的规则，性质极其恶劣。为此裁判取消了福特的奖项，将它颁给了肖马特。正如意气风发的华尔街投机商詹姆斯·菲斯克早先谈到自己取得的成就时所说："除了荣誉，什么都没有失去。"人们对那场赛事的细节已经不再感兴趣，但他们仍记得这场赛事所带来的巨大的曝光度。他们还记得 T 型车，而肖马特却早已被人遗忘，可怜的两冲程埃尔莫尔汽车很快也会遭遇如此命运。

农场主和 T 型车的故事

罗斯科·谢勒对那辆 T 型车一直念念不忘。1912 年，当父亲过世并给他留下家里的农场时，汽车已变成一件让他魂牵梦绕的东西。谢勒和福特一样，对务农毫无兴趣："为什么我要每天两次把头靠在一头毛茸茸的牛身上挤奶呢？我对此深感厌恶。我认为自己也可以在即将到来的汽车时代发挥作用。”不过谢勒缺少进入汽车行业的契机。不管是奥布·韦伯（Aub Webber）的斯塔德贝克（Stude-baker）代理商，抑或是刚刚开始销售别克汽车的斯佩克（Speck）和罗兰（Roland）都没有什么工作机会可以提供给他。

一天，谢勒家的奶牛鼓足劲儿朝他的耳朵狠狠踢了一脚，接着又是第二脚，直接将牛奶桶踢翻，把牛奶都倒在了躺在地上的谢勒身上。谢勒靠在牛棚的墙边，想要缓口气。这时，他的朋友鲍勃·巴尼特（Bob Barnett）走了进来。“你好呀，农场主，我……”他突然看到了谢勒狼狈的样子，哈哈大笑，随后不痛不痒地表达了关切。谢勒用手摸着头上越来越大的肿块，巴尼特看他的样子颇为可怜，于是微笑着说：“我给你带来了‘解药’。”

他是来给朋友提供工作信息的：“弗雷德·钱德勒（Fred Chandler）先生刚在森尼赛德镇开设了一家福特汽车代理处，我被任命为分公司经理。我需要一个助手。我马上就想到了你。”谢勒客气地拒绝了，理由是自己不会开车。“我教你，”巴尼特说，“这不是问题。”这份工作的月薪是 60 美元，与谢勒 3 年前在五金店工作时的工资一样多，下周一就可以上岗。谢勒欣然答应了。

周一早上 6 点半，巴尼特驾驶着一辆 T 型车出现在农场，开始教谢勒学习驾驶。在未来几十年里，数以百万计的美国人年复一年做着相同的事情。巴尼特换到了副驾驶座位，谢勒坐到了方向盘后面。发现汽车在驾驶员一侧竟然没有车门，他困惑的表情引来了巴尼特的几声大笑。

汽车已经发动了，谢勒挪动身体，一屁股坐在振动的驾驶位上。他低头看到车厢地板上有三个踏板。谢勒此前从未开过车，这或许也是他的一种优势，因为这三个踏板中没有一个是油门。他只需从零开始学习，而没有坏习惯需要摒弃。

他将双手放在方向盘上，然后看着自己的老师。巴尼特说：“现在把你的左脚放在左踏板上，保持住，不要动。现在用力将操纵杆往前推到底。听懂了吗？”操纵杆看上去就像是紧急刹车，不过它完全没法让车停下来，也无法让车在坡道上稳稳地停住不动。刹车的真正作用是使车辆的齿轮脱离挡位，使 T 型车处于空转状态。巴尼特告诉谢勒：“加点儿油，就像这样。”他推动了位于方向盘后面驾驶杆上的一个小操纵柄，那是油门。“引擎嗡嗡作响，挡泥板发疯一样地颤抖，发出刺耳的声音。”谢勒推了手柄，喊道：“出发！”但他忘了把左脚放在踏板上，汽车颠簸了几十厘米后就又熄火了。

巴尼特爬出汽车，告诉他的学生踩着踏板，然后哪里都不要碰。接着他摇动曲柄，汽车启动了，巴尼特又跳上车，伸手到谢勒的另一边去扳动油门操纵杆和驾驶杆上的操纵杆，那里是用来点火的。发动机发出了有节奏的声音，所有T型车车主都希望听到这种声音。“想看看如果操作正确会发生什么吗？”巴尼特问道。谢勒一副茫然的样子，巴尼特告诉他慢慢踩下左边的踏板，慢慢地加一点儿油，然而谢勒的两个动作都做得太用力了，汽车猛地颠了一下，吓得巴尼特尖叫起来：“该死的！”谢勒把脚从踏板上抬起来，好像被烫着了一样。此时T型车一下子疯跑起来，“我们沿着小路往前猛跑，因为车辙而上下颠簸，就像是一只受到惊吓的长腿大野兔”。看到前面的急转弯，谢勒绝望无助地大叫一声，但无济于事。巴尼特抓住方向盘，切断油门，然后一脚踩在最右边的那个踏板上，那才是真正的刹车，接着他骂骂咧咧地让谢勒爬到车子外面去摇动曲柄，重新发动汽车。

他们在这一天的上午反复做着这些事情。谢勒驾车冲出了马路，然后又猛地大拐弯，这让巴尼特火冒三丈，魂飞魄散。但在这个过程中，谢勒学会了将左边的踏板踩到底并松开刹车，让T型车慢慢启动。在车速升至每小时16千米后，他抬起脚，变速器滑入高速挡位，如果道路条件允许的话，车速可以达到每小时64千米左右。当他想要倒车时，谢勒必须将左边的踏板踩到一半的位置，让汽车保持空转，然后用右手调整油门，再用右脚踩在中间的踏板上，那上面印着字母“R”，表示倒车。然后绕在前进鼓上的皮带会松掉，同时绕在倒车鼓上的皮带会拉紧。谢勒学车的过程充分证明，福特的行星齿轮变速器可以在受到强烈的冲击后仍然继续正常工作。不管过程如何曲折，这一天结束时，谢勒已经成了一名称职的司机。

那年秋天，巴尼特卖出了大量的T型车。接着1915年的冬天来了，天气十分恶劣。霜降之后汽车买家就很稀少了，但福特汽车的代理处依然坚持营业。

12月的一个清晨，谢勒瞥了一眼在邮局入口处已经挂了好几年的温度计。

气温已经低到温度计上的计量刻度都无法显示出来了，外面冷得吓人。谢勒打开车库，点着炉子，然后开始按照巴尼特永远不变的指示，一到车库就立刻启动一辆T型车，并且把它开到外面。人们必须看到，不管天气如何，这辆车都能随时启动。

但如果发动机一开始就启动不了的话，磁力发电机就派不上用场。这天早上，冰冻的机油凝结在行星齿轮变速器周围，齿轮变成了一个大硬块。谢勒无法用右臂转动曲柄，即使他跳到手柄上，也只是让自己一头摔倒在地板上而已。他想把机油融化，于是将车推到炉子旁，结果发现炉火太热，离炉子最近的挡泥板上的油漆都起泡了。谢勒知道自己肯定会因此挨骂，但当他再抓住曲柄，机油已经融化了。他启动发动机，驾驶T型车驶出大门，停在路边，向顾客表明这辆车的勇猛强大。

巴尼特在几分钟之后来到办公室，斥责谢勒在这么冷的天气还把车开出来。谢勒小声嘟囔着自己只是按照指令行事。巴尼特说："开回车库，马上！"谢勒走到外面，穿过汽车侧面的帘子去打火、踩油门，可是汽车没有反应。他再次将全身力气都放到手柄上，希望能够"在凝固的机油上打出一个通道"。虽然户外冰天雪地，但周围还是围了一群看热闹的人，想看谢勒到底怎么解决难题。森尼赛德镇的铁匠显然很同情他，他自告奋勇地说："让我来试一下。"在当时，这位铁匠毫无疑问是最强壮的人，但是他可以摇动曲柄，却没办法让发动机启动。在铁匠把曲柄松动到一般人都可以摇动它时，巴尼特从办公室里走了出来，说道："充内行了吧？发动不了了吧？"他调整了一下点火器和油门，然后抓住曲柄。尽管铁匠已经为他摇松了曲柄，但T型车还是纹丝不动。过了一会儿，巴尼特站起来打开引擎盖，弄了弄下面的一些固定装置，然后又转身看着周围的观众，哼了一声，摆出一副"我就知道会是这样"的表情。巴尼特又来到曲柄前，信心十足地转动了一圈曲柄，然后又转了一圈，汽车毫无反应。他不再像开始那样自信满满了，但他仍然不停地转动曲柄，手也被磨痛了，慢慢地有点儿垂头丧气了。

约翰·斯坦贝克（John Steinbeck）曾经说，T型车始终考验着驾驶员的耐心。它一有机会就会对你加以戏弄，但绝对不会超出你的承受范围，而且它到最后都让你如愿以偿。但这一次不是这样。

最终，巴尼特站了起来，满脸通红，怒气冲冲地对谢勒吼道：“去给钱德勒写封信，告诉他，我不要再给他、亨利·福特或其他任何人卖命了。告诉他我不干了！”之后便大步向寒冷的远处走去。铁匠帮助谢勒将T型车推回了车库。坐在巴尼特空出来的经理椅子上，谢勒马上着手给钱德勒写了一封正式的信函。

> 尊敬的钱德勒先生，在森尼赛德镇的分公司经理鲍勃·巴尼特先生已经辞职，从今日起生效。他已经安排我通知您。在此，我正式向您申请巴尼特先生此前的职位……

这封信当天晚上寄出，将搭乘第二天早上的头班火车。但当天晚上，谢勒在同妻子讨论了一番后，意识到自己最好亲自去拜访钱德勒先生，毕竟他从未见过钱德勒先生。所以他带着信坐上了同一列火车，并且抢在那封信到达之前见到了钱德勒。他发现这位代理人“是个非常和善的胖子，性格开朗”。巴尼特的突然辞职让钱德勒惊诧不已，但显然他并没有因此太过担心。谢勒告诉他自己迫切需要这份工作，因为为了给巴尼特工作，他卖掉了自己农场的所有设备，而且将农场出租出去了。他也承认，自己从未卖出过一辆车，钱德勒显然也知道这种情形。

钱德勒并没有直接就把工作机会给谢勒，但同意让他试一个月，看看是否合适。谢勒鼓起勇气，问是否可以给他配备一辆新车。

钱德勒说，他早就给森尼赛德镇的分公司配备了一辆车，他指的就是那辆“不听话”的T型车，正是这辆车把巴尼特逼走了。当时代理商的销售方式是，他们需要先卖出一辆车，才能再提一辆车。谢勒提出如果他当天上午直接提车返回可以节约成本，省得他几天后又要搭乘火车过来提车。“冬天卖不出去车，”钱德勒说，“你凭什么觉得自己可以把车卖出去呢？”谢勒说：“也许我卖不出去，但我会努力地去尝试，前所未有地努力。”钱德勒被谢勒说服了，于是带着他来到车库，让那里的员工准备一辆新的T型车。钱德勒大声说道：“把侧面的帘子装结实点儿，我们要特别关照一下这位分公司的新经理。”但谢勒注意到钱德勒的语气中把“分公司经理”说得格外重，在说这番话时钱德勒仿佛还对店面负责人眨了眨眼。

谢勒在驾车返回时激动不已，他有了一台很棒的新 T 型车，他现在是福特汽车公司的分公司经理了。但如果他不能在冬天卖掉这辆新的 T 型车的话，他可能在 30 天之后就会丢掉这份工作。

下午 3 点多，他回到森尼赛德镇，吃惊地听到一直照看车库的助手说："有人在办公室里一直等着见你。我找不到其他资料给他看，就给了他一本 T 型车的说明书。"谢勒赶紧走进办公室，看到一个穿着厚毛衣和牛仔夹克的农场主。从外套上厚厚的奶渍来看，这是一个奶农。"我想看看汽车。"奶农说道，并且问谢勒是否可以教自己开车。"没问题。"谢勒爽快地回答道，就像巴尼特几个月前回答他时的那样。

谢勒带他来到了那辆 T 型车前，奶农表示自己已经看了说明书，似乎很容易。这辆车的发动机依然温热，只要猛转一下曲柄就可以启动。谢勒把车开到路上，小心翼翼地告诉对方怎么驾驶，然后将方向盘交给那位奶农。奶农毫不费力地开起来，然后就开心地说："一切就像说明书上说的那样。"过了一会儿，他补充说："我觉得我已经学会了，我们回去吧。"回到车库后，那位奶农问道："如果我买下的话，你们会把油加满吗？"谢勒俨然变成了一名销售员，他回答说："当然会。"奶农说："我开到加油泵那儿，您加满油，然后我们到办公室把手续办了。"

回到办公室后，那位奶农将手伸入自己满是奶渍的外套下面，从数层裤子的某个地方摸出钱包。他拿出纸币和金币付了款，然后驾驶着汽车消失在冬日的暮色之中，而对于刚刚坐到这间办公室才一天的谢勒来说，那不是暮色，而是自己职业生涯的晨曦。

每辆 T 型车都有不同的"灵魂"

除了亚基马河谷的这笔交易，在哈得孙河谷、萨克拉门托河谷和田纳西河谷，在森尼赛德和得梅因（Des Moines）这样的小城镇，以及在纽约、芝加哥和新奥尔良这样的大都市里，同样的交易也在进行着。1915 年 12 月，就在罗斯科·谢勒兴奋地给妻子看自己于第一笔交易中赚到的钱时，福特生产的 T 型车数量已经突破了百万台。

谢勒的顾客是位农场主，这一点颇具代表性。这些 T 型车中，64% 销往农村市场。福特已经征服了最顽固的顾客群体。几年前，时任普林斯顿大学校长的托马斯·伍德罗·威尔逊（Thomas Woodrow Wilson）曾经表示，汽车的“独立和漠然象征着财富的傲慢”。

这番话听起来似乎有些夸张，但汽车在从城市向农村市场发展的过程中，的确曾激起了许多农民的愤怒，尤其是当它们轧死鸡鸭、撞伤牛羊，或者是偶尔撞到人的时候。“我是南方人，懂得怎么开枪，”威尔逊说，“在这种情况下开枪，难道是我的过错吗？”一些农民最初采取了这类过激的行为，还有一些人在马路上设置陷阱，试图损坏车子的弹簧或车轴。尽管时不时有这种暴力事件发生，但农民们对汽车和机械的憎恨并非与生俱来。早在 1807 年，农民们就开始使用蒸汽机来锯木，福特第一次看到那辆神奇的自动蒸汽牵引发动机就是在乡村道路上，而不是在底特律市的街道上。汽油进入农村也比汽车要早。自 19 世纪 70 年代开始，在美国的田地里，固定式内燃机就被用来碾磨谷物和粉碎玉米。这些内燃机的功率最大约为 12 千瓦。

不管怎样，福特让自己生产的汽车足够便宜，使得任何小有收入的农民都能买得起，由此也消除了他们的敌意。他的广告牌上写着：“每个人都买得起福特汽车。”并坚称，自己开发 T 型车主要是为了减轻农民的生活重负。这款汽车的确做到了这一点。例如车主可以用千斤顶托起自己的 T 型车，然后用皮带将汽车的驱动轮和电动圆锯连起来，或者是使用 T 型车把猪从热水槽中拖出来，再或者是将玉米存储到筒仓内。当汽车不被用来带动打谷机时，它还可以带着农场主和家人外出旅行，走出日常生活的小圈子。正是这些旅行及其所带来的影响让 T 型车成为有史以来最受欢迎的一款汽车，而且可能成为 20 世纪美国具有革命性影响的一股力量。现在，T 型车不再是我们生活中的一种力量，它高高的车身也并不讨人喜欢，车子前部就像是猪鼻子，但它们一如从前，彰显着改变世界的那股力量。

它是数百万美国人的第一辆汽车，每个新车主都发现它像自己的第一个孩子一样相当耗费精力。现如今，汽车每行驶 3.2 万千米左右就必须进行简单的维修和保养，所以难以想象在100年前维护一辆汽车所需付出的努力。当时的富人雇用司机并不仅仅是像雇用其他用人那样来装饰门面，而是因为要让汽车维持正常的行驶状态，就需要专人为它工作。

T型车非常简单，非专业人士也能快速学会如何进行维修和保养，但实际操作起来需要做的事情却非常多。就拿润滑来说吧，1909年（也就是该车全面投产的第一年）T型车的说明书上有一页的标题就是“T型车润滑指南”。T型车的加油流程是：首先，“轮毂每行驶805千米加一次油”；其次，紧挨着轮毂的“主轴皮带，每行驶160千米加一次油”；又次，几厘米之外是转向球头笼，每行驶160千米就需要进行润滑；再次，在引擎盖下面，则是每行驶320千米就必须进行润滑的换向器，但这里可以使用凡士林替代润滑油；接着就是重要的“风扇毂、油杯”，“每行驶80千米就要进行润滑”；最后，“后弹簧吊架”和旁边的“车轮制动凸轮”，这两处均是每行驶320千米就要进行润滑。这份手册的最后有一条总的建议，“应时不时地在汽车的所有连接处滴一两滴油”。车主每天早上必须进行的一项工作就是“通过通气管补充润滑油，借此对发动机和变速器进行润滑。曲轴箱的油位应该始终略高于下面的废气阀”。

检查润滑油油位的程序是：爬到发动机下面，拧开两个小阀门中较高的那一个。如果油滴出来，意味着油太多，需要放掉一些。现在轮到较低的阀门了，如果它滴油，则没有问题；如果不滴油，则需要再加点儿油，不过当然不要没过上面的那个阀门。

检查汽油的量也是如此。T型车没有油量表，所以当要检查油量时，车主要掀起前排的坐垫，露出细长的油箱。福特公司发布了油箱的剖面图，油箱一侧标注着体积，另一侧标注着高度。这幅图还配上了爱心说明：“该图将告诉你如何轻松、准确地了解车的油箱汽油量。了解油箱里有多少汽油非常重要。找根木棍，根据所附表格在木棍上标注数字，就可以随时了解具体的油量。”也就是说，将木棍伸入油箱里，看木棍有多长一截被油浸湿，就能判断油量的多少。不过福特车主们并不需要一直自制这样的测油尺，因为各类汽车商已开始生产带有刻度的直尺，并且在数十年里免费提供给车主们。

但关于汽油车，主要学习的远不止这些。关于化油器，要“使用羚羊皮来阻止水和其他异物进入化油器”。T 型车没有燃油泵，因为座位下面的油箱足够高，单靠重力已经可以让油进入化油器，四轮车此前采用的就是这种设计。这种设计效果不错，但到陡峭的山坡上时就行不通了。那时汽车的车头在上面，汽油就滑到了油箱的后面，远离了向发动机输油的端口，这样化油器就会干涸。但是福特车主学会了通过在陡坡上倒着走来化解这个问题。

车主们还必须更多地了解这款车的小缺点。等到马路上 T 型车越来越多时，这些知识就成了全美驾驶人共同的智慧，其中一些纯粹就是迷信（比如偶尔在油箱里面放一颗樟脑丸），但大部分还是非常重要的。

启动车辆时的危险性在仅仅几年内就广为人知了。弯曲手掌，用掌心握住曲柄，绝对不要把大拇指放在上面，因为万一发动机回弹，那么曲柄可能会折断你的手臂。在这一常识广泛传播开来之前，在美国时常会出现右腕处缠着绷带的人。

即使规避掉了这一风险，要启动 T 型车也是一件令人担忧的事情。多年之后，汽车先驱贝拉米·帕特里奇曾经对此有过生动的描述：“拨动化油器，在正确的位置抓住阻风门拉线（从水箱里伸出来的薄金属环），即使位置只相差一根头发那么宽都可能导致发动机无法点燃。这时你应深吸一口气，抓牢拉线，这是为了在车出现回火时保护自己。然后你要猛地一拉启动曲柄，必须让发动机‘大吃一惊’，快速用力，然后退到它无法施力的地方。摇动曲柄是必须经过长期实践才能学会的，因为它就像指节球一样，是一种艺术。有些人永远都学不会。”

E. B. 怀特（E. B. White）在启动他的 T 型车时也采用了同样狡猾的方法，“若无其事地将曲柄往上抬两三下，然后若有所思地吹着口哨”，接着“悠闲地回到驾驶室，打开点火装置，再返回曲柄处，这一次，向下突然抓住曲柄，快速转动一圈”。在发动机启动后，依然潜藏着其他危险。“通常情况下，如果紧急刹车没有被拉到最后面，那么汽车就会冲出去……而你要靠全身重量来将车子拉住。”他们百般小心、挖空心思想要“讨好”自己的汽车。这两人都清楚地意识到汽车是一种有感觉的“生物”，不仅需要司机在机械方面加以关注，同时还要注意它的心理。大多数福特车主都是如此。可能除了战舰和战斗机之外，还没有哪种机器曾经这样被拟人化过。

关于T型车的笑话走入千家万户

越来越普及的T型车在最初都有自己的名字。在早些年代里，莉齐（Lizzie）通常是马的名字，而那时汽车继承了这个名字，但这只是姓。新闻记者克里斯·辛萨堡（Chris Sinsabaugh）入行之初主要报道自行车行业的新闻，从福特开始制造汽车时起，他转战到了汽车行业。他写到，尽管“许多人好奇T型车的绰号莉齐是怎么来的”，但从来没有人能够找到答案。有一个说法是很久以前，圣安东尼奥市的一位福特经销商曾经不停地抱怨车门不合适，并且写信给工厂，说如果汽车车身在发货时不包括门，那么可以在工具箱里放上一个开瓶器，然后每个经销商可以自己设置配套的门。因此T型车也就有了“锡罐莉齐（Tin Lizzie）”这个名字，后来人们简称它为“莉齐”。

被大力吹捧的钒钢与笑话没关系。在T型车漫长的发展道路上，关于“锡罐”的玩笑却如影随行。还有一个笑话讲到，一位节俭的家庭主妇将空的锡罐存了起来，然后某天一时冲动把这些锡罐寄给了福特汽车公司。一周后，她收到来自福特汽车公司的一封信，福特汽车公司开玩笑说他们已经用这位女士寄来的锡罐作为材料修好了她的福特汽车，并且将剩下的7个锡罐退还给她。

要想了解T型车在美国人心中的地位，最好的方法就是看看关于这款车的笑话书究竟有多少。这是一种真正的文学类型，从10美分的小册子到大量的精装书，各种各样的类型遍地开花。《福特趣事记》《福特笑话和故事》《福特原创笑话集》《笑死不偿命》《福特笑话精选》《福特趣事补记》等。

关于汽车的笑话和汽车本身一样历史悠久。贝拉米·帕特里奇还记得，杜里埃兄弟俩在芝加哥的大雪中获胜一年后，他们在罗得岛纳拉甘西特港（Narragansett Bay）的一场比赛中表现不佳。由于汽车一再熄火，观众们被激怒了，开始大喊：“找匹马来！”1950年，电台喜剧演员亨利·摩根（Henry Morgan）被问到过去50年里最流行的笑话是什么，他认为“找匹马来！”是“流行时间最长、传播最广，而且对人类影响最大的一则笑话”。摩根表示：“这句话让每个人都成了喜剧演员。”他还补充说：“这个笑话很容易被人们记住。”1936年春，宾夕法尼亚州华盛顿与杰弗逊学院（Washington and Jefferson College）校长拉尔夫·哈钦森（Ralph Hutchinson）博士邀请时年74岁的福特到学校来参观，他们坐着一辆林肯豪华轿车前往学校，一路顺利。途中，哈钦森校长说："我凑巧看到一辆 1915 年左右的老福特 T 型车。"这辆车的车龄太长，挡泥板都已经没有了。两位大学生正在用力转动曲柄启动车辆。他们知道这辆车最终总会启动，也知道这辆车最终还是会坏掉。只是这样的过程让他们觉得很有趣。哈钦森校长指着街边的一幕给福特看，福特摇下车窗，非常幽默地大喊："找匹马来！"

这些有关汽车的笑话大多数都是针对 T 型车的。许多关于福特汽车的笑话现在看来已经不那么好笑了，但它们充分反映了 T 型车车主的感受，是那种自嘲和骄傲交织在一起的感觉。许多笑话针对的是这款车低廉的价格和相对较小的体积。林·拉德纳（Ring Lardner）在 1915 年将这些笑话汇编、收录在《福特幽默选集》一书的第二册。举个例子：

> 在写给朋友戴夫的信中，菲尔回忆自己"花 150 美元购买了一辆 T 型车，这辆车……要好好保养一番。原来的主人打算去外地，所以我想他并不想把车子用行李箱打包带走，担心那样可能会把他的衬衣弄得油乎乎的……晚饭时间，我把车子开回了家，但内尔说还吃什么晚饭呀，光兜风吧！我很不情愿地开车带她出去转转。在外面转悠时，我们突然想到我们没有车库，总不能把车子整晚停在街边，担心有醉汉被绊倒，让我们赔钱。于是内尔说她就睡在客厅的沙发上，这样我可以带着车子一起睡觉"。最后他把 T 型车放到了床上，又在浴缸里给它洗了个澡，然后车子被冲到了下水道里面……

除了 T 型车的材质和大小之外，关于 T 型车的玩笑也常常针对其总是咔嗒作响的特点。

> 一位车主解释为什么自己的车子不需要里程表，因为"要测量速度非常容易。当以每小时 16 千米的速度行驶时，车灯会咔嗒咔嗒响；加速到每小时 32 千米时，挡泥板会咔嗒咔嗒响；加速到每小时 40 千米时，挡风玻璃会咔嗒咔嗒响；如果速度再快一点儿，那么你自己的骨头就会开始咔嗒咔嗒响了"。

此外，笑话还常常针对这款汽车低廉的价格展开。

一位福特汽车经销商想到了一个促销的点子。人们可以收集 10 美分硬币，第一个集齐 4 枚分别含有 F、O、R 和 D 的硬币的人可以免费得到一辆新款 T 型车。不久以后，他将这个玩法广而告之。一名男子走进店里，交给他 40 美分的硬币。“你成功了！”经销商说，“去展厅选一辆车吧。”20 分钟后，那位男子又回来了。经销商问：“选好了？”“如果没问题的话，我能要回我的 40 美分吗？”男子回答道。

民俗学家 B. A. 博特金（B. A. Botkin）认为这些笑话在很大程度上是福特车主的一种自卫手段，即通过自嘲来避免其他人嘲笑自己。不过众多的此类笑话将 T 型车在人们眼中的一些缺点变成了优势。例如有一则笑话是说有两兄弟分别叫乔治和弗雷德，两人分别继承了 2 000 美元。乔治用这笔钱购买了一辆 6 缸的豪华轿车，而弗雷德花了 500 美元购买了一辆 T 型车。在开车回家的路上，乔治惊讶地看着弗雷德竟然超过自己的车跑到了前面。等他到家时，弗雷德已经在家里等着他了。乔治恼怒地问道，在弗雷德超车时，“那种可怕的咔嗒咔嗒声是从哪里发出来的？”“哦，”弗雷德回答说，“那是我口袋里的 1 500 美元。”

如果说这些玩笑时不时刺痛了 T 型车车主的话，那么在 T 型车的制造者看来，这些仅仅只是一些逗人开心的笑话。福特显然还挺喜欢这些笑话，甚至有些同事认为是他包销了笑话集。他并没有那样做，不过他总是会大张旗鼓地购买这些笑话集，然后四处送人。福特把每个笑话都当作广告，而且这些广告多年来就像空气一样是免费的。这些笑话的流行在一定程度上促使他在 1917 年决定全面停止广告营销。

福特甚至可能自创了一个关于 T 型车的笑话，尽管他说这是一个真实的故事。他在密歇根州上半岛测试自己的一辆汽车，转弯时看到一个人站在一辆新的 T 型车旁，无助地看着自己的发动机，愁眉不展。福特把自己的车停下来，然后走过去问究竟出了什么问题。那位沮丧的车主也说不上来，于是福特要他拿出工具箱。几分钟后，发动机开始急速转动，可以出发了。车主从口袋里拿出两美元递给福特，福特拒绝了。在车主的坚持之下，福特谢过了车主，表示自己有钱，那人大笑道：“别吹牛了。你开的只是辆福特汽车。”

但当给伍德罗·威尔逊讲笑话时，福特选择了关于 T 型车的另一则笑话。

伍德罗·威尔逊在 1914 年曾经购买过一辆 T 型车，当时他正是美国的总统。那则笑话说，一位农场主在起草遗嘱时要求必须让自己的 T 型车陪葬，律师询问原因时，他说："因为不管我在什么洞里，它都能带着我走出去。"

笑话的笑点始终都是不言而喻的。T 型车可能会咔嗒作响，可能会摇摆，或者"会在浴缸内被冲到下水道里"，但它总是会忠实地履行自己的职责：不断前行。

贝拉米·帕特里奇曾经紧张地驾驶着自己的帕卡德车穿过自家附近的泥坑。在讲述完这件事情后，他接着回忆起一个根据福特汽车笑话撰写的故事："许多汽车曾经陷在泥坑里动弹不得。为此安迪·布拉克特（Andy Brackett）常常带着一队马匹等在泥坑边，帮助倒霉蛋们把车拖出来。大车一般收 3 美元，中型车一般收 2 美元，福特车则是特价。不过这种特价也只是说说而已，因为福特车极少会被陷在那里。"故事版本远不止一个。

"我宁愿不吃不喝也要汽车"

福特汽车的可靠性也是它的核心卖点。在福特汽车刚上市的时候，福特的广告就宣称："福特汽车的可靠性超越任何售价低于 2 000 美元的车辆，售价高于 2 000 美元的车辆仅仅只是饰物更多而已。"

这在一定程度上是夸大其词。比如现在，没有人会认为暖风装置是一种装饰，但 T 型车就没有这种配置。不过，这项不足可以依靠数百家公司的产品来加以弥补。这些公司通过为 T 型车生产配件而获得生存和发展。就拿暖风装置来说，你可以购买一个锡质罩子，将其紧紧夹在排气歧管处，将排气管排出的部分热量传导到车厢地板上。"这个东西不赖，"一位车主回忆说，"它可以把车子加热到和谷仓的温度一样。"

这些配件最终达到了 5 000 种，这些配件的宣传语也颇为有趣，"此上螺帽用来替换因为震动而丢失的螺母……由精钢制成，镀黑，3C 型号"，还有一些装饰物，声称让"你的福特成为一辆成熟的超速跑车……这款漂亮的跑车车身精致时尚。我们将其取名为‘旋风’，因为它可装配在任何福特 T 型车的底盘上，帮你轻松无声和快速地驾驶”。旋风车身灰色款售价为 68.75 美元，亮红色款、黄色款和黑色款的车身售价为 78.75 美元。此外还有里程表、阀门研磨机以及众多机械启动机（所有启动机的功效都不可靠），减少咔嗒声的各种支架、夹子和球形接头，以及各种各样的操纵杆。这些操纵杆“可以让你用脚来操控油门”，而 E. B. 怀特认为“这是一种疯狂的想法”，因为“T 型车上有三个脚踏板要踩，而且在进行正常操作时，很多时候两只脚都要用上。那么发动机加速的唯一方法就是通过手动油门了”。

不过有一种配件保留至今，那就是“后视镜”。这款产品在 1911 年 8 月上市。就在 3 个月前，雷·哈罗恩（Ray Harroun）在自己亮黄色的马蒙黄蜂（Marmon Wasp）上安装了第一个后视镜，并且驾驶该车在印第安纳波利斯 500 千米比赛中取得了胜利。

有些 T 型车车主与众不同，相对于车子的内部结构而言，他们更看重车子的外观。欣克利汽车公司（Hinkley Motors）可以为他们提供改装服务，包括发动机、变速器和其他种种。变速器的售价为 132 美元，发动机的售价为 184 美元。“所有这些装置仅仅比一次汽车修理服务略贵一点儿，而且无须对底盘进行任何改装，甚至连洞都不用打一个。在安装我们的产品后，福特汽车将更为坚固。”

福特汽车公司认为，车主如果想要配备暖风装置、启动机或更好的前大灯，就应该自行安装，汽车保养是车主自己的事。一位名叫阿尔伯特·斯蒂芬森（Albert Stephenson）的中西部人在 20 世纪 20 年代曾经有过一系列 T 型车。“同许多人一样，我只开二手车或三手车。”他回忆说，“T 型车很容易操作，而且耐用，保养起来也较为简单……寒冷的清晨，只要猛拉一两下车上的风门拉杆，就会治愈一连串急促的咳嗽。晚上，你可以将皮带收紧、查看计时器，或者清理活塞。周末时可以更换皮带、研磨阀门、除碳，或者旋紧拉杆。如果有 4 天的假期，那就有足够的时间彻底检查发动机或尾部。如果你的经验不足以做这些检修工作，那么可以找邻居帮忙，邻居会愿意过来帮你。”这种检修工作的意义相当深远，而且常常出人意料。例如在第二次世界大战期间，德国的坦克常常要比美国坦克高级，但美国军队的坦克可以快速得到修理，重返战场，这样德国坦克的优势也就被抵消了。

德国人吃惊地发现，福特的种种成就之一就是将一代人培训成了出色的机械师，这一点让他们感到害怕。

但T型车带来的最深远的影响是什么？关于这一点，在《福特时报》（*Ford Times*）上有简明扼要的描述。这本公司刊物诞生于1908年，比T型车的诞生仅仅早了几个月。最初，这本刊物“仅仅是供福特汽车公司的经销商和员工们交流工作的一个平台”。经销商和员工常常被要求为刊物供稿，而且刊物上有许多可以在广告中加以采用的销售技巧和图片。此外，刊物上还有许多内部新闻，例如员工们的保龄球比赛。不久，这本刊物发展成为大量发行的月刊，不仅仅面向经销商，而且还面向福特汽车的车主和潜在的买家。在创刊10年后，这份刊物的发行量达到了90万册，而且其人气也充分体现了福特汽车的影响力。

1915年，《福特时报》曾评论道：“最重要的是，T型车重塑了美国的社会生活。”

在10年的时间里，T型车打破了农场由来已久的与世隔绝的状态，让农场主体会到全新的自由。受益者非常感谢他们的恩人，他们信任福特，并且亲切地直呼他的名字。1918年，一位佐治亚州的农妇写道：“亨利·福特，你知道吗，你的汽车载着我们走出了田野，它给我们的生活带来了快乐。我们喜欢它发出的咔嗒声。”

1926年，亚拉巴马州（Alabama）的一个人也表达了同样的感受，只是措辞更为夸张：“我们南方人亲切地称呼您是伟大的救星，甚至胜过林肯。林肯解放的人以千计数，而你解放的人要以万计。山坡上崎岖的道路，低地上没过车辙的积水，这些都不再是问题，福特汽车可以安然通过。贫瘠的棉花地和枯萎的玉米地曾经就像是带刺的铁丝网一样围困着大家，但现在对外的大门已经打开，即使是那些自我封闭的隐士也愿意带着家人，乘着福特汽车，开心地融入这个世界。”

福特的T型车在农村就像在城市一样也很快普及了。林德夫妇（Robert Lynd and Helen Lynd）发布了其著名的社会学研究，探讨了20世纪20年代一个典型的小城市所受到的新世纪影响。他们的研究对象是印第安纳州的曼西市，他们称这种类型的城市是“中型城镇”。当时他们遇到了一个一辈子都居住在当地的居民，这个居民说：“你们在研究是什么改变了这个国家吗？我来告诉你，这里发生的一切可以用一个词语来总结其原因，那就是汽车！”这种机器已经改变了美国的社会，即使到现在仍然是。林德夫妇发现，许多曼西市的市民正在拿自己的房子抵押贷款购买汽车，而且没有加入这股潮流的人似乎感受到一种恐慌。周日驾车外出游玩已经成为一种习惯，这种习惯“威胁到了教堂”，一名劳工组织者抱怨说：“人们只要有足够的钱来购买一辆二手福特汽车，就会驾车外出，根本不理会工会的会议。”

林德夫妇也发现，汽车已经“促使人们广泛养成了‘度假’的习惯。人们在每年夏天通常都会有两周的带薪休假时间，这种习惯正日渐变得普遍起来”。一位有 9 个孩子的母亲认为汽车综合了隐私和机动性，是一种非常好的礼物，她说：“我们宁愿不买衣服也不能不买汽车。我们过去常常去我妹妹家做客，但等到帮孩子们买好衣服和鞋子，就没有多余的钱买车票了。现在不管他们看上去是什么样子，只要把他们塞进汽车里就可以出发了。”另一位母亲则说得更激进一些：“我宁愿不吃不喝也要汽车。”

林德夫妇关注的是汽车所带来的总体影响，但当他们对曼西市的汽车持有量进行调查时，发现 1923 年共有 6 221 辆汽车登记上牌，其中 2 578 辆是福特汽车。排名第二的雪佛兰的购买量只有 590 辆，两者相差甚远。

在停止和 T 型车较劲多年之后，约翰·斯坦贝克在回忆起自己的 T 型车时，也流露出了与 E. B. 怀特一样的宠爱之情。最深刻的是关于嗅觉的记忆，他先是提到了自己的汽车的味道：“非常可爱的味道……油浸泡过的木头、晒干后的油漆、汽油、尾气，还有线圈盒中特有的清新的味道。”他的言语中满是对 T 型车的宠爱之情，“我爱那辆车，远远超过其他所有的东西。它聪明，懂我，喜欢开玩笑，但并不坏。例如，当我穿着蓝色牛仔裤时，它会乖乖地正常工作。但当我穿得相当体面，带着女伴时，它就会无一例外地出故障，尽最大可能让我变得油乎乎的。”

斯坦贝克接着从更大的范围探讨了这款汽车的重要意义，这一点基本上与福特汽车公司自身的评述一致，只是在表述方法上可能难以让《福特时报》认同："人们应该针对 T 型车对美国社会在精神、物质和审美上的影响撰写一篇文章。美国两代人对福特线圈的了解要超过他们对性的了解，对行星齿轮系统的了解要超过对太阳系恒星的了解。因为有了 T 型车，私有财产的概念在一定程度上消失了，老虎钳不再是私有的，打气筒属于最后一个将它拿起来的人。这个阶段的一些婴儿是出生在 T 型车里，盎格鲁 - 撒克逊之家的概念已经变形了，并永远无法恢复了。"

I INVENTED THE
MODERN AGE

第 12 章

批量生产，20世纪的工业革命

“弗兰德斯带领我们走向了批量生产”

当然，如果 T 型车的销量没有那么巨大，并且其价格不是低到连罗斯科·谢勒的奶农客户也买得起的话，那么它就不可能产生如此巨大的影响力了。福特为实现这种影响力而采用的方法，其绝妙程度要远远超过 T 型车本身。

在 T 型车上市后的初期，部分汽车制造商每天能生产 100 辆汽车，这充分证明了计划和组织的强大效果。但正如艾伦·内文斯所指出的，“大量生产”和真正的“批量生产”之间还存在着根本性的差别。于是亨利·福特发明了批量生产，从而缔造了新世界。

首先，他需要厂房来进行批量生产。N 型车的成功使皮格特大街的车间不够用了。1906 年，也就是在首辆 T 型车投入生产前的几个月，福特在高地公园（Highland Park）购买了 24.3 万平方米土地，该地位于底特律市中心以北将近 10 千米的一个郊区。他雇了阿尔伯特·卡恩（Albert Kahn）来设计新工厂，这位建筑设计师才 30 多岁，他曾经为帕卡德汽车公司建造过工厂。这家工厂先进的钢筋混凝土设计和宽大的玻璃窗户给福特留下了深刻的印象。福特想要的工厂规模比帕卡德汽车公司的工厂还要大，最终福特的设想也变成了现实：他拥有了密歇根州最大的一栋建筑和当时世界上最大的汽车工厂。这栋建筑共有 4 层，长约264米，相当于一栋86层的摩天大楼平躺下来的长度。其水泥墙角用钢筋加固，外面则是一层装饰用砖，内嵌4 600多平方米的玻璃。这栋建筑的外墙有3/4被玻璃覆盖，天气晴朗的日子里，工人们就沐浴在灿烂的阳光之下，所以有人称这里是水晶宫。几个月后，卡恩又在这栋堪称奇迹的建筑旁边建起了一个与之差不多大的机械车间，屋顶也全部采用玻璃制成。两栋建筑之间通过吊车轨道相连，以便物料能在两栋大楼之间输送。吊车轨道长约262米，近18.3米高，轨道本身就是一条玻璃走廊。高地公园工厂的建造使卡恩很快成为美国首屈一指的工业建筑设计师。

1909年底，福特的公司搬离了皮格特大街。用《福特时报》辛辣的语言来说，难以置信，当时竟“没有军乐队，没有舞会，没有豪华大餐，甚至没有市长致辞”。这家企业刊物有资格这么骄傲。在1909年的最后一天，所有新福特汽车被运出皮格特大街，1910年元旦，其中的大多数汽车在高地公园一字排开。

这一极其顺畅的过渡在很大程度上是查尔斯·索伦森和其直属上司的功劳。他的上司是一位法裔加拿大人，名叫彼得·马丁（Peter Martin），内文斯形容他“身材魁梧”，而且在一定程度上更令人吃惊的是他的“古板”。马丁在工厂担任主管工作，尽管他从未得到过那个头衔。福特讨厌头衔。索伦森记得，1908年春天，福特把他和马丁（大家都叫他埃德）叫到办公室开一个短会：“你，埃德，将成为工厂主管，而你，查理，将成为副主管。去吧，去管理这个地方吧。我知道你们没问题。但有一点我要补充一下，那就是你们两个要精诚合作。我不想听到什么我们两个没法一起共事之类的话。而且不要去想什么头衔。”

马丁和索伦森之所以被升职，是因为沃尔特·弗兰德斯（Walter Flanders）刚刚辞职。沃尔特·弗兰德斯曾经像狂风暴雨一样席卷了整个公司。这位佛蒙特州（Vermont）人自学了机床知识，在1906年福特聘用他时，他对工厂设计的透彻理解可能超过了美国的任何人。他和老板的性格绝对南辕北辙。他话多、性子急，而且聒噪、专横，有时候还放荡不羁，至少用福特的标准来看确实如此。用索伦森的话来说，弗兰德斯的声音“在锻造车间都可以听得见”。弗兰德斯很快就在公司和工人以及董事会成员打成一片，连索伦森都认为福特有点儿畏惧弗兰德斯：“福特清楚弗兰德斯的能力非常出色，他有点儿害怕这个人可能会取代自己。这其中也有妒忌的成分在里面。”当然，在划定自己的职责时，弗兰德斯听起来好像自己就是这个公司的老板。他认为自己的职责包括随意招聘和开除员工，而且“管理公司各个生产部门，根据自己的判断对各部门进行重组，依据就是要以最低的成本来生产商品的最节俭原则”。

不管福特对弗兰德斯的自我认知有什么看法，但卡曾斯对此感到很惊慌。他在给福特的信中写道：“我担心如果一开始就这样的话，他将来会想要管理整个地球。我觉得他的合同条款和薪资（7 500 美元的年薪）尚在合理范畴，但他得被限制在生产环节，不得干涉决策、设计、财务或销售。”卡曾斯最后的要求充分反映了他和弗兰德斯之间的关系早已经恶化，信中还写道：“请不要把这封信放在您的桌上或被其他任何人看到。”

弗兰德斯并没有想要踢走卡曾斯，也没有想去掌管这家公司。相反，他着手制定了一系列规范，而这些规范推动了美国制造业在新世纪的发展。首先，他对工厂内的机床进行重新布置。此前，机床是按照种类分组摆放的，钻床放在一起，车床放在一起，美国几乎所有工厂都是这样布置的。如果工厂要生产众多不同种类的产品，这种布置是行得通的。但弗兰德斯明白，福特工厂的产品只有一种，如果机器按照工序摆放，则效率将会大大提高。也就是说，如果零部件在铣削和钻孔这两个工序之中必须进行加热，那么弗兰德斯就会将一个炉子摆放在铣床和钻床中间。

其次，在对机床的摆放顺序进行全新的合理布置之后，他又继续研究物料库存，尽量减少库存量。他要求工厂只保留 10 天的库存量，让供应商来承担库存费用，而非福特汽车公司。再次，弗兰德斯也强调了标准件的必要性。每个轴壳和汽缸盖必须尽可能紧密地匹配到原子级别。如果必须经过锉或者敲打才能让零件相互配合，就会降低生产效率，从而陷入瓶颈，使利润受损。福特和他之前数代的机械师一样，早就对这一点深信不疑。很久以来，美国的制造商们一直在为产品零部件完美的可互换性而努力，首先是武器，然后是缝纫机，最近则是自行车。不过机床的精度直到 20 世纪初期才完全被信赖。越来越先进的技术已经可以使机床满足汽车工业的需求。

最后，弗兰德斯极力要求使用单一用途的工具。单一零部件的重复生产并不一定需要训练有素的机械师。弗兰德斯订购了他所称的“农民工具”，这些工具不简单，但非常容易操作，能让刚刚从乡下来的农民在几个小时之内就学会如何操作。福特再次与自己的生产经理达成了一致，而且公司绝不吝啬购买最新最好的机床。

在加入公司不到两年后，弗兰德斯就被韦恩汽车公司高薪挖走了，并带走了一些重要的员工。福特此前可能会感到来自弗兰德斯的威胁，但当看到他离职时，福特还是暴怒了，他的反应让卡曾斯颇为震惊。“只要你说句话，”福特对他说，“我就把他的头拧下来。”卡曾斯惊讶问：“什么意思？”福特愤怒地说：“我找几个人狠狠揍他一顿。”卡曾斯安慰着说：“不要。没有他我们也能继续下去。”

卡曾斯满是担心地离开了福特的办公室。忽然他意识到：福特先生身上有着双重性格。数年后，其他人也有类似的发现。福特并没有真的去威胁对方，但他仍然对弗兰德斯的背叛耿耿于怀。他告诉索伦森说：“从此以后，我们的人必须全部从底层做起，然后在公司内部一层一层往上升。”尽管福特的自尊心受到了沉重的打击，但在弗兰德斯短暂的任期之内，公司对其支付 1.5 万美元的薪水对公司而言还是物有所值的。极少赞美人的索伦森曾写道：“福特是一个安静敏感的人，在当时已经有不少白发，他从弗兰德斯那里学到了很多东西，我也是。”他还进一步表示：“弗兰德斯带领我们走向了批量生产。”

将要干的活儿送到工人面前

福特花了一些时间来实现批量生产，而高地公园的工厂也很快将之变为事实。在公司搬入新址几个月后，工厂每天的产量超过 100 辆。仅在 4 月就生产了 3 728 辆车。福特在搬入新厂的第一年宣布这家新工厂将只生产一款车，即 T 型车，这个决定使得工厂能更加轻松地提高产量。而且在未来 20 年的大部分时间里，这家工厂也只生产这一款车。年度生产时间在 9 月结束，T 型车总产量达到了 19 000 辆。次年，福特汽车公司生产了 34 500 辆车。再过了一年，也就是 1911—1912 年，总产量达到了 78 440 辆车。

福特通过提高生产率来追求经济效益，同时他也在其他所有可能的地方寻找机会。汽车最初的设计是铸造曲柄箱，曲柄箱盖在发动机的底部，这一铸造成本非常高，而且会导致该零部件重量过大。就在福特汽车公司的机械师对此一筹莫展之时，布法罗市的锻压工厂的老板约翰·R. 凯姆（John R. Keim）来找福特。凯姆工厂不是将金属熔化和浇注后再加工，而是使用庞大的冲压机，在钢板放入后，将其冲压成型，就像公证人在纸张上盖钢印一样。这个工厂的销售代表只给福特拿来了一个冲压成型的亮闪闪的黑色电话架，但福特很快就明白了其中的精髓，并且派索伦森和威尔斯前往布法罗市参观该厂。

这个任务让索伦森开心不已，他还记得自己年轻时参观凯姆工厂的情形："当时他们在生产自行车曲柄吊架和踏板。同其他年轻的自行车迷一样，我也常常去工厂的后面，那里有一大堆废弃的滚珠轴承。我有一大盒子这种轴承，就放在家里。"

索伦森和威尔斯走进锻压工厂后，被带到了一台忙碌工作中的冲床前。这台冲床正在冲压成型的东西比电话架大得多。机器运转得比较顺畅，但显然仍需要进行大量的润滑。"一位主管从冲床下面爬了出来，他此前一直在负责冲压成型工作……这个人个子瘦高，从头到脚全是油污。这是我第一次见到这位丹麦同胞威廉·H. 克努森（William H. Knudsen），不过不是最后一次。"克努森从机器下面爬出来时全身漆黑，浑身上下亮闪闪的，就像一头沾满重油的海豹。索伦森与克努森同为丹麦人，两人在异国他乡偶遇，但这并没有让他们一见如故。40 年后，索伦森在写到克努森时说："我必须纠正他离开福特时那些夸大其词的说法。他与高地公园工厂的主要生产或计划毫无关系。基层员工也鲜有人能够与他相处融洽的。"这其中流露出一丝恐慌和妒忌的味道，当年福特对弗兰德斯肯定也是同样的感觉。事实上，克努森与福特公司各个层级的员工都相处得很融洽，他也是那个世纪汽车行业最伟大的人物之一。但在当时，这个热情的浑身油污的陌生人只是想要让威尔斯和索伦森把自己刚刚冲压成型的产品带回底特律，看看他们的老板是否感兴趣。

但福特不是很喜欢。他认为冲压制品厚度偏薄，做工也有点儿粗糙，不够精致。对身为工程师的他来说，铸件更具吸引力。加兰则力推冲压件，因为将金属折弯要比浇注的成本低很多。福特在钒钢上不会让步，但他也知道，要降低汽车的价格，就必须使用冲压件。福特通过戏弄加兰来寻求安慰，他会取笑加兰的口音说“匈牙利葱压件”，并且谑称他是“破铁乔”。不过福特最终还是接受了冲压件。1911 年，他在与塞尔登的诉讼案中获胜，至此铺平了其未来的发展道路。后来，他收购了凯姆工厂。

有一段时间，凯姆工厂一直源源不断地为底特律供货。1912 年劳动节前夕，凯姆工厂的员工因为一些与福特无关的计件工作报酬问题感到愤怒，在一次非法罢工中纷纷离开了工作岗位。克努森当时是工厂的总管，他致电底特律，告知了罢工的消息。福特说：“这正合我意。如果工人们不想上班，那就找几辆平板车，将冲床和其他机器搬到高地公园来。”焦虑不安的克努森前去和罢工的工人进行商谈。他告诉工人：“我了解福特，他不是开玩笑，你们最好现在就回去工作。”但工人们只是对克努森疯狂嘲笑。3 天后，凯姆工厂的冲压机就开始在福特的水晶宫生产变速箱盖了。

现在高地公园所有工作的速度都很快。福特、索伦森和马丁在调整底特律最笨重的机器时，就像国际象棋玩家调动自己的棋子一样随意。每台新机器上面都贴有铜质标签，显示它们隶属于哪个部门（十几岁的埃德塞尔在工厂的第一份工作就是贴这些标签）。新机器随时会替换掉那些效率稍低一点儿的机器，即便原来机器仅仅用了几个月的时间。哪怕在效率上只能实现很小的改进，他们也不遗余力，不惜成本。“每当我就新型机床的可行性与福特先生沟通时，他都毫不犹豫地决定尝试，”索伦森说，“他会说，‘不要等了，查理，我们马上就买。’他在这方面非常出色。他也绝不会在出了问题时说‘我早就告诉过你会这样了’。”

这些出色的工具变得日渐专业化。例如，在从金属块变为 T 型车发动机的过程中，给固定铸件钻孔的机器看上去似乎像是专为远洋客轮提供动力所设计的。这台机器包含 45 个钻头，当它固定住金属块时，钻头会刺穿发动机的每一面。对福特工厂来说，这台机器是无价之宝，但在其他地方则一文不值，因为它唯一能做的事情就是在福特 T 型车的发动机缸体上钻孔。

准备好的发动机缸体被迅速地送到下一站，但它将不得不在那里稍等一会儿。所有一切就像是当时怀表上的秒针一样快速运转，但也像秒针一样，这一动作会出现短暂的中断。在发动机装配车间里，工人们肩并肩地站在长桌旁，每个人的手边都准备好了零部件。这些人的速度很快，但即便如此，每个人每次也只能装配一台发动机。发动机和汽车的其他零部件一起被送到底盘装配区。在那里，工人们分组一辆接一辆地进行装配，每批次包括 50 辆车，每组人都有自己的任务，手推车则在生产线旁来来回回地运送已经装配好的零部件，如仪表盘、方向盘和其他零部件。

1912—1913 年，通过这一高度细化的生产流程，高地公园工厂共生产了 181 951 辆汽车。每 40 秒钟就会有一台完工的底盘出厂，这是令人惊叹的生产速度。但生产线本质上还不是流动的，正如福特所说："批量生产的第一步就是我们将要干的活儿送到工人面前，而不是让工人走到要干的活儿面前。"

加速，再加速

查尔斯·索伦森说，1908 年，他在皮格特大街的工厂发明了流水生产线。"当时我突然想到，如果我们让底盘移动起来，在工厂一端开始装配车架，然后再装配上车轴和轮子，接着让它移动到仓库，那样装配将会变得更简单轻松，效率也会更高。"

在一个安静的周日，索伦森让助手们将一堆堆的零部件沿着车间的生产流程放置。他们在车架上绑了一根绳子，再将车架放在滑道上，然后用力拉着车架经过那些负责零部件装配的工人。当车架到达生产线的尽头时，工人们已经组装好了第一辆采用流水线生产的汽车。他让福特、威尔斯和马丁来观看示范。三人都心存怀疑，马丁认为不可能采用移动的方式来生产汽车。据索伦森自己说，威尔斯断然表示此类尝试会"毁掉公司"。只有福特一人鼓励索伦森继续尝试。

不过，在对高地公园的工作和物料流程进行合理化的重新安排之前，批量生产不会有什么进展。索伦森说："在福特的批量生产和装配系统能够完全实现同步操作之前，整个工厂必须运转起来……正是这种完全同步，才是普通的装配线和批量生产的装配线之间的差别所在。"

20 世纪最伟大的工业胜利

变革正在进行时，新工厂内这股新生的创造性力量让批量生产的实现过程就像一场战斗：大家都迅速、积极、努力地紧跟节奏。即使到现在，人们也不是很清楚这种胜利是如何实现的，这是 20 世纪最伟大的工业胜利。福特汽车公司很好地保存了档案，但在新系统诞生的最初几个月里，没人有时间来跟踪记录正在发生的事情。

整个改变可能是从 1913 年 4 月开始的，而带来这场变化的是“蜘蛛”赫夫革命性的飞轮磁力发电机。当月的第一天，负责装配发电机的工人们上班时发现自己不需要再像往常一样站在木桌前了，取而代之的是面前放着的齐腰高的长长的金属架子，上面挂着一排磁力发电机壳。而前一天，每个工人负责将面前的磁力发电机装配完工，他们每个人共需要安装 16 个螺栓、16 个 V 型磁铁和其他零部件。这天早上，他们被告知只要安装单一的零部件，或者是负责放置几个螺栓，然后将飞轮沿着生产线推送到下一个工人面前，后者将继续安装一两个零部件。

这 29 个人此前一周还是单打独斗，每 20 分钟装配完成一个磁力发电机。合作之后，他们开始每 13 分 10 秒生产一台磁力发电机。他们抱怨说不断弯腰让自己腰酸背痛。第二天，生产线被抬高了约 20 厘米。工人的工作速度更快了。不久后工厂就有了链式传送机匀速移动飞轮。一年后，15 位工人在 8 个小时的工作时间内可以生产 1 335 个飞轮。生产一台磁力发电机所需的时间从 20 分钟降到了 5 分钟。

福特写道：“尽管这些改变听起来很快就完成了，但这不是单纯依靠想象就能实现的。工件移动的速度必须经过仔细实验后得出。在飞轮磁力发电机上，我们最初设计的速度是每分钟 1.5 米，但是这个速度太快了。接着我们尝试每分钟 0.46 米，但那样又太慢了。最后，我们定在了每分钟 1.1 米。我们的基本原则是工人在进行工作时不能太赶进度，他必须拥有完成工作所需的每一秒钟，但又不会有一秒钟的多余。”不过，这些的确听起来像很快就得到了实现。新的系统马上就在发动机装配线得到了推广。在这条生产线建成并运转之后，生产一台发动机所需的时间从 594 分钟降到了 226 分钟。

如果说索伦森在1908年谈到自己取得的突破时有所夸大，那么现在他是真正有机会将绳子绑在底盘上，然后在6名工人装配零部件时，用绞盘拉着底盘架通过所有工位。虽然整个示范过程显得有点儿粗糙，但其成果是惊人的。福特汽车公司当时装配一个底盘需要12.5个工时。在实验时，底盘走完自己76.2米的旅程所需的时间不到6个小时。这个时间也包括了组装那些安装在底盘上的零部件的时间。

福特写道："我们在底盘装配上有45个独立的操作点或工位。第一个人负责将4个挡泥板固定在底盘架上，发动机在第10个操作点得到安装……有些人只负责一两个小操作，有些人则做得更多。负责放置某个部件的人并不负责紧固，这个零部件可能要经过几个操作步骤之后才会被完全安装到位。"在高地公园到处都有新安装的滑道，可以利用重力在相邻两层楼之间将金属件从一个工位转移到另一个工位，所有能使用传送带运送的东西都使用传送带。越来越多的工人们发现自己上班期间就站在同一个小地方不用动。福特说："工人在物料和工具之间来回走动的时间超过了他真正工作的时间，而且因为这些来回走动的工作并非高薪工作，所以这些工人的收入很低。"到了12月份时，这些非常专业化的工人生产一个底盘只需2小时38分钟。到了次年4月，这个时间缩短到了93分钟。在T型车停产前，每10秒钟就会有一辆包括底盘和车身的成品汽车下线，闪闪发光，等待着自己的买家。

在高地公园，这段没有留下记录的火热历史见证了20世纪工业革命的开始。对于参与其中的人来说，那是一场彻头彻尾的胜利。唯一的问题则是福特的工人们讨厌自己在水晶宫一动不动的新生活，他们不愿意在那里工作。

工人们厌恶流水线

1914年，在流水线竣工后不久，或者说流水线完全投入使用后不久，一个名叫朱利安·斯特里特（Julian Street）的记者顺道过来参观工厂。之所以说完全投入使用，是因为不断的实验和改善意味着，只要高地公园存在，它就永远不会竣工。斯特里特是纽约人，当时正在周游美国，想撰写一本《畅游美国》(*Abroad at Home*）来介绍自己的所见所闻。高地公园给他留下的印象可谓是最深刻的。

> 这个地方井井有条，冷酷的流水线有着骇人的“效率”。但在我看来……整个车间到处是无穷无尽的滑道、转动的轴和轮子、密密麻麻直达屋顶的柱子和摇晃移动的零配件及传送带、一排排运行中的机器、刺耳的锤击声和其他撞击声、汽油的味道、薄薄的烟雾、长相野蛮的外国人……所有一切都给我留下了一个印象，那就是疯狂。
>
> 你可以把这里想象成是一个由轮子、传送带和各种形状怪异的铁制品形成的人、机械和运动的丛林。丛林中有各种各样你能想象到的声音：一百万只松鼠的叫声、一百万只猴子的争吵声、一百万头雄狮的咆哮声、一百万头肥猪垂死挣扎的声音、一百万头大象走过钢板森林的声音、一百万名男童吹口哨的声音、一百万人大声咳嗽的声音、一百万罪人在地狱里呻吟的声音……想象一下，这一切同时出现在尼亚加拉大瀑布的边缘上，而不断咆哮的大瀑布就是永恒的背景。这样你对那个地方也许就有了一个模糊的概念。

斯特里特可以随意离开这个摩洛神的游乐场，但那些创造这番热闹景象和声音的人却不能。换句话说，至少在他们厌倦了这一切并且离职之前，都不能随意离开。当时他们的最低日薪是 2.34 美元，与福特的竞争对手们所提供的条件相比，待遇要好一点儿，或者至少是持平。但在高地公园工作，工人们感到疲乏，他们中的许多人认为弗兰德斯发明的“工具”对自己来说是一种无声的巨大的侮辱。福特说，有些工具“连三岁小孩都会用”。使用这些工具是有充分的理由的：“来工厂工作的普通老百姓并没有技能，他们要在几个小时或几天内学会怎样工作。如果他们在这段时间内学不会的话，那么对我们来说他们就毫无价值。这些人中有许多人都是外国人，他们在被聘用之前必须有能力从事特定的工作，以抵消他们所占位置的管理成本。”

其中许多人都是“长相野蛮的外国人”。同其他方面一样，这一点也让朱利安·斯特里特对高地公园甚是担心。1914 年，福特汽车公司的工人中 70% 都非美国本土出生。其中 20% 是波兰人，16% 是俄罗斯人，还有一些人来自许多其他国家。阿拉伯人在其中尤为被重视。得知高地公园欢迎他们，于是他们带着自己的家人来到这里，拿起了那些“傻瓜工具”，并且很高兴能够拥有这份工作。他们的妻儿则经营小店，售卖咖啡、点心、三明治、袜子、手套和鞋子，工人们在休息时间会光顾这些商店。他们的一个后代写道：“福特汽车公司是我们生活的一部分。亨利·福特聘请的都是少数族裔，当然他们工作得非常努力……我认为阿拉伯移民工作得非常努力，为自己所拥有的这份工作而心存感激。”

除了阿拉伯人之外，非洲裔美国人也为这里的工作机会心存感激。他们中的大多数人并不是刚刚来到这个国家的移民，他们的先辈已经在美国生活了许多年，甚至远远超过了福特家族的历史。但对于美国北方的重工业世界而言，他们还是移民。他们知道自己在哪个地方都找不到工作，最好是去帕卡德汽车公司和福特汽车公司碰碰运气。虽然他们常常被分配去干铸造类的重活儿，但不管怎样，那是的确能赚到钱的工作。到了 1917 年，福特汽车公司已经成为行业内非裔美国人的主要雇主，其中许多人都是在高薪的流水线上工作，而且有些人位于管理岗位，有权开除白人工人。在当时，在那个地方，这些做法几乎是独一无二的。

生产线上有阿拉伯人、非洲裔美国人、塞尔维亚人、马耳他人、墨西哥人，以及数量惊人的日本人。这些日本人在数万英里之外就听到了福特工厂的召唤。在朱利安·斯特里特偶尔小心翼翼地走到这些外国人旁边时，他也许会听到他们在机器的轰鸣声中用芬兰语你一言我一语的交流，听到兴高采烈的阿拉伯玩笑（直到工头来打断对话）、偶尔出现的法语咒骂声，以及马来语的对话。但斯特里特完全听不到犹太人的意第绪语。

虽然这份工作非常先进和稳定，但那些从皮格特大街的工厂建立之初就追随福特的工人也有许多不满。这些人并不喜欢“傻瓜工具”，他们也不认为自己应该被视作“三岁小孩”。他们中的许多人是技术娴熟的机械师，可以一听就知道发动机出现了什么故障，并且在农场主发现问题之前就能将机器修好。现在，他们被要求重复地做一件事：在 3 个螺栓上面放置 3 个螺母，而且还不能拧紧，日复一日，永远都是这样。福特能够理解：“总是做着同样的事情，而且始终采用同样的方法，这种重复性劳动对于一些人来说是可怕的。对我来说也如此。”

但福特接着说，银行家和商人的工作也“几乎都是例行公事”，但他们几乎不会在 5 天之后就因为厌倦而辞职。1913 年末，事实证明流水线的确高效，但福特汽车公司的经理们也发现，他们不得不雇用 963 名工人以确保其中有 100 人能够留下来稳定地工作。

约翰·多斯·帕索斯（John Dos Passos）的著作《美国》（*U. S. A.*）一书介绍了在世纪之交和大萧条期间的美国。他写道："自 T 型车在泥巴中碾出狭窄的车辙之后，高质量的道路随之出现，汽车业的大繁荣开始了。福特汽车公司不断改进生产方式，浪费越来越少，监管者、工头助理和眼线也多了，工厂中的时间要排相当紧凑，午餐时间 15 分钟，上厕所时间 3 分钟……到处都在加速，弯腰、调整垫圈、拧紧螺丝、推进开口销……周而复始，直到整个生命都被耗在生产线上，工人们晚上回家时就像行尸走肉一般。"

有许多工人再也不想回到工厂。在神奇的 1913 年即将结束时，福特想要奖励那些为公司工作了 3 年以上的人。当时，他促使董事会投票决定给予这些人 10% 的奖金。那年冬天，工厂共有约 1.5 万名员工，但其中只有 640 人的工作年限符合领取奖金的条件。

I INVENTED THE
MODERN AGE

第 13 章

5美元日薪政策震惊美国

卡曾斯的良心，让工人过上更好的生活

究竟是谁提出了解决方案，让福特汽车公司频繁流动的工人队伍稳定了下来？这个问题现在仍然存在争议。当时仍在公司的索伦森并没有将功劳揽在自己身上，但他急切地否定詹姆斯·卡曾斯是其中的大功臣。不过所发生的一切很可能是卡曾斯的功劳，即使人们通常认为他这种人是不会出这类主意的。正如索伦森所说，他“要竭尽所能把每分钱都挤出来”，但卡曾斯的确一直在推进一些变革。

1913 年，福特汽车公司向 12 名股东支付了 1 120 万美元的红利。没有人能像卡曾斯那样努力，他自己也从未想过在这一生中能变得如此富有。步入 40 岁后，他惊讶地发现财富并没有带给他多少改变和快乐。同事们也没有注意到卡曾斯身上发生的任何变化，他在工作中还是一如既往的严厉和刻薄。一天晚上，卡曾斯在带人参观工厂时，看到一个天黑后还在加班的文员。“看到那位先生了吗？”他一边问参观者，一边提高了音量以使那位文员也听得见，“他是公司唯一一个白天无法按时完成工作的人。”

当查塔姆市的老朋友来工厂看望卡曾斯时，他在欢迎对方时说：“你好，吉姆。在这里，他们尊称我为卡曾斯先生。”不过在冰冷刻薄的表象下面，事情正在

发生着改变。当女儿玛格丽特在报纸上看到福特汽车公司大笔分红的消息时，她开心地去找自己的父亲说：“哇，我们有一大笔钱了。”“但它并不属于我们，”卡曾斯回答说，“它是一种信任，是一种责任，而且是一种艰巨的责任。”工作一度给了他帮助，“保证高质量的工作总能让我开心。让我失望的唯一原因就是我在一年内只能有一部分时间保持高质量工作”。但后来，工作也不能让卡曾斯释然了。

“要知道，”卡曾斯说，“到了某个时间点，赚钱的乐趣就消失了。每个人在内心深处都会承认这一点……战斗已经取得胜利，目标已经实现，现在是时候追求其他东西了。”在卡曾斯确定要去追求什么之前，他“似乎一度感到人生失去了乐趣”，认为金钱让自己感觉“有点儿恶心”。

与福特讨价还价

福特也在发生着改变。1913 年末，作家、哲学家、工艺美术运动发起人，即著名的寓言故事《致加西亚的信》（*A Message to Garcia*）的作者埃尔伯特·哈伯德（Elbert Hubbard）发表了一篇关于福特的文章，其角度与“锡罐莉齐”的玩笑截然不同。

> 福特是一个少言寡语的人，简单、朴素、真诚、民主、直率。他不抽烟、不喝烈酒，也不说粗话，他的原则是“适可而止”。他对待所有事情都态度温和，除了汽车制造这件事……
>
> 福特在汽车上倾注了自己所有的信任、真诚、质朴、智慧和知识……福特不是知识分子，也不是理论家，更不是专业的改革家。他是一名工人，同时也是一名管理人员。他是一位老师，同时也是一名学生……他有自己的工作习惯、健康习惯、娱乐习惯和学习习惯。

尽管这篇颂词给其主人公带来了很多的快乐，但当他收到哈伯德寄来的 800 美元账单时，这种快乐很快消失不见了。哈伯德描述了当时人们对亨利·福特的普遍看法：他非常直率，为人谦虚，与老《麦加菲读本》中的正面人物完全一样。其中许多内容都是真实的。

正如公司前所未有的成功给卡曾斯带来了变化一样，它也给福特带来了影响。福特正在慢慢远离自己最忠诚的合作伙伴。一位英国的福特汽车经销商写信给卡曾斯，询问老板的近况，他得到的回复是："我见到福特先生的次数并不多……但我希望并且也相信他今年夏天过得非常开心。"

福特一直对卡曾斯在业务方面承担很多重要职责很恼火。他曾经对一位熟人说："我拥有公司 58% 的股份，我在这家公司可以为所欲为，是吧？"他开始在业务问题上绕开卡曾斯，在一些小问题上推翻他的决定，同时不让他了解相关情况。福特此举似乎只是在挑衅自己的总经理，也或许是在尝试维护自己的权威。

一天，福特派员工去商店帮忙买一些东西。前去购物的员工回来后交给他一张打印的表格，这让他很生气，问员工这是什么东西。那位员工回答说是收据。福特又问："哪来的？"员工说是"卡曾斯先生给的"。"哦。"福特要来了那张表格的所有复印件。他来到工厂院子里，将它们扔到地上，浇上汽油，然后点上一把火烧了。

此外福特还采取了更极端的方式来否定卡曾斯，但这次不仅仅是羞辱他那么简单了。当卡曾斯向福特提出新的销售策略或广告策划方案时，福特就会否决这些方案。在 20 世纪初期，福特只有一条销售策略，那就是不断降低汽车的价格。他说，只要做到这一点，就根本不用担心市场。福特汽车公司通常在 8 月和 10 月的第一天宣布新价格。1910 年 10 月 1 日，T 型车的售价降至 780 美元。一年后是690美元，再过了一年是600美元。在之后的10年里，T型车的价格分别为：自 1913 年 8 月 1 日起，550 美元；自 1914 年 8 月 1 日起，490 美元；自 1915 年 8 月 1 日起，440 美元；自 1916 年 8 月 1 日起，360 美元……到了 1924 年 12 月 2 日，T 型车的价格降到了空前的最低价 290 美元。这种做法完全有悖于垄断资本主义（如果你是某种刚需商品的唯一供应者，你就应该提高价格），这让整个汽车行业的观察家们很困惑。1909 年，公司每辆车的利润为 220.11 美元。在流水线投入生产后，利润降至 99.34 美元。对于福特而言，这并不是什么问题。"每次我将汽车的价格降低 1 美元，"福特说，"我就争取到了 1 000 个新买家。"

福特说得没错。他的降价策略比任何精心策划的销售活动所吸引到的顾客都更多。随之而来的利润共享让卡曾斯和福特终于有了最后一段非常融洽且观点一致的时光。

即使像福特汽车公司这样庞大的公司，业务在当时也存在季节性，通常淡季出现在圣诞节前后。那时候，工厂会给工人们放假，在他们回家期间不再发放薪水，工人们都希望自己的工作能在几周内恢复。1913 年的圣诞节，卡曾斯站在自己的办公室窗前，看着工人们在寒冷的暮色中拖着沉重的脚步回家，他心想："这一年来我们一直推动员工们以最快的速度工作，现在，我们让他们回去过圣诞节，却连收入都不给。公司已经靠这些工人的劳动赚到了巨额利润，股东们也赚得盆满钵满，但这些工人却只能勉强度日。"

这个想法一直在他脑海中萦绕。"整个冬天，每次当我坐在福特大楼二楼的办公室里望向窗外时，我都能看到许许多多的面孔仰望天空的画面。这些人在寒风中瑟瑟发抖，只能将大衣领子竖起来以抵御寒风。"也就是在这个令人不安的冬天，卡曾斯阅读了一本杂志，在上面看到了一段话："任何人或组织都不能凭一己之力改变历史的发展方向。要想实现真正的进步，就必须争取广泛的改变，同时影响到所有的人和所有的事情。"卡曾斯想："也许福特汽车可以做到。"

后来，卡曾斯与当时著名的商业记者 B. C. 福布斯（B. C. Forbes）进行访谈，记者随即报道说："卡曾斯的脑海中闪过一个念头。为什么福特汽车公司不率先向工人们支付最高的工资，让他们过上更好的生活呢？"第二天早上，卡曾斯找到自己的老板，表示公司的最低工资应该定为 5 美元。这个数字是普通产业工人薪水的两倍还多。

卡曾斯的提议，令福特颇为震惊，他最初是反对的："我们的薪水在行业内已经够高了。"卡曾斯当时已经被福特任命为副总裁，他指着窗外楼下那些在寒风中颤抖着的求职者说："但我们要对那些人负责，因为我们支付的薪水不够他们糊口……我们给员工们的薪水应该让他们即使一段时间不工作也能继续活下去。"如果回忆没错的话，整个场景颇有点儿拍电影的味道。

福特找到了彼得·马丁。不出所料，马丁也觉得卡曾斯的想法非常荒谬。于是福特回来告诉卡曾斯："马丁说他同意向工人每天支付 3 美元。每天 5 美元会让其他公司感到不满……”卡曾斯打断了他：“我知道马丁在想什么。他认为如果我们每天支付 5 美元，那么就会搅乱整个劳动力市场。前来公司找工作的人会像洪水一样涌来。那又怎样？如果我们每人每天支付 5 美元，就可以以高标准挑选工人，你和我一样清楚，优秀的工人值每天 5 美元的薪水。”卡曾斯表示不要去管马丁，“如果某个问题要讨论超过 48 个小时，那么就永远也做不成事情。”不管福特是否与马丁谈过，当他再找到卡曾斯时，又提出了 3.5 美元的建议。“不！”卡曾斯回绝道。他继续进行着谈判，就好像这家公司是他的，而不是福特的：“5 美元，没有余地。”于是福特又加价了：“那么就定在 4 美元吧。”“5 美元，没有余地。”卡曾斯坚持自己的意见，并且补充说：“直接将日薪定为 5 美元，这将会是有史以来最出色的汽车广告。”福特深谙广告的作用，他告诉一位同僚，正是卡曾斯的最后那条理由打动了他。

直接将日薪定为 5 美元

不过关于那件事，福特有不同的记忆。据他回忆，在 1913 年的圣诞节前后，他和埃德塞尔在穿过工厂时遇到两个工人正怒火冲天、不顾一切地激烈打斗。福特不希望儿子看到这一幕，所以想知道究竟是什么原因导致这两个工人将自己的劳动工具变成企图杀害他人的凶器。

不久之后，他同一位同僚感慨道：“车间里有数千人本不应该过着现在这样的生活。他们的家里拥挤不堪，挤满了房客，为的就是增加收入。这是很糟糕的情况，对孩子们来说尤为糟糕……这些人之所以过这种生活，并非是自己所愿。如果有体面的收入，他们也会过上体面的生活，他们所需要的就是一个改善的机会，需要有人能够对他们稍加关心，让他们看到信心。”

但福特也坚称，在他推出所谓的“利润共享计划”时，“其中不涉及任何慈善意图。这一点大家并不是很理解。许多雇主认为我们做出此举，是因为我们的生意红火，想要打打广告。他们谴责我们违反了行业标准，破坏了工人最低工资标准惯例。但其实汽车行业并没有什么标准和惯例。原来的做法必须被淘汰，否则我们就无法消除贫困……我们支付高工资，为的是让企业的生意能够更持久。我们不是在卖东西，而是在打造未来。低薪企业始终是不稳固的。”

从这个角度来说，福特形成了一种坚定的信念。在1914年时，这种信念还没有完全成形，但索伦森在多年后清楚地表述出了这种信念。“福特先生表示，人们应该有能力成为自己产品的顾客。除非行业能够保持高薪和低价，否则就会导致顾客数量受到限制，那么行业终将自我毁灭。工薪阶层既是生产者，也是消费者。通过提高工资和降低售价来扩大购买力，这是国家繁荣发展的途径。”卡曾斯和福特汽车公司的会计师们估算，这项创新之举在第一年造成的成本可能达到1 000万美元。

1914年1月5日，公司召开了新闻发布会，但受邀媒体并不多。只有3家当地报纸被邀请来到卡曾斯的办公室，但它们听到了底特律有史以来最重大的新闻。福特站在窗边，时而看着窗外，时而看着几名记者。卡曾斯解释了公司的计划，并且分发了两页打印的新闻稿。内文斯指出，这些新闻稿“没有太多修饰，只是摆出了理由”。新闻稿开篇写道：“福特汽车公司是世界上最伟大和最成功的汽车制造公司。公司将在1月12日开启工业界有史以来在工人薪酬问题上最伟大的创新之举。……公司将把工作时间从9小时缩短为8小时，并且拿出部分利润来提高所有员工的工资。目前实行9小时工作制的工人的最低日薪为2.34美元，而未来所有年满22岁的员工，最低工资将提高至每天5美元……如果我们在淡季不得不解雇部分员工，我们建议对整年的工作进行规划，以便将解雇时间定在收获的季节，而非冬季……我们将联系农场主，引荐我们的员工在收割庄稼时到农场帮忙。”福特一直都认为务农是一种美德，他这一生也在不断地证明自己的观点。数年后，公司在生产拖拉机时遇到了比预想中更难攻克的问题。索伦森向自己的老板抱怨说，公司每卖出一台拖拉机就亏损55美元。“没事，这就是我所想要的，”福特说，“我愿意以每台亏损55美元的条件把拖拉机卖给农民。”

卡曾斯继续对一名杂志编辑加以谴责：“最近，一名杂志编辑在解释为什么不践行自己所宣扬的理念时说，推动社会改善的行动必须是普遍性的，一些雇主也秉持同样的理念，对此我们并不认同。我们认为企业可以从我做起，为他人树立榜样。这也是我们的主要目标。”新闻稿的最后引用了福特的话：“我们相信，与让工厂的部分管理者变成百万富翁相比，让两万工人过上幸福富裕的生活更为重要。”

福特、卡曾斯，还有公司的其他经理人都知道，他们迈出了一大步。尽管他们在新闻稿中显得颇为傲慢自大，但事实上，他们可能并没有意识到这一步究竟影响有多广。不过大众意识到了，《底特律新闻报》（*Detroit News*）当天就刊发了这条新闻。第二天早上太阳升起来时，一群人在零下 10 摄氏度的气温下站在高地公园的外面。《底特律自由新闻报》写道，这些人是“失业人员和讨厌工作的人。就连白领都迫切想要放弃他们作为记账员的工作来应征福特汽车的体力工作。在那里，就连清洁工都可以每天赚到 5 美元”。这些人的数量高达 1 万。工人的工作时间缩短后，工厂要再增加一个班次，所以公司必须再聘请大概 5 000 名新人。公司很快就招满了人，并张贴了“不招人”的告示，但全国各地的人都在凑钱买火车票，准备赶过来。

在宾夕法尼亚州匹兹堡市，15 岁的弗兰克 · 马夸特（Frank Marquart）过得不太幸福，他也看到了这条新闻。“父亲讨厌他自己在链条厂的普通工人工作，他也讨厌我找不到一个固定工作，所以我感觉自己生活在地狱中。”到了 1914 年 1 月，他的父亲“激动地挥舞着《匹兹堡新闻报》（*Pittsburgh Press*）大叫：‘我明天就辞职，弗兰克和我要去底特律。我们两个人都到福特汽车公司去工作。为什么？我们每天可以赚 10 美元，想想看，每天 10 美元！’”当弗兰克的母亲问他怎么保证可以得到福特汽车公司的工作机会时，这位父亲的满腔热情立马变成了怒火：“如果你老是这样拖后腿，我们将来能得到什么好东西？”他用一半英语一半德语嚷嚷道。

同当时的许多人一样，马夸特父子俩上路了。但他们没有足够的路费，所以先到了一家底特律的寄宿公寓，然后换乘了一连串的有轨电车，最终来到了高地公园。“门口挤满了求职者。这天早上非常冷，我又没有大衣，只穿着一件红色的毛衣，外面套着一件薄夹克。”气温仍然低于零下 10 摄氏度，而且人越来越多。此时，突然有人大叫起来，这叫声逐渐变成了一种咆哮：“打开招聘办公室，打开招聘办公室！”工厂里的一个人拿着喇叭大声回应道：“我们今天不再招人了！在这儿逗留没有任何用处，我们今天不招聘！”这个人当时肯定希望自己在公司里做的是其他任何一份工作。

人群依旧往前挤。“总是让我们在这儿等着，然后又告诉我们不招人，你们这些混蛋！”弗兰克冻得牙齿直打战，他告诉父亲，他觉得他们应该离开了，“父亲用德语冲着我大吼，说他不会带我回家，随便我去哪儿流浪”。这时有声音喊道："把这该死的门撞开！"拿着喇叭的那个人又喊了什么消防水管之类的话。"我们身边有人大叫道，'胡说八道，他们不敢那样做。'话音未落，水就冲了过来。冰冷的水一碰到我们的衣服立马就冻住了。"站在前面的人开始往后退，但后面的人仍然在往前挤，很快就出现了一场混战。人群分散成一个个灰心丧气的个体，他们受够了这一天。

弗兰克表示自己的父亲还算幸运："水没有渗进他的外套，但渗进了我的夹克和毛衣。等到我们坐上电车时，我浑身都在发抖。"

这种混乱场面让福特汽车公司颇为尴尬，但对于那些潜在员工来说，福特的声明可能会给他们带来一丝淡淡的满足。同行的抱怨也接踵而至，索伦森是第一个听到这些抱怨的人。"帕卡德汽车公司总裁阿尔万·麦考利（Alvan Macauley）当天晚上给我打了一通电话。'你们这些家伙想干什么，'他问道，'我们在开董事会的时候听到你们日薪 5 美元的新闻。这太让人震惊了，为此我们都中断了会议。我们都在想该怎么办，我们没法和福特汽车这种公司进行竞争。'"索伦森温和地回答道："麦考利先生，你当然无须效仿我们。或许你们的工资没有我们高也是一种优势。""说得好听，"麦考利恶声恶气地说，"但你们已经提高了底特律的工人工资层次，我们还怎么可能无动于衷呢？"问得不错，帕卡德汽车公司将不得不在工资水平上向福特看齐。久而久之，像纳贝斯克公司（Nabisco）、阿穆尔肉类加工厂（Armour Meat Packing）和家乐氏公司（Kellogg's）等与汽车业完全不相干的企业也必须提升工资水平。美国的整个经济环境都将发生改变。

《华尔街日报》写道："一家公司将最低工资翻番，同时又不延长工作时间，这简直是在做慈善……亨利·福特此举是在折磨他自己和他所代表的行业。"对此《纽约时报》非常认同，它认为日薪 5 美元"无疑就是一种乌托邦，完全有悖于所有的经验"。匹兹堡平板玻璃公司的总裁预言"这个国家的所有行业都将被摧毁"，他确信"福特必将发现他自己无法负担得起最低 5 美元的日薪"，这让他心里多少有点儿安慰。

但事实证明福特可以。在公司明确表示仅聘用那些在底特律居住至少 6 个月的人后，高地公园大门口的骚乱逐渐平息，媒体上的那些抱怨之词也慢慢停止，所剩下的只有从四面八方潮水般涌来的友善之举。托马斯·爱迪生致电《纽约世界报》(*New York World*) 说:“此前，福特先生将其旅行车的价格降低了 50 美元，达到了极限，汽车的使用者们从中大大获益。现在，他又务实地再次将车价降低了 50 美元，但这次是让汽车的制造者们获益。福特先生的流水线非常专业高效，因此他得以实现这些成就。几乎所有行业都可以采用这些方法，我们对发明者应不吝赞美之词，我们大家都将为之开心。”

“让所有工人都成为潜在顾客”

福特的员工们早已心花怒放。在福特汽车公司宣布实施 5 美元日薪后的两周内，底特律的婚姻登记办公室已经向福特的工人们发放了 50 张结婚证。一个名叫沃杰克·曼尼克立斯吉斯科（Woljeck Manijklisjiski）的工人对记者说:“我的儿子不用再去卖报纸了，我的女儿也不用再到别人家干活，不会每周只能见母亲一次了。我们又能一家人团聚了。”一个机械车间的副工头说:“原本许多同事采取自杀和酗酒等极端行为的最大原因就是由贫困导致的各种忧虑，但福特工厂内的大幅提薪解决了这些问题。”

底特律贝塞尔教堂（Temple Beth-El）的拉比利奥·富兰克林（Leo Franklin）说:“工人和雇主们不再是死对头，而是朋友和兄弟。这是一个巨大的进步。”富兰克林拉比接着指出:“如果工人想要获得更高的工资，就必须竭尽全力地工作。”福特汽车公司的工人们似乎非常认同这个观点。有人说:“福特先生每天付给我 2.5 美元时，他可以从我这里得到 250 件产品。福特先生现在每天给我 5 美元，那么他就可以从我这里得到 500 件产品。我会回报他。”

约翰·里德（John Reed）坚信资本家所关心的只有利益。对于《华尔街日报》上的那番话，他在一定程度上也是认同的，他写道:“福特汽车公司的新计划就像是对民主的真正实验，它将给资本主义带来真正的威胁。”在福特汽车公司，里德看到了“一个最危险的革命者，一个将陈词滥调转化为行动的人”。这个人就是戴维·L. 刘易斯（David L. Lewis），著有《亨利·福特之盖世声誉》(*The Public Image of Henry Ford*)，这本书是一本生动全面的福特传记。在书中，刘易斯引用了法国学者 R. L. 布吕克贝热（R. L. Bruckberger）在 1959 年的讲话:“我希望能够找到合适的词语来告诉读者 5 美元日薪这个决策的重要性！直白一点来说吧，我认为亨利·福特在 1914 年的举措让工人们获得了极大的解放……他让工人们不再是‘被剥削的阶级’……他让所有工人都成为潜在顾客。”

在麦考利的工厂，从来没有哪个负责在发动机缸体上钻孔的人能够靠工资收入购买一辆帕卡德汽车。但现在，福特工厂的工人们如果节俭一点儿，不久就可以买得起一辆福特汽车。商业历史学家、管理学哲人彼得·F. 德鲁克（Peter F. Drucker）在 1974 年写道：“福特的行为改变了美国的工业社会。它让美国工人从根本上成了中产阶级。”这就是流水线的终极目标，是批量生产最终的逻辑所在，即大众消费、中产阶级和摩登时代。

有史以来最出色的汽车广告

当新闻记者加雷特·加勒特（Garet Garrett）在《纽约时报》的排字间工作时，他的老板阿道夫·奥克斯（Adolph Ochs）走了进来，只见他“手臂微微抬起，就好像胸口放了什么沉重东西一样，眼睛睁得大大的，盯着面前的报纸……接着他喃喃低语说：‘他疯了，是吧？你们难道不觉得他疯了吗？’”加勒特知道奥克斯在说什么，房间里的所有人都知道奥克斯在说什么。加勒特抬高声音说：“最好去核实一下，我去看看。”第二天早上，底特律一家酒店的理发师在给加勒特刮胡子的时候说：“福特先生一定是疯了。你觉得呢？”

接下来的两天，加勒特都和福特待在一起。“他这个决定似乎做得相当简单。他说，如果清洁工一心放在工作上，将一些小工具捡起来，而不是丢掉，那么就可以每天都帮我们节省 5 美元。”

福特和加勒特相处融洽，和塞缪尔·克劳瑟也是如此。克劳瑟曾经帮助福特撰写过自传。关于他们二人的合作，加勒特回忆说：“他们在一起撰写了很多书，福特以第一人称进行口述，所有的想法都完全是他自己的。但他在构思时，提供的都是一些碎片或灵感。而克劳瑟的工作就是给它们找到理由和论据，再将它们安置在合适的地方。”不过当记者问到福特是如何产生这些想法时，报道福特讲话内容的人是加勒特，而不是克劳瑟。“当时福特面前的桌上放着一个小碟子。他将这个小碟子翻了过来，然后在说话时不停地用手指敲打着碟子底部。他说：

你要知道，这里的大气压约为 1.05×10^5 帕。你看不到它，也感受不到它，但你知道它是存在的。那些想法也是如此。空气中充满着想法，它们在敲击着你的大脑。你不用刻意去想……当你在思考经营问题和谈论其他事情的时候，这些想法自己就冒了出来。它们始终就在那里。”

加勒特记得曾经有一次，福特对他和福特的发言人威廉·卡梅伦谈论金钱，认为金钱从本质上来说是没有意义的，但当然也是必需的。“银行家们通过无人能懂的投机和操作赚了那么多钱，如果……”这番谈话进行了整整一个小时，直到卡梅伦打断他，表示午餐已经准备好了。在去餐厅的路上，福特对着加勒特喃喃地说：“你说聪明的脑袋里为什么会有很多糟糕的想法呢？”午餐时，福特又开始继续同一个话题，只是开头稍微有些不同。加勒特说：“突然他愣住了。他脸上的表情此前一直非常生动，但现在变得像个梦游者，而且他开始自言自语：‘哦！我原本根本没有想到这里！’”他想到了一个点子，随即直接从桌子旁站了起来，走出了餐厅。“这种情况经常发生，”卡梅伦对加勒特说，“接下来我们可能一周都看不到他了。”

福特在高地公园的办公室相当奢华，但福特并不喜欢待在里面，就像当初他也不愿坐在自己简陋的办公室里一样，他也不喜欢开会。有时候在会议进行当中，或者是在会议刚刚开始时，他就突然站起来，好像是要去上厕所，或者喃喃地表示自己忘记核实某样东西了，总是给人一种他马上就会回来的感觉，但随后他再也不会回来。会议室常常安静得像空空荡荡的火车站一样，但不管怎样，这里还是与其世界顶级汽车公司的身份挺“般配”的。深色的木墙上庄重地嵌着石刻的授权书，办公桌的表面光滑平整，皮革家具显得厚重沉稳。这里像是为冠达邮轮（Cunard Line）或梅隆银行（Mellon Bank）的董事们所建的，除了一个点缀其间的汽车模型和窗外的古老时钟。

但让我们想象一下，1914 年春天，在这个极少有人来的地方召开了一次会议。5 美元日薪的政策已经引起了轰动，除了财经媒体和竞争对手之外，全美上下普遍认为这项决定是一种近乎神圣的行为，一举扫除了此前半个世纪里工人和雇主之间所有斗争遗留下来的问题。这种斗争有些是名副其实的战争：枪炮上阵，充满血腥。

为什么要召开那次会议？也许只是让大家集体透一口气，评估一下自流水线实施之后发生的改变。不管原因是什么，福特都不会在会议上待太久。但卡曾斯会留在那里。虽然两人之间的感情开始慢慢变淡，但他们共同支持 5 美元日薪的政策。索伦森肯定也会在会议室，他高大英俊，沉默不语，淡蓝色的眼睛满是令人羡慕的深邃的光芒，显出无限的精明。除了克拉拉，他与福特相处的时间最长。

有可能埃德塞尔·福特也在场。他已经开始在底特律的公立学校上课。在 N 型车取得成功之后，他就到底特律大学附属中学就读，为上大学做准备。他的父亲并不想让他去上大学。他目前在工厂帮忙管理库存，将那些铭牌贴在机床上。虽然他一直想上大学，但汽车行业也让他着迷，在工厂他也慢慢了解熟悉了这个行业，这一点给曾经对他心存疑虑的上司留下了深刻的印象。1915 年 6 月，埃德塞尔将和另一位司机共同驾驶一辆 T 型车横穿美国。同福特汽车公司所有的机械师一样，埃德塞尔也擅长紧皮带和研磨阀门。

约瑟夫·加兰或许也在会上，平静地看着福特拿他的口音开玩笑。刚刚结婚的威尔斯肯定也在会上。他对工作的进展甚是满意，他也许在想其他公司在类似的场合会提供香槟酒，或者至少也让喝一点儿红酒。在卡曾斯最初发表 5 美元日薪的公告时，福特曾站在窗边向外远眺。此时他可能会将目光收回，对着这些高管发表讲话。他不擅长在人多的时候发言，但他擅长同四五个人进行交流。他有着瘦长的身形、灰色的眼眸（或蓝色或绿色，关于他的眼睛的颜色，没有哪两个采访者达成过一致），身着灰色的西服。他可能会介绍在 T 型车初次实验中自己做了什么：“我总是觉得这里或那里需要修改。”之前有些时候，他会嘲笑卡曾斯，但现在可能不会了。或许他会说，他和卡曾斯共同做了这个决定（尽管这会让索伦森火冒三丈），而且效果相当好。或许卡曾斯会对他露出难得一见的笑容，让人感觉如沐春风。

我希望会上有一个总结性的时刻，让每个人都明白他们取得了什么样的成就，以及他们是如何精诚合作，创造出如此让人感到荣耀的新世界的。因为第二年卡曾斯就会被迫离开，而福特的嫉妒和恶作剧引发的愤怒使这一切变得不可收拾。嫉妒曾让他公开烧掉卡曾斯出具的收据。尽管福特很快就会成为美国最富有和最知名的人物，但事情再也不会这般美好了。

一切似乎都不错，甚至还在变得更好。就在宣布实行 5 美元日薪之后，卡曾斯带着家人一同去美国西部度假，留下福特一人独享那些溢美之词。一份密歇根州的报纸头条是“上天保佑亨利·福特和福特汽车公司”，《纽约世界报》称他是一位“鼓舞人心的百万富翁”。赛车比赛的胜利让福特赢得了广泛赞誉，与塞尔登的专利之争更是让他受到众人的吹捧。福特汽车已经让福特这个名字蜚声全球，而且正如埃尔伯特·哈伯德所说，人们想象他与那些汽车一样简单、诚实、不摆空架子。当时福特作为一款汽车的名字变得家喻户晓，并非因人而出名。现在这种情况发生了改变，亨利·福特本人首次变得比自己的汽车更为出名。

早在与马尔科姆森合作之前，他就因为必须回应他人的期待而恼火不已。而面对公众如火般的热情和仰慕，这种抗拒心理更强了。他在 1922 年所说的话毫无疑问地体现了这一点。“我们的员工中没有人是‘专家’。当某人认为自己是专家时，我们就必须很遗憾地将他开除，因为如果他真正了解自己的工作，就不会认为自己是专家了……当人们开始认为自己是‘专家’时，许多事情就变得不可能。”

福特对所有事情的了解都不逊于其他人。“成功给了他一种永不犯错的感觉。”内文斯写道。接着他引用了一位公司高管的话。对于福特懂得所有事情的这种判断，一位高管曾半信半疑。福特曾经给他下过一个荒谬的指令。“那件事情非常愚蠢，绝对不可能实现，但他曾经让许多不可能变成可能，所以我也学会了不去判断，等待结果。就拿福特发动机为例吧，依据机械原理，这个鬼东西应该不能运转，但它就是运转起来了。”福特说过：“我拒绝承认不可能的存在。”

福特在美丽路建起新家

福特并没有预料到自己会因为 5 美元日薪而被迫迁居。在经历了长期不断地租房居住之后，随着 T 型车大受欢迎，克拉拉和福特在爱迪生大街建造了一栋房子。这条街道的名称或许是福特选址的重要因素，这里是一个绿树成荫、环境宜人的富人区。夫妻二人在这里修建了一栋漂亮的意大利风格砖房，虽说不是非常豪华，但是绝对称得上是极其“舒适”。一架施坦威三角钢琴替代了他们在巴格利大道居住时的电钢琴。此外他们还有一台手摇留声机，价格高达 200 美元。克拉拉经常在漂亮的花园里开心地忙碌着。她试图说服丈夫给她买一辆电动汽车。克拉拉诉说自己摇不动T型车的曲柄，尽管福特坚称这很容易，但克拉拉态度强硬，于是福特做出让步，给她买了一辆电动汽车，其售价是T型车的3倍。这款车就像一个豪华的移动客厅，载着克拉拉在大街上快速穿梭。

福特一家三口都非常喜欢自己的新家，但爱迪生大街是一条公共道路。在5美元日薪的消息轰动整座城市时，不管拂晓还是黄昏，总有人站在草坪和克拉拉的花园里，希望能找福特讨一份工作。夫妻二人考虑是否要搬到格罗斯波因特去，底特律的贵族们都在那里建房子。但福特不想和他们有任何交集，他在迪尔伯恩附近购买了数百亩地（他总是在买地），他和克拉拉认为同老朋友住在一起才是最快乐的。

不过他们没法再像这些老朋友一样生活。福特在1909年找到弗兰克·劳埃德·赖特（Frank Lloyd Wright），请他帮忙设计一栋房子，但赖特当时因为婚姻官司缠身，无暇分心，于是向福特推荐了芝加哥的范·霍尔斯特－费特事务所（Van Holst and Fyte）。福特要求房子的造价在25万美元之内，但等到房子开工后，项目变得过度奢华，为此福特解雇了设计师，并且在1914年2月停工。

克拉拉找到了另一位建筑设计师和建筑商W. H. 范·蒂内（W. H. Van Tine），他来自匹兹堡市。他直接开始工作，并且很快就将房子的建造成本挥霍至100万美元。或许因为范·蒂内是克拉拉选择的，这一次福特没有解雇他。

他还记得外祖父帕特里克说起过自己在科克郡住过的那条街。那条街通往游乐场，沿途有鸟儿在歌唱，让人的心情格外愉悦。帕特里克还曾经教福特学鸟叫。这条街名叫美丽路，福特也给自己的新家取了这个名字。这里有许多的鸟鸣，因为福特在房子旁搭建了数百个鸟舍，还修建了一个“鸟旅馆”，里面有76个用电取暖的隔间。这栋“鸟旅馆”还配备一名员工专职打理，以使它保持清洁，并且有充足的板油。但这栋房子本身并不能让人联想到乡村集市的欢乐阳光。房子用印第安纳州的大理石修建，共有56个房间，镶板采用的是深色的胡桃木，此外还有颜色更深的橡木，墙壁则有90多厘米厚，这让许多房间显得相当昏暗。克拉拉找人将一些镶板刷成了浅色，但并没有太大改善，所以她和福特尽可能都待在阳光房里。“福特夫妻在美丽路似乎完全没有找到家的感觉，”索伦森说，“那里总让我有一种阴暗的感觉。”

福特夫妻显然更喜欢房子的外部环境，而非房子内部。在房子外面，福特可以看看他的鸟［他的朋友、自然学家约翰·伯勒斯（John Burroughs）说，他在美丽路看到的鸟要比在美国其他任何地方都多］，而克拉拉对园艺有着深入的了解，她可以去打理自己两万多平方米的玫瑰花田，那里还有 20 位园艺师负责打理 1 万株各种其他植物。

在整个庄园中，福特最感兴趣的就是发电厂。里弗鲁日河（River Rouge）的水流带动两个巨大的涡轮，涡轮再带动两个发电机，为美丽路提供 110 千瓦的直流电。托马斯·爱迪生在 1914 年 10 月来到底特律，为这个发电厂提供指导。发电厂共有 4 层楼高，耗资 24.4 万美元建成。机器现在还在那里，它也是那栋庄园最吸引人的特色之一。

但美丽路可能更多的是亨利·福特的一种象征，或者是对他未来的预言。墙壁给人以压迫感，让人联想到碉堡上的城垛，整栋房子则显得颇为阴郁和孤独。

I INVENTED THE
MODERN AGE

第 14 章

福特渐渐走向孤立

工厂中的“家长式”管理

福特汽车公司的工人们发现，要取得 5 美元的日薪，他们必须在底特律居住超过半年的时间。福特担心突如其来的财富会给这些工人带来酗酒、赌博、家暴，或者是其他种种散财方式。所以为了获取薪水翻番的资格，工人们必须懂得节俭，保持家中整洁，让孩子们身体健康；如果工人年龄还不足 22 岁，则必须是已婚才能有加薪机会。

审核工人资格的工作落到了约翰·李（John Lee）的身上。在福特汽车公司收购了约翰·李所工作的凯姆工厂后，他也跟着工厂加入福特公司并成为一名高管。他所负责的工作用今天的话来说，就是人力资源管理。在福特的高级助手中，他是为数不多的受欢迎的人。约翰·李编写了一本《员工须知》（*Helpful Hints and Advice to Employees*）。开篇就宣称本手册“唯一”的目的是“提高每位员工和其家人的经济地位和道德水平，给他们灌输勇敢追求健康、幸福与富裕的信念；给为人父母者提供充足的经济救助，帮扶老弱病残的家庭，消除大家的恐惧和担忧；为工人及其家庭提供丰富多彩的生活，让工人们不仅仅只为生计奔波，让所有人心中都树立竭尽所能帮助别人的观念”。

而要实现这些无可指摘的目的，福特汽车公司靠的是一些调查员。他们针对所有福特工人进行了调查，然后对问卷进行详细分析。这些调查员并不是什么好事之人，他们都经过培训，懂得如何在卫生和家庭财务管理方面为工人提供有用的建议。而在他们的背后，还有福特汽车公司的法务部门，法务人员会在方方面面免费为工人提供帮助，从买房到成为美国公民等应有尽有。如果员工生病或受伤，公司还有一支由 10 名医生和 100 名护士组成的全职医疗队伍提供帮助。这些调查员最初是从福特的白领工人中招募而来的，很快他们就发展到了 200 人的规模。他们必须迅速评估 1.3 万名工人的情况，其中当然会遇到一些阻力，比如他们偶尔会遇到一些本地人，家族世代生活在底特律，所以他们并不需要公司的雇员来告诉自己如何像一个体面的美国人那样生活。不过对于多数受访者而言，他们理性地接受了这种对自身生活的干涉。回答几个八卦问题，就可以获得这个行业内最高薪的工作，与在底特律的寒冬里被消防水管淋湿还找不到工作相比，这要好得多。

威廉·克努森当时正忙于在全美各地建立装配分厂。他与索伦森一样强烈反对这项计划，但原因不同。他告诉自己的传记作者，“在他看来，这些人凭借自身努力赚得工资，无须回答调查员提出的那些窥探隐私的问题”。在工厂附近的曼彻斯特大街上有一栋寄宿公寓，那里住着 11 位年轻的福特汽车工人。他们都还是单身。但当调查员前去调查时，他所拜访的那个工人就会请来女房东假扮自己的太太。克努森觉得这件事情相当有趣，他说，幸运的是，调查员们没有同时去拜访过这 11 位员工。

新手册中有一条规定是，福特工人如果想要购买汽车，必须征得福特公司高管的允许。有一次，克努森在约翰·李的办公室，一名员工走进来说：“李先生，我想要买一辆车。”

“有钱吗？”
“我有 700 美元。”
“你结婚了吗？”
“是的，结婚了，有 4 个孩子。”
“家具钱已经付清了吗？”
“是的。”
“有保险吗？”

“有。”

“好了，你可以买车了。”

“谢谢，李先生。”在走出门后，那人又转身说，“顺便说一下，李先生，我的妻子又要生小孩了，我打算买一辆别克汽车。”

临时工则公开藐视这个计划。当被问到是否有储蓄时，一个人告诉调查员，他将自己的钱都用来投资了。调查员心存怀疑，步步紧逼，希望了解详细情况。该人解释说，他投资的就是“一堆威士忌”。

因福特汽车公司的这项政策而深受影响的还有从俄罗斯来的乔伊（Joey）。他带着妻子和6个孩子来到美国。福特的调查员（他们的头衔后来改为“顾问”，相对而言没有那么敏感了）F. W. 安德鲁斯（F. W. Andrews）讲述了乔伊的故事。“自从来到美国，生活对他来说就是一场艰苦的斗争。”安德鲁斯写道。但乔伊工作非常努力，他挖过下水道，务过农，之后来到了底特律。在底特律时，“他曾经有5个月的时间都被困在失业大军的队伍中，总是因为英语不行而受挫，找不到任何事情做”。乔伊的妻子“则只能偶尔找到一些洗洗涮涮的工作”。后来乔伊终于在福特汽车公司找到了一份工作。当安德鲁斯进入他的生活区时，发现他住在“一栋一层半的木屋内，设施陈旧破烂”。乔伊和家人“就住在半层楼高的阁楼上，那里有3个低矮的房间，中等个子的人都没法直起身子。屋里肮脏不堪，气味难闻”。房间里放着“两张脏兮兮的床，一块破烂肮脏的地毯、一张摇摇晃晃的桌子、两把破烂的椅子”，孩子们就站在桌子旁吃饭。他家还欠着房东、屠夫和杂货店老板的钱。长女一周前已经去了一家慈善医院工作。安德鲁斯说，乔伊的家人“都衣衫褴褛，脸色苍白，看上去饥肠辘辘”。安德鲁斯马上安排出纳室将乔伊的工资发放时间从每两周一次改为每日一次。他还获得了50美元的贷款。出于严谨性考虑，公司让安德鲁斯签字借了那笔钱，而不是乔伊。安德鲁斯付清了屠夫和房东的欠款，租了一间木屋，在里面添置了便宜但结实的新家具，购买了新衣物，还有充足的肥皂。接着就是救世主似的时刻了。安德鲁斯“让人将他们又脏又旧的家具装上货运马车，在夜幕的掩护下搬到了他们新家的后院，然后用火把点燃，将之化为灰烬”。“他们此前的财产就这样化成了灰烬。这位俄罗斯农民和他的妻子泪流满面，一个劲儿地感谢亨利·福特，感谢福特汽车公司，感谢所有帮助他们实现如此美妙人生巨变的人。”但是，在乔伊看着自己家过去的生活就这样被付之一炬时，难道那些泪水仅仅是因感激而流吗？

社会部这种家长式的做法令人窒息，即使在当时，许多人也这么认为。当时在其他大型工业企业中，的确没有任何一家企业有类似的部门。这个部门为工人提供医疗和法律服务，而且为公司数千名移民工人开办了一家英语语言学校，所以这个部门似乎做了很多好事。1914 年，福特汽车公司的工人平均积蓄为 207.1 美元。对于那些在未来 5 年内仍然坚持在公司上班的人来说，平均积蓄将会达到 2171.14 美元。

改革家艾达·塔贝尔（Ida Tarbell）来到高地公园，打算揭露福特汽车公司社会部令人压抑的行事作风。但她最终却出乎意料地写道："不管你们怎么评价它，说它是慈善也好，家长作风也好，独裁也好，它所取得的成果都足以抵消所有反对意见，而且计划中的差错也会在它的自身运行中得到补救。"

福特密友马奎斯加入公司

社会部也给亨利·福特的生活中带来了一个最敏锐的观察者——塞缪尔·马奎斯（Samuel Marquis），他比福特小 3 岁，1866 年出生于俄亥俄州。他常常对朋友们说："在我出生后，姨妈看着我对我妈妈说，'这是我见过的最不好看的小宝贝'，而我妈妈则回答说，'哦，那他就当牧师吧。'"

马奎斯也的确成了一名牧师，但在此之前他曾两次被宾夕法尼亚州阿勒格尼学院（Allegheny College）宗教研究所开除，当时他经历了宗教怀疑的阶段。不过马奎斯克服了这些困难，在 1893 年获得了神学学士学位，并在次年结婚，和妻子生了 4 个孩子。他身体强壮、精力充沛、乐观直率，而且有着青年人的热忱，他深信应该利用自身的信仰来改变社会环境。1906 年春，马奎斯成为底特律圣保罗大教堂（St. Paul's Cathedral）的教士长。他在新岗位上兢兢业业。到了 1915 年，马奎斯已经成了这座城市最受欢迎的牧师之一，但忙碌的生活将他推向了崩溃的边缘。他的医生要求他休养一年，但马奎斯说："换个工作可能比无所事事对我更有益。"接着他自愿前往福特汽车公司的社会部帮忙。约翰·李很高兴能够有他帮忙，亨利·福特也是如此，因为马奎斯和这位汽车制造商早已经成为朋友。在福特搬到爱迪生大街后不久，马奎斯和妻子就去拜访了他。正如众多福特家的客人一样，他们也是为了钱而去的。福特通常不喜欢这样，他总是很委婉地推辞。

当朱利安·斯特里特在工厂经受了各种考验后，他设法采访了工厂的主人。在结束采访时，他问道："福特先生，我想，当一个人非常富有时，有时可能很难知道人们是他真正的朋友，还是只为钱而来的，对吗？"

> 冷冷的笑容掠过福特的脸庞。他回答道："当人们因为对你有所求而来找你时，你难道看不出来吗？""我觉得我能看出来。"我回答说。"我也是这样。"福特先生说。

马奎斯想请福特为自己的教堂捐款，他用事实证明自己是一位直率且充满魅力的筹款者。《底特律日报》的一位作者说，"除了睡觉时间，他永远不停不歇。他非常热情，而且说话总是一针见血"，但他"没有牧师的那种阴郁"。他喜欢讲有趣的故事，也同样喜欢听幽默的故事。马奎斯对约翰·李的描述也同样可以用在他自己身上，"他是一个有思想和理想的人。他追求公平，对陷入困境的人充满同情心和同理心。他对人有着无限的信任，尤其是对那些'贫困潦倒'的人。没有这种信任，人们就无法开展建设性的工作。在他的领导下，社会部为整个公司注入了灵魂"。马奎斯的信念和特质吸引了福特，福特很快就称呼他为马克（不过同除了克拉拉和埃德塞尔以外的其他所有人一样，马奎斯称呼亨利·福特为"福特先生"）。但这并不影响克拉拉同这对夫妻的友情，很快克拉拉也成了圣保罗大教堂强有力的支持者。

福特受到了拉尔夫·沃尔多·爱默生（Ralph Waldo Emerson）的"朴素思想"的深远影响。福特让人将爱默生的格言"自己砍柴，两次温暖"刻在美丽路的橡树椽木上。在爱默生的文章中，福特在"我们喜欢率性而为的特性"这句话旁边做了个标记，并且在"只有简单再简单的自发行为才具有强大的力量"旁写上了"精彩"这样的评语。

马奎斯表示："根据我所了解到的各个教会的标准，福特不是正统的信徒。正如他自己所说，他的宗教信仰在一定程度上非常模糊。但他的内心有一种比这些思想更强大、更实际的东西。"在两人共处的那些岁月里，这位牧师对福特有了更深刻的了解，但总的来说，他一直因为难以直观地概括福特的个人形象而深感困惑。我们现在也有着和他一样的困惑，因为在福特的照片合集中，他在每一张照片中的神态看上去都不同。马奎斯写道：

> 让亨利·福特静止不动拍照是不可能的，原因很简单，他身体内有某种东西永远不会停下来……在他面前，没有人能够完全放松下来……你会觉得只有一件事是肯定的，那就是他不管干什么都必定会带来出人意料的结果……
>
> 相由心生。福特的面部表情在不断地发生变化，光影不停地反映着他瞬息万变的思想和情绪。这些都是每天看到福特的人的谈论话题之一。
>
> 摄影师们抱怨称“很难捕捉到”他特有的神态。福特的快照有许多，每张快照都像他，但又没有哪张是他真实的样子。据我所知，所有照片中还没有哪张能令他满意。
>
> ……尽管我和福特相识已久，而且关系密切，但在我的脑海中还没有一幅画面让我可以说“这就是他，或者是我所了解的他”。他身上的光线太强，阴影太暗，我无法捕捉到他的全部来对焦。

记者伯内特·赫希（Burnet Hershey）在几个月后和福特有过会面。他在谈到福特的两面性时用了更加犀利的言辞：“福特的一张半身像拍摄角度有些特别，会让人产生错觉。如果将福特的半边脸遮着，那么他脸上的表情就是和蔼可亲和温柔幽默的。当把另一半遮住时，他的表情就变成了狠毒和锱铢必较。这种模棱两可的印象源于福特凹陷且阴沉的眼睛，让人容易将他与梦想家或杀手联系在一起。”

马奎斯对于福特形象的研究开始于一段紧张得令人生厌的航程。当时福特被迫参加了一个非同寻常的项目，他打算去欧洲阻止第一次世界大战。这场战争带给福特的最具伤害性的后果则是詹姆斯·卡曾斯的离去。

卡曾斯辞职

福特与卡曾斯之间的关系一直在恶化。当第一次世界大战的爆发导致美国上下引发银行挤兑潮时，福特告诉卡曾斯，他想要将自己的钱从高地州立银行（Highland State Bank）取出来。这家银行是福特汽车公司的附属机构，由卡曾斯在 1909 年创立，同时卡曾斯也是该银行的执行官。卡曾斯告诉福特，他的钱放在那里很安全，而且福特也应该将钱留在那里。福特表示自己会这样做。但随后福特在没有通知卡曾斯的情况下，下令要将钱转走。卡曾斯在 8 月 5 日给福特发了一封电报：

> 在这种紧张时刻，人们必定会显露本性。我们正在安排将您的钱转至戴姆银行（Dime Bank）。
>
> 詹姆斯·卡曾斯

这封电报流露出的傲慢无礼并没有引发福特的进一步动作。因为 3 天后，卡曾斯的长子霍默·卡曾斯（Homer Couzens）在驾驶着自己的 T 型车沿着湖边行驶时翻车了。这辆车是卡曾斯夫妇几个月前在霍默 14 岁生日时送给他的礼物。车子带着这个小男孩随车沉入了湖底，溺水而亡。

卡曾斯为了缓解大家的悲伤情绪，开始带着家人驾车旅行，但很快他就意识到这并不能帮到任何人。同往常一样，他需要努力工作。所以卡曾斯又回到了自己的办公室，像过去一样勤奋地工作。他想用工作来缓解自己的痛苦，但福特不断地来打扰他的工作。战争在福特看来是一种浪费，而且是一种非常糟糕的浪费。他表示："在我看来，应该在每个士兵的胸口都用红色的颜料写上'杀人犯'这几个字。"战争只能让那些"军国主义者和放贷人"受益。这些话因为他的名气而登上了新闻头条。

卡曾斯不是军国主义者，他向维护和平联盟捐了 5 000 美元。但卡曾斯是一个加拿大人，他的同胞正在西部防线浴血奋战，而福特却说出了杀人犯的言论，这彻底激怒了他。1915 年春天，一艘德国 U 型潜水艇击沉了英国卢西塔尼亚号（RMS Lusitania）客轮，导致 1 200 人丧生，其中 128 人是美国人。当时福特表示，这些死去的人（其中还有为他唱颂歌的埃尔伯特·哈伯德）咎由自取，德国政府早就发出过警告。后来，福特对《大都市》（*Metropolitan*）杂志说："我认为这些参战国家很愚蠢，军队也非常愚蠢。"甚至在举国上下都在向本国军人致敬时，福特还说："在这个国家，大多数军人都是懒惰的、疯狂的，或者是刚刚失业的人。”

这一年 10 月，为福特打理宣传工作的查尔斯·布劳内尔（Charles Brownell）依照惯例来到卡曾斯的办公室，给他看《福特时报》下一期的样稿。卡曾斯草草地翻看了一下，忽然看到了一篇福特署名的文章。老板在文章中再次公然抨击美国的备战工作。“你不能发表这篇文章。”卡曾斯说。布劳内尔告诉他，福特已经审批同意了。卡曾斯并不在意这个：“这是公司刊物。他不能使用《福特时报》来发表个人政治观点。明天我会去找福特先生谈谈。”

两个人简短的讨论最初是友善的，他们先是聊了聊福特和爱迪生计划去加利福尼亚度假的事情。然后卡曾斯说，由于那篇反战文章，他将公司刊物的出版时间推迟了。据卡曾斯说，福特直接“失控，我当时颇为震惊，吓呆了”。“你无权阻止这里的任何事情！”福特大声说。“那好吧，我辞职。”卡曾斯立刻回答。福特的愤怒立刻就熄火了，他让卡曾斯好好考虑一下。卡曾斯压抑着说：“不用，我已经决定了。”“那好吧，如果你已经决定了。”福特只能说。接下来的对话非常平静，两个人可能都会记得那个夜晚。当年福特曾经对卡曾斯说过，他们两个人要一起反对公司股东，距离那时已经过去 10 多年了。卡曾斯回到自己的办公室，写了辞职信，然后离开。他只是在一位同事面前短暂地流露出自己的愤怒：“我已经受够了他该死的迫害。”卡曾斯没有再到其他汽车公司任职，也没有吃回头草重新回到煤炭行业。他后来成为底特律市市长，再后来在伊利诺伊州担任共和党参议员长达 14 年之久。他在 1936 年失去了这一席位，因为在他冷酷无情的外表之下深藏着自由主义的暗流，这促使他支持了富兰克林·罗斯福的新政。

福特表示卡曾斯的离去让他很开心，但索伦森并不相信这句话。“1915 年的一天早晨，福特先生来到我的办公室。‘卡曾斯先生辞职了，’他对我说，‘我刚刚和他分开。查理，他是与我共事的人中最为勤勉的一个，我希望能够找到一个像他一样的人来接替他的位置。’……福特的这个愿望再也没有实现。”

为阻止战争而努力

福特对战争的看法是发自内心的。他告诉《底特律自由新闻报》：“我会竭尽所能来阻止美国和全世界的这场残忍且浪费的战争……我会告诉蹒跚学步的孩子，战争是多么恐怖、浪费和无用的事情。不管是在家中还是在学校里，我将告诉孩子战争是无用的、没有必要的，而备战只能以战争告终。”福特能做的不仅仅是和孩子对话，他早已改变了大众的出行习惯，现在他要结束战争。

加雷特·加勒特写道：“当人们不知道如何更好地表达自己对历史、经验或专家观点的不屑时，他们就会说一切皆有可能……既然一切皆有可能，那么一切都可能是真实的。这也就是说，人们通常所认定的事实可能是错的，他们的错误可能会暴露在每一场吹过的狂风中。”

这场狂风来自一位名叫罗西卡·施维默（Rosika Schwimmer）的女性。她说服了福特成为自己的合作伙伴。加勒特称，这是“福特一生中最诡异的一段经历”。施维默是一位激进的匈牙利人。她在美国上下游走，到处发表演说。先是为女性选举权发表演说，后来为欧洲和平四处奔走。她有着跟福特一样的充沛精力，也有着自我推销的天赋以及自信，只要人们听从于她，她就能让这个燃烧的世界恢复正常。她的说服力如此之强，使福特相信自己无所不能。她先是在高地公园成功让福特改变了自身信念，后来在美丽路与另一位和平主义者路易斯·洛克纳（Louis Lochner）共进午餐时，施维默又成功地说服了洛克纳。她告诉福特：你是一个无所不能的人，你可以阻止这场战争。正如加勒特所陈述的，她说：“欧洲交战双方的内阁都在祈祷有人能告诉他们该如何停止战争。福特对此深信不疑。”

但克拉拉不相信这些言论，她恳请丈夫不要跟着施维默和洛克纳一起去纽约。福特认为这是命运在召唤自己，就像此前命运召唤他发明T型车一样，所以他还是坚持去了纽约。1915年11月21日，在纽约吃午餐时，福特听到洛克纳说，如果租一艘船，在船上载满一批来自中立国家的、能言善辩的和平主义者，他们就可以促使交战国的领导人接受调解。这种讨论一般要持续数月，但福特向来是一个行动派，他可以在听到汇报后一分钟内毫不犹豫地订购新机床。所以他在离开了饭店后立即从斯堪的纳维亚－美国航运公司租了一艘名为“奥斯卡二号”（the Oscar Ⅱ）的蒸汽船。

接着他就前往华盛顿拜访伍德罗·威尔逊总统。总统并没有那么想见福特，不过他也不想对这位希望给世界带来和平的企业家不客气。因此两人见面了，威尔逊表示因为自己的身份他无法参与到这次争取和平的行动中去。福特提出让他使用奥斯卡二号蒸汽船，并且冒失地表示：如果威尔逊想去欧洲，可以乘坐一艘战舰，带上他认为数量合适的驱逐舰和巡洋舰。福特进一步说："如果你不采取行动，那么我就会行动。"

离开总统办公室后，福特说威尔逊是个"懦夫"。回到纽约的第二天，也就是 11 月 24 日，福特召开了一场新闻发布会。《纽约晚邮报》（*New York Evening Post*）的老板兼编辑奥斯瓦尔德·加里森·维拉德（Oswald Garrison Villard）也是一位和平爱好者，在美西战争之后，他创立了美国反帝国主义联盟。维拉德早就担心美国可能会被拖入在欧洲的战争。他曾经写道，就在那场新闻发布会前几个小时，"正在吃早餐时，我被叫来接听电话。汽车制造商亨利·福特在电话那头儿……希望我能马上去比特摩尔酒店（Biltmore Hotel），他有非常重要的事情要告诉我"。维拉德此前从未见过福特，当时福特的一举一动都是新闻。所以新闻记者的维拉德很快就去了酒店，并且被引荐给了福特。"让人震惊的新闻就是……福特先生已经租了奥斯卡二号蒸汽船，打算推动中立国家从中斡旋，终止战争。福特先生立即邀请我一同前去，并且解释说他之所以找我，是为了让我协助他向媒体发布这一新闻。"

维拉德当时"几乎无语"。他认为"战争应该通过谈判和调停来加以制止，从为公司打广告的角度来说，福特的这个点子不错……租船也是一个妙招"。但如果真的要去阻止一场战争，一切都取决于这次远征的计划是否周全，而新闻发布会就是计划的起点。维拉德回忆道："我询问他们是否准备好了发言稿，是否将之打印了出来，这样可以分发出去。回答是'没有'。我提醒他们，媒体在很大程度上会是充满敌意的。"福特表示他并不担心这一点："我一直和那些人相处得很好。只是需要你帮忙想一个口号即可。"接着他又提议说，"让孩子们在圣诞节前回家。你觉得这个口号怎么样？""我个人觉得那太过疯狂了。"维拉德深吸一口气回答说，"福特先生，据说战场上至少有 1 000 万人。您租了大西洋上最慢的一艘蒸汽船，而且要等到 12 月 4 日才能启航。即使能够在抵达当天（可能是 12 月 16 日）就成功制止战争，在圣诞节前将这些人运送回家，在理论上也是不可能的。""哦！"福特说，"我还没有想到这个。"然后他想了一会儿，又想到一个办法："那我们就这样说，'让孩子们在圣诞节离开战壕'。"维拉德则相当悲观："有可能，但如果你在假日期间争取到休战，那么也只是让士兵们坐在战壕里过圣诞节。""这让我沮丧到极点，"维拉德写道，"因为我知道此举一定会遭人嘲笑的。我已经看出，福特并不清楚这一切到底是怎么回事，战争情况究竟是怎样的，或者说他正在做些什么，福特都没有清晰的概念。"

10点钟左右，记者们陆续到了。维拉德看到福特"对媒体莽撞无礼的态度消失不见了。显然他害怕这次采访。他将我推到了会客厅里，走在他的前面。这种场面实在太过离奇，我这一生再也没有过类似经历"。面对新闻发布会，福特的开场白是："朋友们，我们已经有了一艘船。"记者问："什么船，福特先生？""奥斯卡二号。"福特立即答。记者追问道："您用这艘船有什么打算？""我们要去制止战争。"福特说。众记者异口同声："制止战争？"福特道："是的，我们要在圣诞节前让士兵们离开战壕。""天呐，你们打算怎么做？"大厅里喧哗起来。"我们要去荷兰和所有的中立国。"福特说到半截，记者急问："接下来呢？"福特的回答竟然是："维拉德先生将会回答你们其他的问题。"这句话让维拉德惊骇不已。维拉德说："不，福特先生，我回答不了。"

"当然，我一无所知，"维拉德后来写道，"但我可以解释说，这个计划就是请一些权威的美国人组建一支代表团，力劝中立国家共同努力，对处于战争中的各国进行调停。"记者们又向福特提出了更多的问题，接着他们向施维默和洛克纳提问。维拉德说，此后记者们"回到自己的办公室，对整个计划加以嘲笑。《纽约晚邮报》几乎是唯一一家认真对待且尊重这次和平之旅的报纸"。

在几幅媒体漫画中，战神斜靠在战壕边上哈哈大笑，因为他认为这是"截至目前最好笑的福特笑话"。一则头条新闻的标题是"名人与福特同行"。不过这些名人并没有真的那样做，他们只是表达了美好的祝愿，有些人甚至来到码头送行。但也有一些人，甚至是爱迪生都推辞了，未到现场送行。

奥斯卡二号于12月5日从纽约港出发，船上载有北卡罗来纳州的副州长、杂志编辑S. S. 麦克卢尔（S. S. McClure）、流浪诗人伯顿·布雷利（Berton Braley），这是一个奇怪的组合。布雷利曾在自己的诗中歌颂战争："战争如火如荼，我为它而歌唱！"此外队伍里还有几位激进的素食主义者、一些自由恋爱的倡导者、专利审查官西奥多·霍斯泰特（Theodore Hostetter）、众多真诚的学术界人士和北达科他州（State of North Dakota）州长路易斯·汉纳（Louis Hanna，他解释称自己出现在船上的原因是他要去瑞典走亲戚）以及50多位报刊记者。

在克拉拉的力劝之下，塞缪尔·马奎斯也随船出发。克拉拉最初也被施维默所吸引，但她很快意识到，施维默只是一个极度自私且挥霍无度的人，所以她希望马奎斯能勉为其难地去照顾一下自己的丈夫。这位牧师“在出发前一晚，大部分时间都在试图说服福特放弃计划”。但一切无济于事。“福特给我的回答就是，‘努力制止战争不是正确的吗？’对于这个问题，我只能回答‘是’。接着他就说，‘那么，你此前已经告诉过我，不要放弃正确的事情。’而我则回答说，正确的事情如果采取错误的方法，并不一定能保证成功，而且会毫无效果。他则接着说他有‘预感’，而只要他有‘预感’，通常会坚持到底，不管是正确还是错误。”马奎斯回忆道。

自新闻发布会之后，福特已经有了一个初具雏形的计划。奥斯卡二号将驶往挪威，然后和平代表团从奥斯陆前往中立的瑞典、丹麦和荷兰，沿途发表演说。在12月横跨大西洋绝对不会是一趟舒适的旅程。这次航行花了13天的时间横跨大西洋。整个旅程中，和平代表团的代表们相互争吵，记者们则纵情畅饮（尽管船上有一群人是禁酒主义者，但奥斯卡二号上有一个存货充足的酒吧，其中最贵的酒只要14美分）。罗西卡·施维默总是随身带着一个小包，她声称里面放着来自各州领导人的重要文件，但她不愿意给任何人看，也不愿意探讨文件的内容。施维默变得越来越深居简出，但福特本人却对此行非常坚定。“我质疑他当时的判断力，”马奎斯说，“但从未怀疑过他的动机。”许多记者们也与马奎斯同感。“一开始我拿整件事情开玩笑，”其中一位记者说，“但我告诉你，现在我相信亨利·福特，即使为此丢掉工作我也要这样说。”

美国本土的媒体就没有这么宽容了。《纽约世界报》写道：“亨利·福特表示他会用尽所有财产来结束这场战争。其他许多人也是如此。但钱并不是万能的。”《萨克拉门托蜜蜂报》（*Sacramento Bee*）则刊发了一张和平天使站在奥斯卡二号的船舷边呕吐的图片。

近一万名美国人曾来到码头为奥斯卡二号送行，他们挥手欢呼，就像是过狂欢节一样。不过在船到达挪威时，并没有人群欢迎他们。这个国家距离战场太近，人们甚至能感受到战场上火药的气息。船靠岸时，当时的气温是零下 12 摄氏度，福特患上了重感冒，他下船后很快来到了格兰德酒店（Grand Hotel）。尽管这家酒店名字响亮，但只提供阴暗寒冷的房间。在马奎斯的劝说下，福特才同意当天只休息，不工作。“我想我最好是回去找克拉拉，”福特对洛克纳说，“我告诉她我很快就会回去。现在工作已经启动了，没有我也可以继续进行下去了。”在马奎斯的帮助下，福特偷偷地离开了那个寒冷的酒店，登上了一艘蒸汽船，于 1 月 2 日在布鲁克林靠岸。就连福特本人都没能够在圣诞节前赶回家。

虽然这次出征令人失望，但在福特回来后，却有好事等着他。在他出海期间，第 100 万辆 T 型车下线，轰鸣着奔向远方寻找自己的主人了。媒体现在对福特的态度肯定会对之后的 T 型车市场起到推波助澜的作用。在最初纷纷的嘲讽之后，现在报纸社论的语气变得热情起来。《纽约美国人报》（*New York American*）也附和了众多竞争对手的意见，后悔“曾经在漫画和文章中对福特加以嘲讽和责骂”。并表示这种行为是错误的：“亨利·福特值得尊重，我们不应加以嘲笑”。“不管是否成功，至少他进行了尝试。如果包括总统、内阁，以及国会成员等在内的美国公民人人都贡献出亨利·福特十分之一的努力，那么士兵们本可以在圣诞节前离开战壕。”英国小说家、记者 G. K. 切斯特顿（G. K. Chesterton）写道：“现在，凡是对美国有所了解的人都知道了和平号是什么样子的。这里汇聚了整个国家的幻想和无知，带着些许天真无邪的味道。”

福特在谈到自己的这次冒险时说：“我想看到和平，我至少曾经为此努力过。多数人甚至连尝试的勇气都没有。”就在福特返回后没多久，和平号船只上的那些逢场作戏的人们也回家了。但直到 1917 年 2 月，美国中断了与德国的外交关系，福特才停止为代表团的核心成员们提供费用。

艾伦·内文斯回忆，在中断外交关系之后，“亨利·福特从‘和平天使’化身‘火神’的转变只用了不到一周的时间”。福特表示“在宣战之后，我将把工厂交由美国政府支配，并且不赚取任何利润”。两个月后，当美国宣布参战时，福特说他仍然是一个和平主义者，但现在，他成了一个非同寻常的“好战的和平主义者”。

起初，他满脑子都是一些狂热的想法，而这些想法正好迎合了报刊的兴趣。记者们可能不怎么相信和平号，但他们对福特的能力毫不怀疑。而福特的能力就代表着批量生产。他打算每天生产1 000艘潜水艇，每支队伍都配备一艘潜水艇。船长（如果这个词语用得正确的话）将会指挥自己的潜水艇开到敌人的战舰旁，然后使用炸弹摧毁它。时任美国海军助理部长的富兰克林·罗斯福表示，这位汽车制造商“在看到免费的宣传机会之前，一直认为潜水艇是一种可以吃的东西”。在美国海军拒绝了这种战术后，福特提议每年批量生产15万架飞机，然后承诺每天生产1 000辆双人坦克。军队最终接受了这个建议，并且订购了1.5万辆坦克。只是在还没有任何产品横跨大西洋前，这场战争就已经结束了。

尽管如此，福特还是真正地为国防做了一些贡献：生产了3.9万辆T型救护车、轿车和卡车（一年前，美国陆军机动车的数量还不足80辆），7 000台拖拉机，以及每天75台精良的自由飞机引擎。7 000台拖拉机以成本价卖给了被德国U型潜水艇封锁的英国，该国急需种植粮食作物。在建成装配分厂后，威廉·克努森回到了底特律。他利用自己对自行车行业的模糊记忆，使用钒钢制作了类似于自行车内胎的东西，大幅改善了自由飞机引擎的性能。

克努森很快就有了另一项更不寻常的任务。德国U型潜水艇不仅封锁了英国，而且还不断地威胁着大西洋上运送枪支、粮食等物资的海上航线。海军对“玩具”潜水艇和“药丸”炸弹没有兴趣，他们急需一批造价低廉、近61米长的反潜舰艇。但是，当时东海岸的每家造船厂都已经在满负荷运转了。克努森发现了这一机会，他弄到了那些船只的设计图纸，并且拿给福特看。福特说他可以生产这些舰艇。克努森前往华盛顿，最初得到的只是一连串礼貌的嘲笑，但他冷静且坚定地将嘲笑变成了对方的勉强认可。华盛顿终于明白克努森知道自己在说什么。这是一个相当大的观念的转变，因为克努森表示，真正的战舰可以像T型车一样在装配线上生产。海军没有其他看似合理的选择，所以就和福特汽车公司签订了合同。

克努森建起了一座500多米长的建筑。同高地公园一样，这里也是钢筋混凝土建筑。厂房里建有3条装配线，每条装配线都可以运载7艘船只缓慢地通往厂房的大门。入口处就是流经美丽路的那条里弗鲁日河。《华盛顿邮报》（*Washington Post*）的一篇社论说：“当前我们迫切需要一只雄鹰，它将在大海上搜寻、突袭并摧毁所有胆敢离开德国或比利时海岸的潜水艇。”因此这些船只也被称为“雄鹰号”。克努森花了 5 个月的时间建好工厂。1918 年 7 月 10 日，第一批雄鹰号在里弗鲁日河的河道上航行。而就在 8 个月前，生产这些船只的厂房才刚刚完成混凝土浇筑。接着，工作速度开始减缓。到 11 月 11 日的休战纪念日，公司只有 7 艘雄鹰号开往大西洋。克努森表示还有 46 艘很快就会完工。整个公司的订单是 112 艘，但最后只生产了 46 艘。

福特希望雄鹰号能够采用他的批量生产方式进行生产，而且同 T 型车一样，你可以看到这种生产方式的成效。为了便于生产，雄鹰号的侧面相当平整，方方正正的样子看上去像是孩子们画笔下的船只。福特专注于汽车制造而非造船，因在船只设计上经验不足，他所设计的船并不能让身处其中的人感到舒适和便捷，甚至可以说，凡是在雄鹰号上服过役的人没有不厌恶它的。这些船虽然不至于沉入水底，但除安全性以外，它们的其他各项性能都让使用者感到不快。尽管如此，仍有部分雄鹰号直至第二次世界大战还一直在海军服役。

虽然这款船不讨人喜欢，但它的存在代表着克努森的伟大成就。11 月 11 日，当休战的警笛和教堂的钟声响起时，福特第一个来到克努森的身边。“威廉，战争结束了。”克努森说他已经知道了。福特问：“你要多久才能把军队的这些东西处理掉？”“福特先生，只要你开口，随时都行。”克努森道。福特说：“但愿你能做到。”克努森追问：“所有东西吗？”“所有东西，不管有没有完工。用箱子打包，然后堆到院子里去。”福特肯定地答道。福特和第一次世界大战的交集结束了。他已经尽了自己的一份力量，现在他想把此前生产的那些废物都装在包装箱里，堆到工厂的院子里，任凭它们被冬雨浇透，直到军队前来接管，或者是让它们自己生锈、腐烂。

就像福特并不想让战争的碎屑散落在自己的工厂内一样，他也不想让战争的利润侵蚀自己的灵魂。他曾经发誓要把除工厂成本之外的每一分钱都还给政府。这一点当然也深深打动了公众，公众评价他说：“福特是唯一值得一提的富人，他拒绝将自己的金钱建立在国家的鲜血之上。”一直到 1941 年，另一场规模更宏大的战争爆发之前，福特公司辛辛那提分公司的经理还在督促自己的销售人员要提醒人们记住：“当初福特曾经拒绝靠战争来谋取私利。”

1921 年，一位活力四射的传记作家曾经写到，福特将他的战争利润全部退还给政府，总额高达 2 900 万美元。这引起了巨大的轰动，促使财政部部长安德鲁·梅隆（Andrew Mellon）一改平时严肃和与世无争的作风，撰写了一封公开信。梅隆表示，据财政部所知，福特并没有退回一分钱，而是将战时所有的利润据为己有（梅隆的措辞没有这么刺耳，但其意思相当明确）。

福特的宣传理念在不断地发展，他表示自己迫切想要和财政部沟通，以确定自己所欠款项的具体金额，并表示将会支付这笔款项。福特的学生戴维 · L. 刘易斯计算了公司的战时利润，是 8 151 119.31 美元，这是一个令人震惊的数字。扣除税款后，这个数字可能会缩减一半，再等到这笔钱进到福特自己的口袋时，金额已经变成 926 780.46 美元。这一金额在 1922 年并不算小数字，但当时福特却可以轻轻松松地支付，就像给理发师小费一样随意。

但福特从来没有履行约定。塞缪尔 · 马奎斯写道，在当时，“亨利 · 福特的想法已经十分孤立”。福特开始远离几乎所有曾经帮助他取得成功的人。

I INVENTED THE
MODERN AGE

第 15 章

掌控公司所有股份

里弗鲁日工厂的崛起

在福特把战争遗留物都处理掉的时候，有一样东西他不想让军队接管，那就是克努森用来生产雄鹰号的那家工厂。工厂位于底特律南部，距离市区数千米，底特律河和里弗鲁日河在那里交汇。福特早在 1915 年就曾想过在这里建立一座万能工厂。也就是说，生产汽车所用的原材料全部来自福特自己的控股企业。这里将成为一个工业堡垒，一座城邦。不过克努森的传记作家表示，没有人再称这里是“里弗鲁日工厂”，就像是他们不再称尼亚加拉大瀑布的全称一样。这里被简称为“里弗鲁日”。

这里是人们后来所称的垂直整合的早期尝试，而且规模巨大。垂直整合在很大程度上是安德鲁·卡内基（Andrew Carnegie）的发明。福特不仅仅拥有锻造钢铁的工厂，同时还拥有为工厂提供原材料的矿山，这使得这位实业家能够控制他所制造的产品的每个步骤。矿石由福特的矿山提供，原木来自福特的森林，橡胶则来自福特在巴西的种植园，这些原料将供应给福特自己的轮胎工厂。福特一向对专家颇为鄙视，他希望那些本来缺乏园艺知识的人能够在一定程度上掌握某些在树木培育上要求很高的技能。福特的蒸汽船会穿过五大湖（他从未设法收购过这些湖），将矿石送到钢铁工厂。

福特在战争期间为政府提供了他们所需的东西，政府在战争结束后又反过来为福特提供了企业所需的东西。为了便于雄鹰号航行，军队工程师们曾经对里弗鲁日河前方的航道进行了疏浚，挖掘了一个船舶掉头区。他们做了一切必要的工作来为里弗鲁日工厂提供便利，那里有玻璃厂、造纸厂和矿石码头。在矿石码头上，10 层楼高、1 000 吨重的休利特卸料机将精致的长臂伸出，直接插入船舶运送的东西中，每次可以将 15 吨重的铁矿石卸下来。那里还有炼焦炉、轧钢厂和冷拔钢厂。这里总占地面积约 40.5 平方千米，里面有 160 多千米长纵横交错的铁轨，有近 200 千米长的传送带将齐腰高的材料运送到 10 万名工人面前。尽管福特有着丰富的资源，常常会说“那你还等什么”，但他需要更多的钱来扩建里弗鲁日工厂。而他能想到的办法之一就是停止向股东们支付红利。

道奇兄弟提起诉讼

福特在 1916 年宣布，因为公司的账面资本只有可怜的 200 万美元，所以此后每个月他将只支付给股东 5% 的红利。这样福特就能够投入 5 800 万美元扩建工厂了。与此同时，T 型车的价格也降低了 66 美元。尽管高地公园在满负荷运转，但这款汽车仍然供不应求。道奇兄弟俩计算一番后认为，这意味着福特在毫无理由的情况下使公司损失了 4 000 万美元的利润。

现在道奇兄弟俩已经不再为福特汽车公司供应零部件。3 年前，也就是 1913 年，他们在市中心的一家百货公司购物时遇到了他们的朋友霍华德·布卢默（Howard Bloomer）律师。当年道奇兄弟筹集 700 美元创立自己的机械厂时，曾经聘请布卢默来打理。布卢默出乎意料地问了一个问题：“你们兄弟俩为什么不自己生产汽车呢？”约翰表示让他们头疼的事情已经够多了，就让福特和卡曾斯去应付将汽车交付到买家手中这种事好了。布卢默提醒他们注意，他们与福特签订的合同规定任何一方只要提前一年通知对方，就可以终止合同。如果福特这样做了呢？“你们把所有机会都押在一个客户身上，这样风险太大了。而且你们的投资过大，现在这样太不安全了。”约翰仍然觉得布卢默的提议很可笑。他问这位律师是否不相信安德鲁·卡内基的商业头脑，他引用这位钢铁制造商的格言说：“把所有的鸡蛋放在一个篮子里，然后看好这个篮子。”“是的，我相信这句话，”布卢默说，“但前提是这个篮子是你自己的。现在这个篮子属于福特，而鸡蛋属于你。要怎样才能避免福特不踢翻自己的篮子打碎你的鸡蛋呢？”

次日，布卢默来到道奇兄弟的办公室，继续强调自己的观点。同一年的7月，道奇兄弟俩告诉福特，他们的协议将在1914年7月1日终止。道奇兄弟的汽车公司很快就造出了一款很受欢迎的汽车。他们的汽车比T型车要贵，所以并未与福特形成竞争，不过他们要靠福特汽车公司的红利来稳定自己公司的根基。福特为了投资自己的工厂已经停止向公司股东们支付高额的红利。正如道奇兄弟俩的那位朋友所说，把所有的鸡蛋放在一个篮子里没有问题，但前提是那个篮子属于你自己。现在，福特突然决定拿回那个篮子，而且要把篮子里所有的鸡蛋据为己有。

道奇兄弟俩告诉福特，没有问题，如果你希望这样处理的话，那么就把我们的股份都买下，你就可以放开手脚了。福特表示自己早已经帮助他们靠最初的投资发了财，而且他也没有兴趣买下他们的股份，让他们再发一笔财。于是兄弟俩将福特告上了法庭。他们争取到一份限制令，禁止福特使用公司的资金来修建里弗鲁日工厂或者对其他任何工厂进行扩建，同时要求公司将现金结余的3/4，即将近4 000万美元支付给股东。

福特找到了媒体。在和平号问题上，媒体的表现深深刺痛了他，但现在他对自己即将展开的诉讼颇为乐观。他告诉《底特律新闻报》：“在此我要说，我认为我们不能靠汽车赚取如此骇人的利润。合理的利润没有问题，但不能太多。我的原则就是在生产条件许可的前提下尽可能地降低汽车价格，并且让使用者和工人从中获益。”

在州巡回法庭上，他所面对的是道奇兄弟俩的律师埃利奥特·G.史蒂文森（Elliott G. Stevenson）。史蒂文森才华横溢，颇为好战，他知道自己应该做什么：强调所有公司的首要责任就是对股东负责。但要实现这点，就必须向福特提一些挑衅的问题。史蒂文森在证人席上对福特咄咄逼人，希望暴露福特斤斤计较，喜欢抱怨的本性。但有一次例外。当时福特告诉史蒂文森：“就算你坐在这里变成化石，我也不会购买道奇兄弟俩的股份。”态度相当平静克制，听起来就像是整个人类的救世主。“现在，”史蒂文森引用《底特律新闻报》的采访报道挑衅道，“我要再次问你，你仍然认为这些利润是‘骇人的’吗？”“我想是的。”福特平静地说。律师追问："正是基于这个原因，你不愿意继续赚取这些骇人的利润吗？"福特看上去抱有相当大的歉意："我们似乎无法降低利润。""……那你正在努力降低这些利润吗？福特汽车公司的组建除了赚钱之外，还有什么目的？福特先生你能解释一下吗？"史蒂文森追问。福特坦然答道："在任何地方，我们都有组织地为所有相关的人做尽可能多的好事。"这句话让史蒂文森闭了嘴。但他在次日上午又重新回到了这个主题。他再次询问福特公司的"目的"是什么。"创造就业机会，并且为可以使用汽车的人提供汽车……顺便赚钱……企业就是提供服务，而不是某些人的大宝藏。"福特缓缓回答。史蒂文森瞪着眼："顺便赚钱？""是的，先生。"福特肯定地说。史蒂文森的语气从不相信变成了讥讽："那你的主要目的……就是以高薪聘请大量的人，降低汽车的销售价格，从而让许多人都可以廉价购买到汽车，让所有想要汽车的人都拥有汽车？"福特对此表示了认同，并借此来回应对方的嘲笑。"如果你做到了这些，"他说，"钱就会自己掉到你手里，想躲也躲不开的。"

福特赢得了舆论，但史蒂文森赢得了诉讼案。法庭要求福特必须放弃里弗鲁日工厂计划，并且在 90 天内向股东支付 19 275 385.36 美元的红利。福特提起了上诉。1919 年 2 月，州高级法庭裁定他可以继续自己的里弗鲁日工厂扩建计划，"公司组建和运行的主要目的不是让他人获利，但是股东的利益也不仅仅只是附带的。"所以福特仍必须支付红利。

设计收购股东手中的股份

因为福特是大股东，所以红利大部分还是落到了他自己的腰包。这场审判显然让他心烦意乱。1918 年 12 月 30 日，他辞去了福特汽车公司总裁的职务，由埃德塞尔接任。福特与克拉拉西行，前去南加利福尼亚度假。

1919 年 3 月 5 日，《洛杉矶考察家报》(*Los Angeles Examiner*) 刊登了这样一则头条消息："亨利·福特组建巨大的新工厂，生产质更优、价更廉的汽车。"

福特告诉加利福尼亚州的记者们，他是因为与道奇兄弟的诉讼案而离开自己的公司的。法庭的裁定让他明白，自己无法根据自身判断来自主管理公司，而他唯一可行的做法就是“离开，设计一款新汽车”。毕竟，“目前这款福特汽车已经是 12 年前的设计了”。新款汽车将会更出色，而且价格只有 T 型车的一半。那么原来的公司将怎样发展呢？福特表现得好像从来没有考虑过这个问题一样：“我确实不知道它会怎样发展。”福特的一位助手也有着同样的困惑，他写道：“福特先生最近的声明在汽车圈子里激起了千层浪。事实上，我相信不会有股东愿意看到出现这种情况。”

显然道奇兄弟俩也不想这样。他们委托自己的律师史蒂文森发表意见说：“如果福特先生或他的儿子想要退休，我们显然不会强求他们留在公司。但亨利·福特目前与福特汽车公司有合约在身，所以他不能撇下公司去创立一家企业并与之进行竞争。”福特本来可以回应说，这就是道奇兄弟俩自己的做法啊，或者他也可以表示说自己根本就没有与福特汽车公司进行竞争，因为他的新车要比 T 型车便宜得多。但他只是告诉媒体：“当前，福特汽车公司在汽车制造领域雇用了约 5 万人。我们新公司的员工数量将会是这个数字的 4 ～ 5 倍。”这些工人将会制造一些全新的东西。“新款车不会采用老款汽车上的任何东西……它将拥有全新的马达和固定装置。”而且这款汽车“进展顺利，我在加利福尼亚休假期间也一直在研究它”。新款汽车的售价为 250 美元。

埃德塞尔努力打消经销商们的疑虑，经销商和股东们一样担心。埃德塞尔安慰经销商，近期他们不会受到新车的威胁：“我们都知道，新车从设计、测试、制造到大批量上市，需要 2 ～ 3 年的时间。”在说完这番含糊其词但又令人不安的话之后，他又补充说：“我们希望能够将新公司定位为有轨电车的竞争对手，而并非福特公司的竞争对手。”与此同时，代理人开始接触福特公司的股东们，小心翼翼地表示自己有兴趣收购他们手中福特汽车公司的股份，并且礼貌地暗示当前是卖出股份的好时机。福特的这一策略十分有效，股东们没有意识到“新公司”是一种策略，而它“即将生产的汽车”也仅仅只是一种幻想。股东们纷纷开始同意出售股份。

但卡曾斯没有这样做。福特当年设计 T 型车时他还在那里工作。卡曾斯知道，福特不会放弃 T 型车，就像他舍不得自己的妻儿一样。卡曾斯曾目睹福特当年使用同样的策略买下了马尔科姆森的全部股权。代理人的最初报价是每股 7 500 美元，随后价格上涨，最终定为每股 1.25 万美元。此后，卡曾斯表示自己愿意出让股份，但价格必须是 1.3 万美元。

曾经胆小、热情的年轻律师约翰·安德森此前曾给父亲写过一封长信，恳请父亲给自己 5 000 美元用来进行投资，现在他已经成为一名有闲绅士。他发现现在的一切都是一位名叫斯图尔特·韦布（Stuart Webb）的人在经手。但韦布所代表的那位想要购买股份的人并不愿公开自己的身份。安德森早已经告诉韦布，只有其他所有股东都愿意出售股份时自己才会出售。1919 年 7 月 3 日，“韦布先生给我打来电话，表示他手上有一份文件，也许我会感兴趣”。于是安德森让他过来。这份文件是“提供给埃德塞尔·福特的期权文件，同意他有权以 1.3 万美元每股的价格购买卡曾斯先生所持有的福特汽车公司的股份”。

> 好吧，我仔细阅读了那份期权文件，它的确让我惊讶不已，因为这是我第一次知道股份购买者是谁。福特先生此前已经在媒体上否认说自己没有兴趣购买公司股份……
>
> “好吧，”我对韦布先生说，“我看到卡曾斯的股份售价比给我的报价要高。”

韦布非常不情愿地承认了这个事实，但也表示他对此无能为力。安德森说：“韦布先生，我不介意。如果说公司内有谁比其他人有资格在股份价格上要求多一点儿，我认为非卡曾斯市长莫属（他当时已经是底特律市的市长）。正是由于他的努力，这家公司才能取得如此成就。”这个答案让韦布很是吃惊，这让他也松了一口气。韦布交给安德森一沓文件，并且询问安德森是否可以看过文件后在下周一（也就是 7 月 7 日）给自己答复。

安德森回忆过往，思绪万千，他以自己特有的方式表达了他对奇迹般人生的惊叹和对慈爱的父亲的感激。“第二天，也就是7月4日，我……一个人在家待着。家人都去了海边，家里除了用人之外没有其他人。我在家中三楼的角落里有一个自己的房间，我称那里是我的密室。这个房间四周都是书架，上面摆满了书。书架中间摆放着一张桌子。”

在这个独属的空间里，安德森研究了那些数字，然后他意识到，如果他同意出售手中的股份，那么其售价实际上将远远低于自己这些股份的真实价值。因为他是唯一还没有承诺出售股份的人，所以他可以要求更高的价格。但他是否“要把这种难看的画面”呈现给福特呢？其他所有老股东都已经签署了协议。如果他不签署，那么就会影响到他们的计划。另一方面，他也在想，在听说卡曾斯的股份售价更高时，他最初的反应是否有点儿太过慷慨了？

> 所有这些想法在我的脑子里面萦绕。我想，如果我拒绝，要求加价200万或250万美元，那么纳税问题就来了。这样要求加价带给我的实际收益大概只有60或70万美元。天啊！于是我对自己说，想想福特先生为我做的事情，想想我现在住的房子，再对比一下我在1903年公司创立之时住的那个寒酸的家，想想我现在的工作和外出旅行的机会，这一切都归功于福特先生。所以我问自己说：“约翰·安德森，你是要做一个忘恩负义的人，还是做一个真正的男人？”
>
> 我决定不做一个忘恩负义的人。

周一，安德森告诉韦布他同意了，然后整个交易进行得非常迅速。据媒体报道，交易在4天后（也就是7月11日）完成。安德森拿到了1 250万美元，而且他此前已经收到了近500万美元的红利。卡曾斯获得了3 000万美元。约翰·格雷已经带着投资汽车是否是明智之举的疑惑去了天堂。他的继承人得到了2 600万美元。

福特对华尔街和美国东部所有傲慢自大的金融机构都极不信任，但他现在不得不放下自尊来申请7 500万美元的贷款，用以支付收购股份所需的资金。整个过程他都非常冷酷，但等到一切问题都解决后，他已经登上了此前无人能及的一个高度。约翰·洛克菲勒（Jhon Rockefeller）在标准石油公司所持有的股份从未超过1/3，当1913年J. P. 摩根（J. P. Morgan）逝世时，洛克菲勒才惊奇地得知这位美国最著名的金融家的身家竟如此之少。但到1919年底时，亨利·福特个人已经持有了美国最大的公司的所有股份。他的公司价值近5亿美元，而且同他的钢琴和鸟舍一样，这家公司完完全全都是他一个人的。

令人挫败的《芝加哥论坛报》诉讼案

1919 年是福特取得胜利和巩固成就的一年，也是亨利·福特人生中最痛苦的一年，这一年改变了他的人生。

塞缪尔·马奎斯写道：“福特似乎在逃避一些会面，因为他在这些场合必然会发表一些让人不快的言论。他是爱尔兰人的后裔。他的眼睛始终盯着对手，而事实上也有许多人的眼睛在盯着他。他是掌握‘等待’艺术的大师。我觉得这是他喜欢打官司的原因之一，因为诉讼通常要拖很长的时间。那时有许多法院的诉讼，诉讼越多福特越开心。”

福特在与《芝加哥论坛报》（*Chicago Tribune*）的纠纷中没有发现多少乐趣，反而倍感痛苦。内文斯写道：“这个事件源于一篇社论，在《芝加哥论坛报》的历史上，还没有哪篇社论能像这篇一样愚蠢和令人讨厌。”

这场麻烦可以追溯到 1916 年。当时潘乔·维拉（Pancho Villa）和其手下在墨西哥边境相当活跃，于是威尔逊总统调来了国民警卫队。那时《芝加哥论坛报》正对战争满腔热情，他们安排自己的记者去接触大型企业，调查这些企业是否计划为那些前去追捕维拉的队伍提供支持。《芝加哥论坛报》在底特律的记者打电话找到了福特公司的财务主管弗兰克·克林根史密斯（Frank Klingensmith）。在没有和老板或其他任何人商量的情况下，克林根史密斯表示，任何前去追捕维拉的福特公司员工都将会失去自己的工作。他后来在法庭上否认自己说过这番话，而且事实也并非如此。89 名福特公司的员工在边境服役，他们后来都返回了自己此前的岗位或者被安排了更好的岗位。但那个答案对《芝加哥论坛报》来说已经足够了。该报的社论标题是“福特是一位无政府主义者”。社论表示：“如果福特禁止员工为国家服务，那么这充分显示他本人不仅仅是个无知的理想主义者，而且无视保护他财富的国家，纯粹是一个无政府主义者。”

福特也许对这篇社论不曾在意，但他的律师阿尔弗雷德·勒金（Alfred Lucking）却力劝他将这份报纸告上法庭。不用多说，就像马奎斯观察到的那样，福特喜欢站在证人席上高谈阔论，于是他高调地告诉勒金：“好吧，以诽谤罪起诉他们。”

勒金照做了，并且要求获得100万美元的赔偿金。但勒金第一步就走错了。如果他仅仅是就“无政府主义者”和“无政府主义”这两个长期以来被法院认定为诽谤的词语提起诉讼，那么他可能早早就赢了这场诉讼。但他选择引用了整篇社论，从而也包括了“无知的”这个词语。马奎斯写道：“在商业界，有许多杰出人物并没有比福特见识更多，但在不熟悉的问题上，他们会保持沉默，并且相应地减少曝光度。”当时福特迫切地想要就所有话题发表言论。他表示自己之所以提起诉讼，很大程度上是因为他想要“教育一下人们”。他并不知道自己所知甚少，但很快他就发现了这一点。

这场诉讼案吸引了越来越多人的关注。福特的律师们并不想在《芝加哥论坛报》的主场芝加哥接受审判，而《芝加哥论坛报》也不想在底特律接受审判。双方最终达成统一，将审判地点定在安静的度假小镇芒特克莱门斯（Mount Clemens），它位于底特律东北约32千米处，因拥有硫黄泉而闻名。福特在那里成立了自己的新闻办公室，以确保自己这方的新闻报道能够覆盖一些小城镇，因为他认为小城镇的人会是自己最有力的支持者。

这个案件于5月12日开庭审理，陪审团由11名农民和1名修路工人组成。其中一个陪审团成员告诉法庭，尽管他本人拥有一台T型车，但“那并不会促使我偏袒福特先生”。

福特的对手是宿敌埃利奥特·史蒂文森，只是这一次，史蒂文森不会针对汽车这个话题向福特提问，因为福特比世界上任何人都更为了解汽车。3年前，福特曾经告诉《芝加哥论坛报》的记者：“我对历史了解不多，它对我而言毫无意义。我们想要生活在当下，那么唯一有价值的就是我们今天创造的这段历史。我们不需要在书本、历史和传统中反复体验过去，而是应更多关注现在，我们已经做了太多的回顾。我们要做，而且要立刻去做的就是现在去创造历史。那些对当前欧洲战争负有责任的人非常了解历史，但他们还是发动了世界历史上最惨烈的战争。”

福特的律师们发现，史蒂文森试图通过向福特提出一些有关美国历史的问题，来借此证明他的无知。于是他们匆匆忙忙地给福特上了一堂历史课。只是这一做法的效果并不好。E. G. 皮普（E. G. Pipp）是一位站在福特这方的记者。他记得勒金在给福特上历史课时一开始是这样的。

> 勒金讲道："现在，不要忘记这一点，记住佛罗里达州的撤离……"但福特会离开自己的座位，盯着窗外。"那架飞机飞得真低，对吧？"他会问道。勒金再次让他坐下，但福特又会突然跑到窗户边说："看看那只鸟，是一只漂亮的小家伙，不是吗？有人在喂它，不然它不会常常飞回来。"

在那些沉闷无趣的课程进行的同时，诉讼已经围绕"无政府主义"的含义和墨西哥边境暴力盛行这一角度展开了。这些，主要是为了证实福特的举动给国家带来的危害。法庭甚至找来了一些真正的得州游骑兵来讲述与维拉部队之间的枪战。

尽管这些外来人员在芒特克莱门斯的大街上走来走去，但人们关注的焦点仍然是福特。7 月 14 日福特出庭作证。这是诉讼案进行的第三个月的第一天，报纸记者们打出了一个发自内心的口号："圣诞节前离开芒特克莱门斯。"当福特出庭时，他们都很投入，也相当警觉。

史蒂文森走到福特面前。这一次他的提问没有涉及不给股东支付公司利润的道德性问题。"你自称是教育者，对吧？现在，我将通过提问的方式来确定你是否是一个见多识广的人，是否有能力来教育人们。"接着，史蒂文森搬出了福特早就广为人知的有关历史的那番言论，并问道："你是否曾经说过这段话？""我并没有说历史是一堆废话。只是它对我而言意义不大。"福特说。

史蒂文森试图强调福特说过"历史是废话"的这番言论。他此前一直字斟句酌地说话，想把福特弄晕。现在，他又夸张地问了一个问题："你认为我们可以在不了解历史的情况下，在国防方面或类似领域为未来做好准备吗？"但答案并没有朝这位律师希望的方向发展。福特谈到了他此前试图阻止的那场冲突："在我们参战时，过去对我们而言并不重要。"史蒂文森想拉回话题："福特先生，请回答我此前的问题。""我认为我已经竭尽所能进行回答。历史不会帮助我们取得胜利。"福特按着自己的思路解释道，"在当前这场战争中……飞艇和我们所使用的其他武器在一周后就会过时。"史蒂文森极不高兴地问道："这和历史有什么关系？"尽管史蒂文森可能是法庭上最出色的律师，但他没有弄懂福特的意思。曾经用机械改变历史的这个人自然会从机械的角度来回答律师的问题，而飞艇被淘汰就意味着，即使战争仍然在继续，但一个世纪以来确信无疑的事情和传统已经改变了。福特是在说，历史是可塑的，也是易逝的。在某个时代至关重要的经验教训可能会像他所说的一样，在一周内就变成陈词滥调，变得过时。

《芝加哥论坛报》曾给福特贴上了“无知的理想主义者”这个标签，所以史蒂文森继续针对这一点发问。福特说：“我承认我在一些事情上的确无知。我对艺术就一无所知。”史蒂文森继续问美国是否曾经出现过任何革命运动。福特回答说：“据我了解是有的。”史蒂文森追问：“什么时候？”福特答：“1812 年。”史蒂文森又问：“1812 年战争？”“是的。”“还有吗？”最后史蒂文森问。“我不知道。”福特疲倦地说道。

整个作证持续了数日，而且情况越来越糟糕。有时候，福特也会占据上风。史蒂文森问他：“美国最初是什么？”福特停顿了一下，讥讽道：“我想是陆地。”当史蒂文森请他给“理想主义者”下个定义时，他简单地重复了当年在与道奇兄弟诉讼案中所说的一句话。福特回答说：“可以帮助其他人致富的人。”

但这种精彩的时刻很少。史蒂文森问：“什么是门罗主义？”福特答道：“一条美国法规。”史蒂文森问：“你是否知道美国国会大厦在 1812 年被烧过？”福特答道：“我听说过。”史蒂文森问：“什么是大吹大擂？”福特答道：“就是无赖做的事情。”史蒂文森问：“什么是叛国罪？”福特答道：“任何反对政府的行为。”史蒂文森问：“什么是无政府？”福特给出了一个从报刊漫画上看到的答案：“推翻政府，投掷炸弹。”

以下就是最后那段令人痛苦的交锋：

> 史蒂文森：你听说过贝内迪克特·阿诺德（Benedict Arnold）吗？
> 福特：我听说过这个名字。
> 史蒂文森：他是谁？
> 福特：我忘记他是谁了。我猜他是个作家。

诉讼案一直持续到 8 月 14 日。当日，耐心的陪审团在审理案件后的 10 个小时内就做出了宣判。陪审团裁定《芝加哥论坛报》犯有诽谤罪。福特获得了 6 美分的赔偿（一位记者想知道他计划如何来花掉这笔钱）。

《文摘》（*Literary Digest*）的记者在庭审期间看到福特摆出了标志性的姿势。“他坐在一把靠墙的椅子上。长长的双手紧紧抱着自己瘦弱的膝盖，脸上的表情看上去颇为和蔼耐心……当被询问时，他会用手摸着自己长长的下巴，这是一种非常具有乡村特色的姿势。在思考时他也会舔舔自己的嘴唇，眼角低垂。当对什么东西感兴趣时，他则会将身子往前倾。福特两腿交叉着坐在法庭上，让人想起乡村小店里的哲学家。”

这种睿智的冷峻仅仅只是装模作样，而且福特也很难一直保持这种姿态。他是一个喜欢恶作剧的人，但他从来都不想成为被他人恶作剧的对象。现在，他知道自己成了全美的笑柄。《纽约时报》表示：“福特先生经历了对其智力的严格考试。他还没有及格。”《纽约论坛报》发现他“幼稚无知，而且荒谬至极”。而《华盛顿邮报》则说得相当简单：“他就是个笑话。”约翰·里德对福特的幻想早已经破灭，因为他认为福特汽车公司社会部对员工的干预其实是有百害而无一利的。但在诉讼中，他还是站在了福特这一方，他同情这位“有点儿孩子气的人物，长长的双手不断地相互摆弄着……瘦削的脸庞被太阳晒黑了，嘴角和鼻翼就像是一个思想单纯的圣人”。《俄亥俄州报》（*Ohio State Journal*）认为这位汽车制造商的表现让他自己蒙羞了，但也表示：“不管怎样，我们还是喜欢亨利·福特。”小城市报刊上的社论也表示它的读者根本就不在乎福特是否了解 1812 年的战争。

对于这些友善的声音，福特根本不领情。他曾经慷慨大方地推出 5 美元日薪政策，激情地开展后来的和平号之旅，但在《芝加哥论坛报》诉讼案中产生的痛苦回忆让这种宽厚大方发生了扭曲，使福特失去了光芒。这次案件带来的痛苦让福特变得越来越偏狭，也让他对某些事情产生了许多未经核实的偏见，这一切似乎也并未让他汲取到任何教训。这场诉讼促使他自学了一番历史，就像他当初自学工程学，并研发出能走入博物馆的机械一样。这场诉讼案带来的好处遥不可及，而它带来的痛苦却近在咫尺。这让福特很气愤，让他相信自己没有真正的盟友。

我们不得不说这些结果在很大程度上是勒金造成的。如果他此前没有劝说福特起诉《芝加哥论坛报》，或者如果他没有从一开始就搞砸整个案子，也许福特当年启动和平号之旅的那股激情会持续保持到 20 世纪 20 年代，他就还有可能创造出某种造福于整个国家的更为复杂和高效的机械装置。福特拥有足够多的方法和精力来产生这样的影响。

内文斯表示："《芝加哥论坛报》诉讼案给福特所造成的伤害是公众的不幸。"所谓"公众的不幸"，内文斯是指全美的不幸。这场诉讼案遏制了福特无私的本性，让他把大量的时间和财富浪费在了毫无意义的事物之上。

第 16 章

收购《迪尔伯恩独立报》，名声一落千丈

福特渴望登上更大的舞台

1917 年，《纽约先驱报》的一名记者前往底特律，向亨利·福特提了 10 个问题。这听起来像是一个非常简单而且相对轻松的任务，但事实并非如此。这位名叫威廉·C. 理查兹（William C. Richards）的记者知道，福特兼具追求公众关注的外向性格和令人难以接近的内在特质。不过理查兹成功地应对了这种情况，并且向福特提了 10 个问题。“这是我第一次和福特交谈，让我印象最深刻的就是他非常坦率地表示有 4 个问题自己不知道答案，而且也不会去乱猜。”他很快回答了其他 4 个问题，而当问到“第 9 个问题时，他认为该问题是个陷阱，所以拒绝回答。这个问题的确是我们设置的陷阱。面对最后一个问题，他停顿了一下，好像嘴里含着一颗很苦的药，犹豫到底是吞下去还是吐出来……”

“最后一个问题，福特先生。”理查兹满怀信心地开始发问，但是他马上就失去了勇气。理查兹声称这个糟糕的问题是由编辑提出的。这个问题是：“作为世界上首位资产突破 10 亿美元的富翁，您有何感受？”福特当时的身家还没有这么多，当福特听清楚这个问题后，他在椅子上扭动了一下身体，眼神变得不那么淡定了，他冒出一句粗俗的脏话，然后说：“不值一提！”

不过，面对 10 亿美元身家要怎么做？这是福特面对的最大问题，这个问题

并不容易解决。他此前未能成功阻止的战争在一年后结束了。工厂继续生产着T型车，还是一成不变的黑色，连索伦森都开始厌倦看到这些。这在1915年后，黑色是工厂唯一提供的颜色。之所以只提供黑色车，并非像民间传说那样，是因为黑色油漆干得快一些，而是他们为提高生产率、简化生产过程所采取的策略。

而在此时，福特厌倦了这一切。他看到了未来10年，美国的街道上充斥着数以百万计的新款T型车，除此之外看不到其他东西。他已经优化完善T型车到了无以复加的程度。5美元日薪所带来的关注已经在暂时的繁荣中消退。福特公司现在的最低日薪达到了6美元，但这条举措的推行并没有带来什么影响。福特也可以看到，战争带来的压力让他的流水线生产方式比和平时期更快地进入了许多工厂。他一直与他人分享自己的工业技术，从未试过要通过专利诉讼来阻挠竞争对手。现在有许多购买了新设备的工厂会成为他的竞争对手，不过这并不是让福特焦躁不安的原因。福特想念塞尔登诉讼案、和平号和与道奇兄弟的较量所带来的刺激感。当然，他也怀念当年美国人努力工作，只为给家中添置福特公司制造的汽车的场面。他渴望登上更大的舞台。他曾经认为《芝加哥论坛报》诉讼案可以让他体会到这种感觉，但事实上，这起案件却给他带来了痛心的绝望。

1918年，福特获得了一个展现他善良和美德的平台。他买下了当地一家名为《迪尔伯恩独立报》（*Dearborn Independent*）的周刊，并且聘请了E. G.皮普担任编辑，聘请弗雷德·L.布莱克（Fred L. Black）担任业务经理。皮普是一位能力出众且思想开放的新闻记者，他目睹过在《芝加哥论坛报》诉讼案中毫无成效的所谓关于历史的争论。布莱克了解印刷相关的事宜，福特承诺他们将享有编辑自主权，除了周刊要保留一个被称为“福特先生的版面”之外。这个版面将由总经理欧内斯特·利伯尔特（Ernest Liebold）负责。利伯尔特为福特处理了许多事情，他这一生的工作就是做福特不做的事情。

利伯尔特是从1911年开始接管福特不做的那些事情的。福特清楚地知道T型车每个零部件的制造成本，他会开心地花10万美元购买一台机器以便能够每天节约几美分，而且他也曾利用降价策略击败了所有竞争对手，直至“天下无敌”。但他在支配自己的金钱方面却随意得惊人。一天，克拉拉打算将福特的西服送去清洗，在检查衣服时摸到裤子口袋里面有什么东西。她伸手从口袋里掏出一张皱巴巴的7.5万美元的有效支票。克拉拉当时仍然非常节俭，还常常给丈夫缝补袜子。这种情况让她很震惊。她请卡曾斯给自己的丈夫找个人来处理个人财务问题，卡曾斯表示他认为利伯尔特会很适合。

利伯尔特 1884 年出生于底特律，年轻时在一家储蓄银行工作，在那里接受过商业培训。他出色的能力吸引了卡曾斯的关注，卡曾斯将利伯尔特引荐到了一家新成立的银行。后来当福特本人想要拯救迪尔伯恩市一家经营不善的私人银行时，他将这份工作交给了表现非常出色的利伯尔特，福特将自己的钱也存在了那家银行，而这家银行后来发展成为迪尔伯恩州立银行。福特很快就对利伯尔特信任有加，并让他管理自己的个人财务。在得到克拉拉和福特的委托后，利伯尔特负责为福特打理所有不直接涉及汽车制造的家庭事务。他从来没有被福特汽车公司正式聘用过，但和其他所有人相比，他可以更轻易地接触到福特，对福特的影响也更大。

利伯尔特得到了福特的充分信任，甚至可以开他自己的薪水支票。他与卡曾斯同样能干，曾为福特担任业务经理和执行秘书。当福特要在迪尔伯恩修建一所医院时，他负责监管工作。在福特收购了一家破旧的铁路公司后，利伯尔特修复了这条铁路线，出售后赚取了 900 万美元的利润。福特自然也会让他在《迪尔伯恩独立报》中担任要职。没有人会去质疑利伯尔特的品质，但也不可能有人会喜欢他。利伯尔特也十分清楚这一点。“我给自己定了一条原则，那就是在这家公司不能有任何朋友，”他对弗雷德·布莱克说，“我不能和任何人扯上关系。”这一点也非常合福特的心意，他说过“当你雇用一个看门人时，你肯定不希望他欢迎所有走进大门的人”。

在福特购买《迪尔伯恩独立报》之后，在皮普的指导下，该报的首刊发行于 1919 年 5 月 11 日。该报是黑白印刷的，内容包括提醒大家警惕垄断、介绍农业发展、转载其他报刊的各种文章等。《底特律时报》（*Detroit Times*）评论称它是“有史以来由拖拉机厂出版的最出色的期刊”。几乎可以肯定，这份报纸是中西部唯一一家援引塞缪尔·泰勒·柯尔律治（Samuel Taylor Coleridge）的话来抨击竞争对手的报纸。“福特先生的版面”是福特的金句摘选，开篇就引用了威廉·卡梅伦的话：“机会不会因为你穿着工装裤而忽视你。”

“让我们来制造轰动吧”

尽管福特的参与提起了人们的兴趣，但在《迪尔伯恩独立报》发行的头一年，这份报纸的发行量只有 5.6 万份，亏损了 28.4 万美元。第二年春天，读者人数降至 2.6 万。皮普认为补救办法就是举办一场小说写作比赛。从《纽约世界报》跳槽过来的约瑟夫 · J. 奥尼尔（Joseph J. O’Neill）负责管理芒特克莱门斯市的新闻办公室。但他与皮普的想法不同。在一份长达 14 页的备忘录中，他写道：“态度暧昧抑或是害怕伤害他人，这些会让我们止步不前……只需一个系列的精彩文章就能让数百万人关注我们。这一系列真实、有趣且直言不讳的文章只要处理得当，就会给我们带来持久的声誉……让我们来制造轰动吧。”

从那一天起到现在，奥尼尔的观点让福特汽车公司付出了数百万美元的代价（具体数目并未披露），而且让其创始人的形象蒙上了一层阴影，至今尚未完全消除。奥尼尔并未就《迪尔伯恩独立报》的轰动系列文章应该选择什么主题提出建议。皮普表示，确定主题是利伯尔特的事情。皮普看清了事态的发展，所以他不久后就从《迪尔伯恩独立报》辞职了。一个月后，这家周刊开始宣传激进的民族言论。

利奥 · 富兰克林拉比是底特律著名的改革派贝塞尔教堂的负责人，他曾经热情地支持 5 美元日薪政策，并且恳请该政策的受益者要努力工作加以回报。他在日记中写道：“此类针对犹太人的恶意只可能来自无知的人，而现在它出现在一家报纸上，这份报纸的所有者福特先生曾经被犹太人视为朋友。”富兰克林曾是福特的密友，也是福特在爱迪生大街的邻居。两个人关系亲密到福特每年都会送给他一辆新的 T 型车。那年春天稍晚些时候，当又有一辆 T 型车被送过来时，富兰克林让司机把车开回去，因为他不能接受这份礼物。福特颇为震惊，马上打电话过去：“出什么事了，富兰克林先生？我们之间出了什么问题吗？”

显然，福特与利伯尔特都深信，任何有责任感的犹太人都会感激有人向他们指出犹太人存在的问题，这样他们才能去改正。数日后，富兰克林在对当地一家报纸谈论起这件事时说：“具有思考能力的人极少会去相信那些针对犹太人的指控。但福特的刊物玷污了犹太人在大多数人心中的形象，尤其是在这个国家的小城镇。在那里，福特的话被人们认为是真理。”

但美国犹太人从未正式地抵制过福特的产品。最多的反应也就是当时康涅狄格州的教会在哈特福德市举行纪念哈伊姆·魏茨曼（Chaim Weizmann）和阿尔伯特·爱因斯坦的游行时，有400辆汽车参加，但“肯定不允许其中有福特汽车”。在20年后，阿尔伯特·卡恩用一种冷静的、哲学的观点评价福特“是一个奇怪的人。他似乎总是认为自己受到了自身之外的某个人的指引”。卡恩是一个非常务实的人，所以在面对攻击时仍然没有中断自己与其最重要的客户福特在业务方面的联系。但他再也没有同福特本人见过面。

《迪尔伯恩独立报》发起的这场运动并没有赢得众多支持。威廉·霍华德·塔夫脱、威廉·卡迪纳尔·奥康纳（William Cardinal O’Connor）和伍德罗·威尔逊都敦促福特停止这种“有敌意的宣传”。

同他在建立新企业时通常所采用的方式一样，福特让克拉拉和埃德塞尔也成为《迪尔伯恩独立报》的一部分：克拉拉是副总裁，而埃德塞尔是财务副主管。当针对犹太人展开的系列文章发表后，他们都辞职了。福特的经销商们没法辞职，但他们也提出了抗议。并不是说这份报纸的声誉影响了他们的生意，而是福特汽车公司规定他们必须每销售一辆T型车就得搭售一份报纸。这项举措在大城市里收效甚微，因为那里的经销商只会自行订阅该报，再时不时地给底特律寄张支票，为那些毫不知情的订报人付款。不过尽管《迪尔伯恩独立报》的发行量超过60万份，但在小城镇也没有引起什么轰动。负责明尼苏达州和弗吉尼亚州的一位代理人请求福特停止发表那些文章，因为他的房东正威胁着要驱逐他。对此，利伯尔特建议他购买自己的房子，那样他就不会有这种压力了。其他代理人则更直言不讳，一位纽约的经销商写信称，如果福特把钱花在改进汽车上，而不是兜售他的报纸，那么一切会更好。面对所有这类抗议，福特的回答非常强硬：“如果他们想要我们的产品，就要购买报纸。”

皮普当时已经创办了自己的报纸，而且他常常在报纸上吐槽自己对福特的失望之情。《迪尔伯恩独立报》突然停刊的原因到现在仍然是个谜。当时福特正计划竞选总统，停刊可能与此有关，不过皮普认为是福特在纽约的主要经销商，也是他所信任的加斯顿·普莱恩迪福（Gaston Plaintiff）说服了福特，让他相信这一系列文章正在损坏公司的形象，使汽车销量下降。

福特道歉，但名声不可挽回

1924 年 4 月，《迪尔伯恩独立报》因发表激进言论而被芝加哥知名律师阿伦・萨皮罗（Aaron Sapiro）起诉，卡梅伦冲在福特之前接受审判。

在大半个星期的时间里，萨皮罗聘请的律师满腹怀疑地听着卡梅伦温和但坚定地声称福特对自己报纸上刊登的内容毫不知情。要知道，此前利伯尔特和卡梅伦一再在宣传活动中保证，“《迪尔伯恩独立报》是亨利・福特自己的报纸，报纸上刊发的所有文字都经过了他的授权”，而且“我们进行任何非同寻常的项目之前都请示过他”。但此时他们宣称福特从未读过《迪尔伯恩独立报》上的哪怕一句话。连“福特先生的版面”都没有读过，他也没有在卡梅伦先生面前提到过萨皮罗先生。卡梅伦更是从未与福特谈过“任何关于犹太人的文章”。

在福特出庭前的那个周日晚上，他正沿着密歇根大道返回美丽路。这时，一辆斯蒂贝克车从侧面剐蹭到他的车，将他的车直接撞下了四五米高的河堤。一直到现在，这起事故的真实情况依然是个谜，甚至不清楚当时车内是否只有福特一个人。报纸大肆宣扬：“福特因暗杀受伤：随车摔下河堤。”他的伤情并不严重，但也摔得够呛，接下来几天没法出庭。同时在这起诉讼案中，陪审团也因为被指控受贿而被解散，法官宣布审判无效。这给了福特与萨皮罗庭外和解的机会，而福特也迫不及待地这样做了。

令卡梅伦和埃德塞尔震惊的是，福特发表了全面的道歉，不仅仅针对萨皮罗，而且还针对所有的犹太人。这是和解协议的一部分。他与他的两名助手，以及两位杰出的犹太公众人物——前国会议员内森・D. 珀尔曼（Nathan D. Perlman）和美国犹太人委员会（American Jewish Committee）主席路易斯・P. 马歇尔（Louis P. Marshall）共同参与了这项工作。马歇尔写信给一位同事说：“如果我拿了福特的钱，那么我一定不会帮他起草让他这么丢脸的声明。”

福特开篇表示，自己曾经“考虑过涉及犹太人的那一系列文章或许有失偏颇，但由于我日理万机，不可能全心去随时了解文章的内容”。所以他将所有的报道工作委托给了“负责报纸管理的人，也是我所信任的人”。“不过非常遗憾，我得知所有犹太人因此出版物而将我视为他们的敌人……各地的犹太人对我产生的愤怒是正当的，因为我的监管不善，而使报纸言论对他们造成了精神上的伤害……这件事情促使我亲自去确凿地了解这些文章的本质。经过调查，我承认自己的错误，也为之颇感羞愧。”福特表示，他异常惊骇地得知自己的报纸声称犹太人正在试图控制“这个世界的资金和工业”。“如果我此前了解这些文字的导向性，更不用说详细内容了，那我会毫不犹豫地禁止它们传播……我有责任弥补我对犹太人朋友所犯的错误，恳请他们原谅我在无意间造成的伤害……并且我向他们保证，从今以后，我一定会把他们当作朋友，友善地对待他们。”

《纽约先驱论坛报》（*New York Herald Tribune*）对这篇道歉稿完全不买账：“除了福特先生，没有人会对自己报纸经营中的重要政策一无所知。除了福特先生，没有人不清楚其激进言论在国内和国际上造成了何种反响。”但总的来说，犹太社会似乎对福特态度上的转变非常宽容。《犹太前进日报》（*Jewish Daily Forward*）表示：“福特坦率勇敢地承认了其报纸对犹太人的攻击，这将会大幅弥补此前所造成的伤害。”路易斯·B. 迈耶（Louis B. Mayer）则写道：“福特勇敢选择的立场让我激动不已。”

福特承担了16万美元的诉讼费用，并且关闭了《迪尔伯恩独立报》，结束了利伯尔特的编辑生涯，但依然让他留在自己身边。

在接下来的几十年里，福特汽车公司用足够的耐心和智慧，努力地消除福特给自己遗留下来的这种坏名声。如果萨皮罗的诉讼案和福特的道歉发生在1927年以外的任何一年，或许福特会更为仔细认真地对待道歉函中的内容。因为当时他正在处理更为紧急的问题，比愤怒的顾客放弃T型车而购买雪佛兰，或者是在证人席上遭受羞辱更紧迫。

第 17 章

T型车走下历史舞台

新任总裁埃德塞尔有名无实

“亨利，我羡慕你有一个这样的儿子。”1916 年 11 月 1 日，在埃德塞尔·福特的婚礼上，约翰·道奇曾经坦率而真诚地对福特说过这番话。所有和埃德塞尔打过交道的人似乎都喜欢他。

埃德塞尔比父亲矮，肤色也比父亲要黑一些，但两个人之间的差别更多的并不是在外观上。埃德塞尔不喜欢出风头。在担任福特汽车公司总裁的那些年里，他似乎从未在与商业相关的新闻发布会上发表过言论。当福特汽车公司的宣传人员想要在活动上为他拍照时，他通常会挥手示意不要如此：“你去找我父亲拍照吧。他喜欢这种事情，我不喜欢。”《费城调查者报》（*Philadelphia Inquirer*）曾经抱怨称，有史以来埃德塞尔对媒体说过的最多的话就是“找我父亲”。

埃德塞尔同父亲一样也痴迷于汽车，而且他从有记忆起就喜欢上了汽车。当然，与所有同时代的美国人相比，他关于汽车的记忆要比其他人早得多，他对于汽车的观点也更有全局性。当福特追求汽车之美时，埃德塞尔更关注外表之下的机械装置。埃德塞尔在 10 岁时就驾驶过属于自己的深红色 A 型轻便小跑车。T型车诞生一年后，也就是在他 16 岁时，他曾经让公司为自己生产过跑车版 T 型车。尽管卡曾斯对这种事情有种难以言说的憎恶，但他还是同意该车以低于成本价 200 美元出售。这辆车是当年最漂亮的 T 型车，有两个座位，相比其他福特车而言，这辆车的座椅要更低一些，更接近地面，转向轴的倾斜角度也更小。它相当时髦，深得福特的赞赏。

埃德塞尔在工厂内早已广受欢迎，工人们从来都不会因为执行他的项目有所怨言。他谦虚、机灵，性格开朗。数十年后，埃德塞尔的性格一点儿都没有改变，他的秘书 A. J. 勒平（A. J. Lepine）曾经写道："埃德塞尔的思维相当敏锐……眼睛非常亮，善于观察，闪烁着智慧的光芒……他非常幽默，喜欢笑，笑起来非常灿烂。他的记性也很棒……脾气很好，有很强的自控力……他从来不会去挖苦他人或说什么狠话。在不同意他人意见时他会保持沉默……他从不说脏话，或者说极少说脏话。他可能偶尔会采取合适的方式来表达自己的感受……但他从来不使用低俗的语言。"

埃德塞尔娶了埃莉诺・洛西恩・克莱（Eleanor Lowthian Clay），两个人是在舞蹈学校内相识的。埃莉诺的舅舅是 H. L. 赫德森（H. L. Hudson），底特律顶级百货商店的创始人。据一家报纸描述，赫德森是"这座城市最富有的商人"。福特父子在婚姻上都非常幸运。就像克拉拉全心全意对亨利・福特一样，埃莉诺对埃德塞尔也是全心全意的。而且同样重要的一点在于，他们两对夫妻都分别有着共同的兴趣爱好。

但这种相似性也在父子俩之间埋下了不和谐的种子。克拉拉和福特在修建美丽路庄园时建了一条保龄球道、一个游泳池、一个高尔夫球场，以及其他游乐设施，因为他们认为这些可以将唯一的儿子留在身边。他们希望儿子和新娘在夏威夷度完蜜月后立马就搬到美丽路庄园居住。但两位新人在格罗斯波因特建了一栋房子，而那个富人圈子让福特感到震惊和厌恶。埃德塞尔走的也是同其他富家子弟相似的发展路径。他想接近在学校里结识的朋友，成为那个圈子的一部分，但那个圈子的人通常会抽烟，而且在亨利・福特看来，更为糟糕的一点在于他们还喝酒。不过，索伦森说他从未见过埃德塞尔手里夹着香烟。克拉拉似乎对抽烟更为介意，但她挚爱滚石啤酒，这款啤酒的酿造商位于宾夕法尼亚州，不管克拉拉距离那里有多远，福特农场的负责人始终会确保克拉拉可以随时享用到这款啤酒。

“他们一心想要埃德塞尔能够出人头地，”索伦森写道，“但福特夫妇又不想让他们的儿子长大。他们希望儿子留在自己身边，然后主导他的所有想法。”埃德塞尔搬到了格罗斯波因特，和亨利·福特认为品德存在问题的朋友们生活在一起，这种情况导致两代人之间出现了裂痕，而且这种裂痕从未得到完全修补。

埃德塞尔夫妇生活得很好，但与20世纪20年代初那些花天酒地的年轻人完全不同，他俩的所作所为让小说家和电影制作人着迷。索伦森总是赞扬自己在福特汽车公司的工作，也认为自己不知疲倦地履行了职责，而即便是如此，认真的他也承认：“埃德塞尔工作非常认真，总是早早地来上班。”

埃德塞尔最初在福特汽车公司担任财务副主管，这个职位是卡曾斯在1915年辞职后空出来的。埃德塞尔接替了卡曾斯的工作，踏上了一条曲折的道路，余生一直在这条道路上坚持。在道奇兄弟提起诉讼后，福特就不再参加董事会的会议，于是埃德塞尔就陷入了这些始终喧嚣且充满芒刺的会议中。

但更大的喧嚣即将来临。在美国参加第一次世界大战后，索伦森立马就为埃德塞尔起草了延期服役的文件。福特当然对此颇为感谢，也提供了支持。埃德塞尔与此事没有丝毫关系，他告诉马奎斯：“战争中我唯一不想做的事情就是做一个富人的儿子。”马奎斯和索伦森都坚决反对埃德塞尔的立场。但埃德塞尔并不是傀儡，他也负责公司的具体业务，他在工作岗位充分展现出有条不紊的组织能力和明智果断的决策力。如果不是父亲时不时本能地制造点儿意外之事，他也不会常常偷偷溜出会议室，去观察麻雀梳理羽毛。埃德塞尔做出了让步，接受了延期服役，在战争期间一直在公司工作。马奎斯写道：“我们看到他日复一日地坚持工作，迎战困难，承担巨大责任，带领美国最大的企业从日常的和平状态进入百分百的战争状态。”皮普说：“埃德塞尔·福特没有穿上军装，但这比穿上军装需要更大的勇气。”

不出意外，西奥多·罗斯福反对延期服役。可能除了芙洛·齐格菲尔德（Flo Ziegfeld）之外，美国人中只有罗斯福与福特一样渴望得到公众关注。罗斯福多年前就开始抱怨这位汽车制造商名不副实：“福特同‘现代公关之父’‘马戏之王’P. T. 巴纳姆（P. T. Barnum）一样，只是一个出色的广告商。”而战争和埃德塞尔的延期服役申请让他有了具体的指责对象：“福特先生代表和平主义者在和平号上的支出……同他其他所有行动一样，彻底摧毁了美国人的道德心。福特先生的儿子没有按时入伍，而父亲也认同儿子的做法，这完完全全地代表了此类和平主义宣传不可避免地带来的道德沦陷。福特先生的儿子有一个腰缠万贯的父亲，如果他去参战，他的妻儿照样可以衣食无忧，而他的参战也丝毫不会影响他所在企业的生产效率。”埃莉诺很快生下了自己和埃德塞尔的第一个儿子亨利·福特二世。

这份声明流露出罗斯福对福特深深的敌意，部分原因是罗斯福的幼子昆廷在西部战线上驾驶驱逐机时遇难，另外罗斯福也可能想要借此把福特驱逐出参议院。威尔逊总统尽管与福特在和平号问题上存在分歧，但还是邀请福特参加1918年的参议员竞选。为此，福特进行了美国历史上最缺乏热情的政治竞选活动，在整个过程中，他没有发表过任何竞选演说。

福特在竞选中近乎隐身的行为并没有能让这场竞选活动远离恶意，相反许多的恶意直接针对埃德塞尔。“为什么不将不可或缺的埃德塞尔送到参议院去呢？”一些报刊发问道。一位编辑表示，当昆廷在法国上空被击中时，埃德塞尔和妻子正在底特律乡村俱乐部为一些富人朋友举办派对。福特的反对者说：“他让自己的儿子在圣诞节前远离了战场。”这些尖酸刻薄的话语对任何人来说都难以接受，对于自尊心很强的埃德塞尔来说尤为如此。尽管埃德塞尔因为躲避服兵役而被百般嘲笑，福特在竞选活动中也表现得非常消极，但福特却差一点儿就赢了。如果他能够再争取到2200张选票，那么就可以击败共和党对手，而且很可能让美国成为国际联盟中的一员（在近乎四分五裂的参议院内，只要民主党再多争取一票，这项决议就会提交给副总统来定夺）。

就在这场失败让福特慢慢品尝怨恨之时，道奇兄弟提起了诉讼，然后福特收购了所有股东的股份，再后来他就经历了《芝加哥论坛报》诉讼案。在道奇兄弟诉讼案中，埃德塞尔站在证人席上的时间和父亲一样长，原被告双方都被他沉稳的表达所惊叹。

后来，埃德塞尔成了公司的总裁，而且余生一直都在担任这个职务。事实证明，这个职位与其他所有公司的总裁一职截然不同，因为公司创始人不仅仅是新任总裁的父亲，而且从未将权力之棒交出来。索伦森写道：“福特持续不断地制造混乱。”他最初让自己的助手们相互竞争，为他们设置重叠的权限，看谁能够在捍卫自身领域时更为强硬。自始至终，福特都会故作天真地去提醒一个人提防另一个人，好像一个在派对上偷听到某种秘密的善意邻居。而埃德塞尔痛恨混乱。他知道，当企业达到如此规模时，就必然有了所需的人力资本。领导者不能让自己最富斗志的经理人像斗鸡一样彼此为敌。他认为应该推动员工间的合作，充分发挥他们的潜能。这种方式对福特而言没有任何吸引力，他担心这是儿子的软肋。多年来他一直说：“埃德塞尔必须变得更加强硬。”而要让他变得强硬，就要去折磨他、否定他、刺激他，直到他尖叫。但埃德塞尔不会尖叫，要说人们对他有什么意见的话，那唯一的意见就是他在反抗福特时应该更加强硬一点。但那并非埃德塞尔的本性。他始终遵从父亲的指引，这并非是出于愚孝或胆怯，而是因为他深深地尊敬父亲所取得的成就。他推动的项目在最初获得了批准，但在实施过程中一再被中止，而且亨利·福特通常采用的是最羞辱人的方式。尽管这种情况下埃德塞尔的眼泪都快流出来了，但他还是会说：父亲创造了这家公司，他是老板。

福特不但折磨他儿子，而且还与自己的经理人为敌。20 世纪 20 年代初，T 型车进展一切顺利，持续不断地为公司带来巨额财富。福特越来越容不下那些曾经帮助他发明 T 型车的人。即使已经成为世界上最著名的人之一，他似乎感觉自己的知名度还不够。

早些年，福特善于结交朋友（埃德塞尔也继承了他的这种天赋），他很乐于与同事们分享胜利果实。《福特时报》曾在 1908 年发表评论，在创造 999 车型的过程中，威尔斯与福特的贡献是一样大的。3 年后，这份杂志刊发了一张照片，并配上文字说明：“亨利·福特先生和蔡尔德·哈罗德·威尔斯先生共同发明了福特汽车。”

随着 5 美元日薪政策的出现，福特越发认为荣誉只能属于一个人。这种变化发生得很快，索伦森写道：“当亨利·福特变成一个家喻户晓的名字时，福特汽车公司内只要有人一时的曝光度高过他，他就会心生妒忌，然后一个接一个地把人清除出去。”马奎斯注意到了正在发生的情况，也看到了聪明的福特员工如何做出回应——任何赞扬都只能属于老板一人。“每当有人因为约翰·李宽广的胸怀而送花给他时，他都会把花转送给福特。不会有人解释这究竟是为什么，而亨利·福特就理所当然地留下了那些花。”

大概在 1920 年，“一位全美知名的法官”告诉马奎斯：“我非常崇拜亨利·福特，但有一点我无法理解，那就是他无法留住自己的高管和旧时的朋友。”马奎斯表示这与能力无关，“他只是没法控制自己。他天生就是如此。”卡曾斯就是最初离开的人之一。他选择离开固然是由于与福特的分歧，但如果福特努力挽留的话，还是可以将他留下来的。如果说福特和卡曾斯之间只是有过共同目标的话，那福特和威尔斯在最初就是密友。威尔斯为福特汽车设计了标志，而他在机械方面的出色能力也为 T 型车做出了巨大贡献。威尔斯厌倦了自己的职责被接连剥夺，但他的离开可能更多地反映了福特对任何不顺从他的人越来越没有耐心这个问题。

与伊万杰琳有关的神秘往事

在公司就职期间，蔡尔德·哈罗德·威尔斯被人誉为猎艳高手。当有消息说他要离开时，一位由福特直接管理的名叫哈罗德·希克斯（Harold Hicks）的年轻工程师冒失地问自己的老板，威尔斯的离开是否与男女问题有关。听到他的问题后，福特觉得很好笑：“男女问题！为什么，希克斯，福特汽车公司不会干涉员工的感情问题。”

威尔斯身边从来就不乏女性，没多久他就注意到了伊万杰琳·科特（Evangeline Côté）。她是一位法裔加拿大人，16 岁时加入福特汽车公司。当时她的父亲生病了，她必须工作来养家糊口。她乐观聪明、意气风发且野心勃勃。1909 年，她进入速记部，到 1912 年时，她已经成了这个部门的负责人。

威尔斯一发现伊万杰琳后，就任命她为自己的私人秘书。在随后发明装配流水线的那些光辉灿烂的岁月里，福特和威尔斯常常待在一起，福特也逐渐认识了伊万杰琳。不久后，她就成了福特的特别助理。伊万杰琳一直仰慕福特，这种感情是真挚的，而且持续了 30 年。伊万杰琳与克拉拉存在天壤之别，她不会围着自己的花园团团转，她与自己的老板一样爱好运动，而且也相当自信。她是三州女子轻驾马车比赛的冠军，后来成为密歇根州第一位获得飞行员执照的女性。伊万杰琳购买了一架柯蒂斯（Curtiss）水上飞机，但仅凭她微薄的工资是做不到这些的。

福特似乎对伊万杰琳一见倾心。伊万杰琳个子矮小，仅仅只有 1.5 米高，但像运动员一样身材匀称，性格活泼，笑容充满自信。她比福特信任的一个名叫雷・达林格尔（Ray Dahlinger）的员工年轻 8 岁。达林格尔曾经是底特律一家百货商店的楼面经理，周薪 13 美元。霍勒斯・H. 拉克姆和妻子在那儿购物时遇到了他，拉克姆是约翰・安德森的合伙人。达林格尔看到了机会，利用三寸不烂之舌说服了这位股东，让他在福特汽车公司为自己找一份工作。达林格尔被安排在流水线的末端工作，负责对成车进行简单的溅射测试，以确定这些汽车是否可以发货。福特通常喜欢随机抽取一辆全新的汽车，看汽车性能如何。所以他注意到了达林格尔并且很信任他，有时候福特会让达林格尔做自己的私人司机。在和平号起航时，达林格尔既是老板的保镖，同时也负责监管老板随身携带的大笔现金。回到美国后，达林格尔并未回到工厂，而是在美丽路庄园扮演起多种角色：司机、园艺顾问、勤杂工人，并且在后来成为福特所有农场的管理者，以及试车驾驶员（作为试车驾驶员，他常常让福特的工程师们迷惑不解，因为在每次试驾之后，他只会给出“很棒”或“很差”的结论，但从来不会详细说明原因）。显然，福特找到了一个让伊万杰琳逃离威尔斯魔爪的办法，他让伊万杰琳嫁给达林格尔，力劝两人接受自己的提议。两人在 1918 年 2 月成婚。

夫妻二人很快就变成了福特的私人员工，并且搬入了福特送给他们的结婚礼物——位于迪尔伯恩市的一座现代化大农庄里。福特会在那里和他们商讨事情，一谈就是几个小时。此后他们又搬到了休伦湖畔的一栋避暑别墅，那里有一架柯蒂斯水上飞机及相应的停靠坡道。另外有一块 1.21 平方千米的土地，里面养着 300 头牛。一年后，他们搬入了一栋都铎式的大宅，位于里弗鲁日河的上游，距离美丽路庄园有 5 千米的距离。那里有 9 个壁炉、8 间浴室、一个冷藏毛皮储藏室，以及供达林格尔夫人的马匹使用的 800 米长的赛道。那里还有可停放 6 辆车的车库，以及一栋简易平房。福特告诉曾设计过格林菲尔德镇的建筑师爱德华・卡特勒（Edward Cutler）将平房装修成一个公寓，以方便达林格尔居住。达林格尔对此并不开心，一封被保存下来的他给妻子的信中写道：“你提到了两张单人床。我觉得它们只适用于生病的人，而不是相爱的两个人……我希望我们的房间里有一张床，只给你和我，这样说没错吧？”

1923 年 4 月 9 日，伊万杰琳・达林格尔在亨利・福特医院生下了一个男孩。福特立刻就赶到了医院，他仔细地打量着那个孩子，并且马上雇用产科病房的负责人林奇护士去达林格尔的家中照顾那个被取名为约翰的婴儿。林奇护士在达林格尔的家中待了 24 年。一个月后，福特送给约翰一份有点儿让人难以理解的礼物：一匹设得兰矮种马。他也给约翰的父母送了一个木制摇篮，60 年前福特的母亲曾经把他放在这个摇篮里面摇来摇去。

福特从未刻意掩饰过自己对达林格尔太太的喜爱，她也将与福特共度余生。鲁莽的希克斯和其他许多人都认为那个孩子是福特的。福特花费大量时间来陪约翰（福特告诉约翰是他缔造了新世界），但并没有任何直接的证据来证明那个孩子是福特的。福特本就是一个对自己的工人非常关心且慷慨大方的人。但在他的人生中并没有相似的事情发生过。约翰·达林格尔认为自己就是福特的儿子，并且在 1978 年出版了一本回忆录，愤愤不平地提到了这一说法。

当然，约翰·达林格尔的待遇和任何富家私生子享受到的一样。他出生后没多久就得到了设得兰矮种马，此后又得到一辆有发动机的迷你跑车，以及一辆拖拉机的比例模型，其成本不比真的拖拉机低。7 岁时，约翰得到了一辆经过改装的 T 型赛车，这辆车参加了印第安纳波利斯 500 公里大奖赛。比赛后没多久，这辆车又进行了进一步的改装，以便年幼的主人的脚可以踩到踏板，沿着母亲的赛马道驾驶这辆车。约翰作为克拉拉和福特的孙子一辈的玩伴被带入了美丽路庄园。孩子们小的时候还能接受约翰的存在，但随着他们长大，就开始心生疑惑，并且慢慢地疏远了他。约翰在称呼他认为的父亲亨利·福特时只喊他的姓。他写道："福特一点儿都不温和，但我感觉他喜欢我在身边，而且有时候他还会让我有种安全感。"

约翰在自己的回忆录里讲述了一些故事，有些故事显然是来源于内文斯。但在他自身的经历中有一点绝对是真实的："福特十分喜欢单簧口琴，他认为这些口琴的音色很动听。"单簧口琴的形状有点儿像七弦竖琴，音调比卡祖笛要高一些。演奏时需将两个金属臂放到牙齿中间，这样口腔就成为共鸣器，然后再拨动其单一的金属舌片。"他的口袋里总是放着几个，车里则更多。如果我随身没带单簧口琴，他会再给我一个。而且他总是把它们发给格林菲尔德镇周围的小孩子们。"约翰 8 岁时，看到福特"坐在一个树桩上，背对着我，远眺着里弗鲁日河，吹奏着单簧口琴，仿佛面对着数千名观众"。"他并不知道我在他身后，所以我猜他认为自己是孤身一人。在吹完后，你能听到身边的鸟叫声。他轻轻地鞠了一躬。也不完全算是鞠躬，只是对着那些鸟儿点了点头。”

约翰写道，福特总是给他施加压力，要求他接管公司的一大块儿业务。但他颇为独立，有自己的个性。他要求去东部的马萨诸塞州的迪尔菲尔德学院（Deerfield Academy）学习。当时他收到了一封母亲写来的谈论车内装饰物的信，因为福特想从底特律给他发一辆车过去。

> 这是油漆的样本，还有皮革。我也是昨天深夜才第一次看到蓝色的皮革，然后一直等到今天天亮，想看看它在阳光下的样子。这是和风蓝色。如果你想要其他蓝色，我们还必须再去寻找，但那样做需要太长的时间了。
>
> 与此同时，我可以忙着去拿其他样本……福特汽车公司没有美国皇家科兹轮胎（US Royal Cords Tires），轮胎订单是埃德塞尔先生下的。但如果你更喜欢皇家科兹轮胎，那么哈罗德今天会去找找看，看是否可以用费尔斯通（Firestones）的轮胎与某个美国经销商交换，然后支付必要的款项。最好告诉我你的想法。
>
> 妈妈

约翰最终并没有去管理福特汽车公司的市场部，而是经营着底特律的一家夜总会。

约翰的父母与福特的关系变得越来越近。达林格尔不仅负责规划格林菲尔德镇的景观，同时也负责管理所有农场。伊万杰琳也做着各种各样的事情，从布置格林菲尔德镇的房间到穿着过往时代的服装进行讲解。她是推动格林菲尔德镇建立的真正力量。当时福特正在南部度假，她写信给弗兰克·卡普塞尔（Frank Campsall），她知道这封信最终的收件人会是福特。卡普塞尔接替了欧内斯特·利伯尔特成为福特的秘书。在福特看来，这种接替来得太晚了。信中写道：“我们正在快速地将树木移植到镇上，现在看上去已经非常不错了。爱迪生家现在有了5棵枫树，根本看不出来它们是移植过去的。这个古老的小镇看上去相当温馨舒适，有一种家的感觉。麦加菲的房子正在搭建中，进展顺利，和那栋非常坚固雄伟的老林肯法院一样，麦加菲的房子开始让人感觉它就一直属于那个地方。那里自然而然地就应该有这样一座小木屋。你知道我是什么意思，林肯、木屋、书、教育、麦加菲——它们原本就都属于一起。我拍了一些照片，我想你可能会想看看”。

克拉拉变得越来越依赖达林格尔和伊万杰琳，并且在生命的尽头，和伊万杰琳成了朋友。克拉拉坚持让达林格尔在她有生之年留在庄园工作。1950 年克拉拉过世后，福特家的第三代子孙突然将达林格尔锁在了办公室外。伊万杰琳人生最后的日子是在养老院度过的。当她的儿子去探望她，向她确认福特是否是自己的生父时，她说："我不想谈这件事情。"

克拉拉并非对这一切一无所知。如果说她对自己的丈夫与伊万杰琳长达 30 年的"友谊"没有任何感觉的话，那未免也太荒谬了。在丈夫过世前的最后一个晚上，克拉拉在暴风雨中找人叫来了伊万杰琳，在福特过世时两人都陪伴在他身边。

高管相继受到驱逐

在伊万杰琳打理着马匹和水上飞机时，弗兰克·克林根史密斯也与威尔斯一样，被解雇了。此前，福特曾经将埃德塞尔在工厂的教育大部分都委托给了克林根史密斯。1907 年加入公司的销售经理诺瓦尔·霍金斯（Norval Hawkins）也被解雇了，社会部的负责人约翰·李也走了。马奎斯曾经对约翰·李非常崇拜，他写道："人生有两样东西躲不过，那就是死亡和税负。但福特汽车公司的高管们有了第三样躲不过的事，那就是被解雇。"

勒罗伊·佩尔蒂埃（LeRoy Pelletier）是福特公司第一位出色的广告人员，1907 年时他曾在公司短暂工作过，并且给公司留下了数十年来都相当有名的一句广告语。1908 年，这条广告在底特律市中心的共济会剧院（Masonic Temple Theatre）上方点亮，热情地广而告之："看呀，福特汽车驶过。"1922 年，福特汽车公司的人开始将这句广告语改成："看呀，福特高管走过。"

有一次，福特收购了一家公司，并解雇了其原来的所有者。亨利·利兰及其儿子威尔弗雷德·利兰（Wilfred Leland）在 1917 年创立了林肯汽车公司。利兰是那个时代最受人尊敬的机械师，在生产汽车的过程中，他高标准严要求，他的儿子威尔弗雷德也不例外。所以他们制造的汽车拥有最高质量的机械系统。1921 年的经济萧条虽然持续时间不长，但非常剧烈，林肯汽车公司受到了巨大冲击。

于是亨利·福特花费 800 万美元收购了这家公司。人们对福特此举都非常认同，认为他在紧要关头拉了老朋友一把。但福特并没有将利兰看作自己的老朋友，他认为对方是一个阴沉且严厉的人，是他将自己从第二家公司赶走的。他曾向利兰父子俩保证，他们可以根据自己的判断来经营公司，但此后又安排索伦森去干涉他们。几个月后，利兰父子俩离开了自己的公司。不管福特是出于什么原因收购了林肯公司，这项收购都让埃德塞尔非常开心。“父亲生产了这个世界上最受欢迎的汽车，”他对朋友们说，“我想造出这个世界上最好的汽车。”埃德塞尔一直遵循较高的工程标准，同时也让设计师们致力于改善林肯汽车有点儿过时的车身设计。同福特一样，利兰对汽车的外观也不是特别在意。20 世纪 20 年代，许多人认为销售豪华汽车这条路线让凯迪拉克岌岌可危，甚至连庞大的迪森贝格汽车（Duesenberg）也处于这种状态。10 年后，埃德塞尔在林肯大陆系列中创造了弗兰克·劳埃德·赖特所宣称的有史以来最漂亮的汽车。

1921 年 3 月的一天，威廉·克努森给埃德塞尔写了一封信。次日早上，福特来到了克努森的办公室：“怎么了，威廉？埃德塞尔告诉我他收到你的信，说你要辞职。”“是的，福特先生。”克努森回答。“怎么回事，威廉？”福特再次非常诚恳地问道。克努森没办法实话实说，“福特先生，我经过了认真的考虑，而且已经下定决心辞职。”但克努森把真实原因告诉了自己的朋友兼同事威廉·史密斯（William Smith）。在第一次给福特看凯姆工厂的冲压件时，威廉·史密斯就和他在一起。在福特汽车公司收购了凯姆工厂之后，史密斯同克努森一起开始就职于新公司。这次，福特派史密斯去把克努森留下来。

克努森对史密斯说：“我从 1918 年开始同福特先生共事，最初就是担任生产经理。没错吧？”史密斯点点头。克努森接着道：“几个月前，我屡次发现自己在车间就生产问题下的指令被撤销或无视。我不喜欢这样，等我发现原因后，我更加讨厌这种情况。我发现撤销以及反对这些指令的人就是福特先生。我问过他这件事情，他只是笑而不语。”

克努森说他不可能为不信任自己的人工作，而且这种缺乏信任又是以最令人不快的方式表现出来的：“如果我做错了事情，福特应该告诉我错在哪里，而不是直接到车间去告诉其他人。”克努森接着解释说，这是福特的公司，他知道“福特先生有权利根据自己的判断来经营公司。福特先生和我从来没有过任何激烈的争吵，而且在就如何管理车间方面也从来没有过任何重大的分歧。我不想与他争吵。为了避免这种情况的出现，我必须辞职”。史密斯表示自己能够理解，而且将会转告老板，他无法改变克努森的决定。

福特汽车公司的高管中有一些人的婚姻比较幸福。当克努森告诉妻子自己辞去了年薪 65 000 美元的工作时，他的妻子笑着给了他一个拥抱，并且亲吻了他，然后说：“好呀。现在我们一家可以过上平静的生活了。”

克努森非常能干，而且人缘很好，这些正是福特越来越不喜欢他的原因。在事业的发展过程中，福特曾经在车间营造了友善的氛围，大家意气相投，所以人们愿意放弃周末来为他切割齿轮和扭动曲柄。而现在，福特却抱怨：“有些公司花了太多精力和时间来维持和谐的局面，以至于没有力量为公司创立时设定的目标而努力……我对那些软弱和优柔寡断的人非常不屑，这种人的身边肯定始终笼罩着一种美好的氛围，但他什么都做不成……不仅仅他们的企业会失败，他们自己也注定是失败者……人们太过于喜欢和自己中意的人一起工作了”。

不过克努森所面对的根本不是什么令人愉快的工作氛围，而是一种相当不稳定的环境。在里弗鲁日工厂清理战时生产的遗留物时，他找到了自己的老板：“福特先生，这场战争已经改变了我们的整个工业布局。”“什么意思？”福特不解地问。“我是说，我们学会了使用不同的材料来做许多不同的东西。我觉得我们将来应该生产许多各种各样的东西来满足人们的需要……随着战争的结束，我们有了许多设备、建筑，还有许多高炉。我们应该对它们加以利用。”“你是怎么想的，威廉？”此前福特从未称呼过克努森为威廉，就像克努森从未喊过他亨利一样。“福特先生，机会来了，而且你也知道，这个国家所销售的汽车中，也许 80% 或 90% 会售往低端市场。”克努森解释着。福特茫然问：“你脑子里面到底是怎么想的？”克努森说：“我们应该改进 T 型车。”

克努森给福特展示了自己在里弗鲁日工厂时绘制的一些图纸，这让福特惊讶不已。克努森解释着：“我觉得我们应该改进自己的产品，可以采用三种方式来进行生产。我们可以用更低的成本生产同样的汽车，也可以提高预算造一款更好的车，或者我们可以在保持成本不变的情况下改善汽车的质量。”克努森满意地停顿了一下，然后给出了自己的结论：“我们能够以同样的成本生产这类汽车。”

福特继续研究那些图纸，然后问道："这类汽车可以换挡？""是的。"克努森肯定地回答。"什么颜色？"福特又问。克努森答："顾客自己选择。""比 T 型车重吗？"福特接着问。"重一点儿，但不多，而且线条也不同。"克努森继续解释。

"明白，"福特当然明白，"这款新车型投产需要多长时间？""几个月，也许 6 个月。"克努森推算着。"那么生产 T 型车大概需要多长时间？"福特好像抓住了什么。"60 天。"克努森准确说出。"那么答案就有了。"福特轻松了许多。

克努森是否知道这次对话让自己在福特汽车公司的职业发展走到了尽头呢？也许他知道。他了解汽车，也了解福特，他也就明白了那一点。他知道 T 型车必须继续往前发展，但 T 型车的创造者对于任何有关对其进行重大改变的建议者都相当冷酷无情。

T 型车改革阻挠重重

克努森在加入公司时可能也曾经听说过两年前发生的事情。1912 年，公司创始人与家人一起考察了自己的海外工厂后返回美国。回到工作岗位的第一天，威尔斯和部分助手准备了一个惊喜来欢迎福特。当时 T 型车已经有 5 年的历史了，威尔斯及其同事一直在对 T 型车的设计进行改进，他们对结果感到非常满意，相信老板同样会为此高兴。所以他们将样车停在福特的办公室前面，等待他去发现。和上一代相比，这辆汽车没有那么四四方方，底盘更低，相对而言是一辆更为好看的汽车。样车吸引了福特的注意，他走了过去，围着样车转了几圈，双手一直插在口袋里。这款车有 4 个车门，在转到第 3 圈或是第 4 圈时，福特在其中一个车门前停了下来。当时公司会计乔治·布朗（George Brown）正在安全距离之外观看着这一切。据他说："福特把手从口袋里拿出来，抓住了那个车门，然后'砰'的一声，把门直接扯了下来！老天！他是怎么做到的，我真的不知道！他跳上车，然后对着另一个车门又是'砰'的一脚！接着就是挡风玻璃。他又跳到后排座位上，开始用力锤击车顶。他用自己的鞋跟把车顶踹出了大洞。"整个过程福特没有说一句话。当然，当时他正忙着踹车顶，也顾不上说话。

威尔斯最终被派去负责采购工作，而约瑟夫·加兰则接替他负责工程和设计。

但加兰也冒险踏入了改进T型车的危险领域。1914年，福特在一条乡间道路上驾车疾驰时，车子的后轮突然离地，将他直接抛入了一条沟里。加兰把这次事故的责任归咎于一根半径杆，所以打算提高该半径杆的强度，但福特不想这样。“他差点儿因为那根老的半径杆而送命，”加兰后来说，“但他仍然不想让这款车有任何改变。”

福特曾经告诉加兰：“你的工作就是好好盯着这款车，不让任何人做任何改动。”福特表示自己比较担心生产成本，而且他的确在密切关注这个问题。但正如他面对威尔斯提出改进建议时做出的反应一样，对福特而言这款车还不仅仅只是生产成本较低，T型车代表着他的人生巅峰，而且在他眼里，T型车不仅仅只是一种机械力量，同时也是一种精神力量。他认为这辆车完完全全就是人们所需要的汽车。一个教会禁止其成员驾驶别克汽车，但可以驾驶T型车，因为这款汽车不会显得“傲慢自大、罪孽深重”。

加雷特·加勒特写道：“福特总是对T型车不够完美这种话非常敏感。在早期，福特并没有那么追求精确性。正是出于这个原因，T型车的噪声很大，总是咔嗒咔嗒作响。也正是出于这个原因，这款汽车有着一些野驴般的动物特性，例如非常刚毅、忍耐力强、冷静、勇敢，而且在没有被过度使用时性能很稳定。”正如许多T型车车主所认为的那样，这款车有一种生命力。福特本人也表示，尽管T型车完全一模一样，但每辆车的驾驶体验都略有不同。

戴维·L.科恩（David L. Cohn）在成为一名著名的历史学家之前曾经在新奥尔良经营着一家百货商店。1944年，他对上文中的观点进行了详细描述：“当大家热烈地进行讨论时，会发现没有哪两辆T型车在‘性情’上相似。它们面对不同的刺激会做出不同的反应，而且它们的力量也来自不同的地方。因此人们不能将自己的成功秘诀传授给他们的兄弟，因为取得成功的综合因素在不断发生着变化，靠的是威望和直觉。只有普通老百姓才会认为这些神秘因素可以简化成数学公式，而T型车的车主会对人们的这些努力不屑一顾。他们会将自己的秘密留在心底。”这番话听起来好像是作者给冷冰冰的T型车披上了一层神秘的色彩，不过福特可能也会认同他的观点。他始终认为自己的汽车不仅是一台机器，也有一定的思想，试图篡改该车的设计在他看来就是一种精神上的无礼。

对于公司内那些试图改进这款车的人，福特会去威胁和激怒他们，并且最终解雇他们。但他无法开除公司总裁埃德塞尔，所以只能一再去威胁和折磨他。年复一年，埃德塞尔忍受着这些，不断地推动 T 型车的改进，但生活似乎并没有因此而变得轻松一些。只要有更好的新设备出现，他的父亲立刻就会更换掉那些和房子一样高的设备，只为了让自己的工厂成为这个世界上最现代化的工厂。而埃德塞尔认为，尽管生产设备在不断地进行着更新，但它们却在不断地生产着同一种古董。

埃德塞尔始终尊重父亲，从来没有在公开场合就任何事情与父亲唱过反调。一群福特汽车公司的经销商来到底特律考察，力劝公司设计新的点火系统来替代曾经具有革命性影响的磁力发电机。福特公司的高管威廉·克兰（William Klann）向福特汇报了这个建议。“除非我死了，”福特说，“只要我活着，就会继续采用磁力发电机。”事后，克兰对埃德塞尔说：“你难道不认为你父亲犯了一个错误吗？”“是的，”埃德塞尔说，“他的确犯错了，但他是老板，克兰。”埃德塞尔始终坚定地支持父亲的立场，虽然郁郁寡欢，但还是事事顺从父亲，不过他内心依旧怀有信念。有时候人们会在他的手腕处看到那些小小的反抗，他的袖扣上有一句拉丁文谚语：“万物皆变。”埃德塞尔没有什么盟友。索伦森在自传中吹嘘自己在面对福特时依然会勇敢地支持埃德塞尔，但当时车间里没有人看到索伦森有任何忠诚的举动。在一次午餐会前，埃德塞尔说服了索伦森和马丁在会上讨论工作时支持自己的提议，即在公司生产的汽车上改用液压制动器。埃德塞尔开始阐述自己的提议。在他说完后，他的父亲站了起来说：“埃德塞尔，你给我闭嘴！”然后福特环顾了一下四周。面对福特的目光，马丁和索伦森保持了沉默。

后来，当埃德塞尔提议采用 6 缸发动机时，福特说：“我们不打算引入 6 缸发动机。我们在 20 年前就曾在昂贵的 K 型车上用过 6 缸发动机。福特汽车是一款久经考验的产品……能满足全世界各种道路条件……我们不打算使用什么 6 缸或 8 缸发动机，或者任何其他日常生产之外的东西。是的，我们曾经针对这种汽车进行过实验，我们也对其他东西进行过实验。这些实验让我们的工程师忙得不可开交，却收效甚微。”

他用一种更为生动的方式表达了自己对 6 缸发动机的憎恶。劳伦斯·谢尔德里克（Lawrence Sheldrick）跟随加兰担任公司的工程师职务，他曾经与埃德塞尔一起开发了一款 6 缸发动机。埃德塞尔认为自己是得到了父亲的允许来制作样机的。在样机完成并且打算进行测试时，福特找到了这位工程师，“谢尔德里克，我有一个令人骄傲的新的废料传送带。它直接通往工厂顶部的化铁炉。我想让你过去看看。我为那个传送带颇感自豪。”等谢尔德里克来到高高的平台上时，他惊讶地发现埃德塞尔和他的父亲站在那里。福特做了一个手势，传送带开始往上走，从平台下方的废料堆里往上运送东西。第一样运上来的竟然就是埃德塞尔的 6 缸发动机。看着这个发动机落入化铁炉中，福特说：“现在，你们不要再做那种尝试了。永远都不要再做了，听到了吗？”

福特也扩充了自己的“高管废弃站”①。里弗鲁日工厂的规模慢慢超过了高地公园，甚至成为世界上规模最大的工厂。里弗鲁日工厂不仅仅规模最大，而且这里的工作方式也有所不同。索伦森是这家工厂的负责人，他曾经说：“我们把 T 型车这个坏蛋除掉吧！”

塞缪尔·马奎斯想要在新工厂里建立起自己的社会部，但索伦森不断地阻止他。福特向马奎斯保证一切照旧，不用担心索伦森。不过索伦森是负责人，他告诉福特，马奎斯干预生产。

索伦森写道：“双方的不满在 1921 年的某一天到达了顶点。当时福特先生请我去他的办公室……到了办公室后，我发现马奎斯也在。刚进办公室，马奎斯就开始痛骂我干涉他和他的员工。这番指责让人莫名其妙，但就算他说得多么义愤填膺，也丝毫没有让我心生怯意。我一直对牧师非常尊重。在我的一生中，我曾经多次被称为混蛋，但不管是此前还是此后，我从来没有被神职人员这样称呼过。事实上，那天我从马奎斯那里听到了一些我以前从未听过的话。”但福特支持索伦森而并非马奎斯，所以索伦森的所作所为被马奎斯揭穿时的恐惧也就减轻了。马奎斯既吃惊又愤怒，此后的很长一段时间他都非常痛苦。他认为朋友不仅背叛了自己，同时也背叛了一项伟大的使命。几天后，他辞职了。克拉拉说，他是福特汽车公司唯一这么做的高管，其他所有人都是被迫辞职或者是被解雇的。马奎斯认为他是被迫离开的，他为此还写了一本书。他的妻子试图劝阻他，她说，想想看，福特先生过去每年支付给你 3.5 万美元工资。她的确说服了

① 这是一种戏称。福特开除了太多高管，所以员工戏称说福特经营着“高管废弃站”。——编者注

自己的丈夫，删掉了一些最刺耳的段落，但《解析亨利·福特》（*Henry Ford: An Interpretation*）一书的语言还是非常尖锐和直白，不过也颇具判断力。而且这本书非常客观公正，文字优美，动人心弦。这本书不仅仅记录了那段伤心往事，同时也在感叹一段事业和友情的结束。马奎斯认为福特糟糕的冲动破坏了一切。

马奎斯写道，福特“身上有着相互矛盾的性情，让人捉摸不透，而且他的内心活动通常伴随着外在的变化。今天他腰杆笔直，步伐轻快敏捷，充满活力……他和蔼可亲、宽容大度，我们从他的眼睛里可以看到天才、梦想家、理想主义者的灵魂。但第二天，他可能就完全是另一副样子。他肩膀下垂，走路时身体前倾，好像在踮着脚一样，脸上布满了皱纹，看上去就像是顽疾缠身……那个和蔼可亲的绅士不见了，他眼神里显示出的内心之火与昨天的截然不同”。

马奎斯表示，福特的高管们会注意到风暴来袭前的征兆，然后就会竭尽所能为即将到来的狂风暴雨做好准备。“取缔旧制度；制订新政策；有些部门被整治个底朝天，或者是干脆被取消……有一两次桌子被直接用斧头砍掉了。桌子的使用者回来后也就明白，可能他的工作也没了。员工被解雇时没有任何征兆，而且在他们提出疑问时也不会得到任何解释。”

马奎斯非常务实，他明白做生意有时候是很难的：“有时为挽救整个行业必须进行大手术，但不能仅仅因为必须做大手术，就让‘屠夫’而不是‘外科医生’来主刀。”不过随着他的离职，福特汽车公司内的“屠夫”数量变得远多于“外科医生”。社会部慢慢萎缩，最后消失了。

在这本书的最后，马奎斯以两章的篇幅来憧憬即将到来的埃德塞尔的友善管理。“我认为埃德塞尔知识渊博，富有同理心，宽容，善解人意，不像他父亲那样冷酷无情。埃德塞尔身上继承了他父亲出色的能力，而且非常博爱，同时他也从母亲那里继承了一些优点……我认为完全没有必要担心福特汽车公司在埃德塞尔的管理下会出问题。”

但福特汽车公司找来接替马奎斯的却是哈里·贝内特（Harry Bennett）。以下是哈里·贝内特对塞缪尔·马奎斯离职情况的描述。

> 在马奎斯的领导下，社会部有一支调查员队伍，负责对所有员工进行走访……他们询问工人的妻子，丈夫存了多少钱，带了多少钱回家，是否喝酒，家里有什么困难。如果某位工人从工资中偷偷拿钱去赌博或喝酒，那么麻烦就来了……
>
> 我认为设置这个机构就是一种浪费金钱和时间的愚蠢举措，是对员工们的骚扰……我在福特先生面前批评这件事情，对此他说："好吧，那你去把这一切停止。"所以在 1921 年，我撤除了社会部，而马奎斯也离开了公司。

这个可以大摇大摆出入福特的办公室并且撤除社会部的人究竟是谁？从他在福特汽车公司所享受到的待遇来看，他是美国工业史上最奇特的人物之一。贝内特写道："在我为亨利·福特工作的 30 年里，我成了他最亲密的同伴，我与福特之间的关系甚至比他和他的独子更为亲近。"索伦森也说过同样的话："我与福特之间的合作关系要比他和他家人之间的关系更为紧密，而且从多个方面来说，我比福特的家人更了解他。"但在亲密度上，贝内特比索伦森更胜一筹。

贝内特的职业生涯荒谬得就像是一个黑暗的童话故事。他 1892 年出生于安阿伯（Ann Arbor）。他的父亲是一个广告牌绘制人员，在贝内特两岁时因斗殴而丧生。贝内特一到服役的年龄，就加入了海军，并且喜欢上了海上生活。尽管 1915 年在巡洋舰上运煤是中世纪后全世界最辛苦的工作，尽管他只有 1 米 7 高，体重 131 斤，但他对这份工作无所畏惧。此时贝内特也学会了拳击，并且相当出色。在他的一生中，不管对方是谁，只要稍加挑衅，他就会大打出手，而且相当凶猛，当然通常他也会赢。

1916 年，在海军服役结束后，贝内特计划延长服役期，但他想先到岸上找点刺激的事情做。他走到了曼哈顿下城炮台公园的海关大楼，并且在那里因挑衅一位海关官员而打了一架。贝内特说："我正想，很好地展现一下自己的拳脚，但是一位高大的警察从背后抓住我的衣领。"也是巧合，当时著名的记者亚瑟·布里斯班（Arthur Brisbane）走了过来，问那位警察："出了什么事？""哦，我抓了一个暴徒。"警察说。因为贝内特出生于密歇根州，布里斯班决定将他带到正在纽约访问的福特那里。

贝内特写道："当布里斯班和我来到百老汇大街1710号的福特汽车公司纽约销售总部时，他立刻将我介绍给了福特先生。福特先生当时50多岁，他眼睛灰黑，目光敏锐，眉毛浓密，身材中等，身形偏瘦。但他极其警觉，反应灵敏。后来我才了解到，他动作强劲如蚱蜢，进出汽车腿脚灵活，让那些比他年轻很多的人显得很笨拙。"贝内特补充说："但我并没有觉得特别了不起。"被一位著名的美国记者从糟糕的处境中解救出来，然后又匆忙赶到办公楼与另一位更著名的美国商人见面，难道他对此不以为意吗？贝内特表示，"没有，我就是这样的人。"但当福特问他"你会开枪吗"时，他兴致盎然地回答："当然会。"

福特说："正在修建里弗鲁日工厂的那些人是非常粗暴的。"这句话并没有让贝内特觉得惊恐。后来福特说，他想让这位水手成为自己的"耳目"。贝内特则称自己只想回到大海上。福特一再挽留，最后贝内特做出了让步："好吧，但我不是为福特汽车公司工作，只是为你个人工作。"他的确也是这样做的，这一点让公司内几乎所有人都感到惊慌。

正如其主人所说的，里弗鲁日工厂是一个相当粗暴的地方，但对贝内特来说，也并不是特别粗暴。在贝内特刚到工厂几分钟时，他"看到一位巨人般的波兰工头"，于是上前询问："我在哪里可以找到克努森先生？""干吗要找他？"工头问。"这不关你的事。"贝内特回答说。然后那个高大的波兰人二话没说，直接抓住贝内特的下巴，把他打倒在地。这位工头弯腰把贝内特扶起来站稳。"下一次当你问问题时，"工头说，"不要这样狂妄。"贝内特回忆道："我答说'谢谢'。然后我用左手抵住他的下巴，右手挥了过去。只是他的下巴没有像我所预料的那样掉下来，于是我又给了他脖子一拳。这一拳下去，他不仅直接倒下，而且连话都说不出来了。后来几周他在里弗鲁日工厂说话都是低声下气的。"

这个插曲感觉完全是照搬动画片《大力水手》（*Popeye the Sailor*）中的场景，但它也完全可以帮助我们想象贝内特在福特汽车公司工作的情景。贝内特成为福特汽车公司"服务部"的负责人，而这个奇怪的服务部正是取代了此前的社会部。这个部门对工人也非常关注，但他们只是确保工人们不会偷懒、偷窃或相互交流。最为重要的一点在于，工人们不得私下谈论任何关于公司的问题。在未来的10年里，福特与美国汽车工人联合会（United Automobile Works）展开斗争，而这场野蛮且灾难性的斗争就是由贝内特所领导的。

在聘用了贝内特之后，福特开始变得越来越没有安全感。他担心自己或家庭成员会被绑架，所以他信任贝内特，让他保护自己。贝内特用虚幻的情节丰富了福特的想象力，同时他也结交了一些黑帮头目。他在里弗鲁日工厂为那些黑帮头目提供优惠食物，以此换取他们的保护。福特则日渐相信贝内特是自己不可或缺的保护者。

除了好斗之外，贝内特还是相当具有魅力的。这一点在他 1951 年出版的自传《我们从来不叫他亨利》(*We Never Called Him Henry* ）一书中有着充分的体现。这本书“由保罗·马库斯（Paul Marcus）根据口述整理”，真实地体现了其主人公的说话方式。贝内特讲述的故事非常生动，时不时地还加入一些听起来非常真实的细节。谁会去怀疑以下对利伯尔特的描述呢？“脖子又短又粗，留着寸头，而且基于某些原因，他的外套领子总是高高地竖起来，从脖子后面突出来七八厘米。”这本书的语气非常友善温和，但时不时地又会显现出来一些同事们眼中的贝内特所特有的样子。“埃德塞尔的声音非常温和，举止优雅，身形和他的父亲一样，四肢修长。他非常神经质，一生气就会呕吐。在我看来，他就是一个胆小的男孩。”这种状况一直持续到埃德塞尔过世。有时候，贝内特会称埃德塞尔是“胆小鬼”，只是他并没有在自传里说这番话。

福特也认为埃德塞尔是胆小鬼，这是埃德塞尔的悲剧，也是福特的悲剧。美国汽车工人联合会的组织者沃尔特·鲁瑟（Walter Reuther）在劳资战中长期以来立于不败之地，他曾经说：“我充分相信埃德塞尔·福特是一个正派的人，他打心眼里痛恨工厂里所发生的一切。我曾经告诉过埃德塞尔工厂发生的事情，但其实并没有必要，因为他早就知晓。他厌恶这些，但无能为力；非常无助，他的内心在滴血……他是一位正派的人士，时刻关注工厂的一切。我为他感到非常难过和可惜，我现在仍然这样认为。”

埃德塞尔和鲁瑟看到的是工作条件的日渐恶化。鲁瑟最初在高地公园工厂的车间里面工作，当时他坐在板凳上加工小的零部件。后来他被调到里弗鲁日工厂，做的是同样的工作，但必须站着进行操作。“站着工作没法保证这些零部件的精度，”他说，“这两个工厂简直就是天壤之别。高地公园非常文明，而里弗鲁日工厂就是一个丛林。亨利·福特早期曾经强调过人性化管理，但这种人性化已经不复存在。索伦森和彼得·马丁负责生产，他们也仅关心生产。但他们所主张的提高生产率的方式和严苛的管理手段，还有他们的恐怖和残暴，实际上都在妨碍生产，但他们并没有意识到这一点。里弗鲁日工厂之所以是个丛林，是因为哈里·贝内特这个人的存在。他的那帮人控制着工厂，他是一个卑鄙的人，相当神经质，而且有着强盗思维。一个这样的人能在福特这么伟大的公司里爬到那个位置，真是不可思议。”

福特汽车公司从未向贝内特支付过工资。利伯尔特偶尔会给他发一点儿薪水，而贝内特后来抱怨说那点儿钱“微不足道”。福特则给了他房子和游艇这些东西。毕竟福特才是里弗鲁日工厂的所有者。贝内特同索伦森一样，从未直接违抗过他。

一段时间之后，贝内特手下有了 3 000 人，其中多数都是有前科的人，而且所有人都非常粗暴。福特喜欢这样。当贝内特挥舞着手枪，福特觉得非常有画面感。贝内特在里弗鲁日工厂的办公室里设有一个靶场，福特喜欢和贝内特在那里使用手枪进行射击。他建议贝内特在底特律郊区建一座城堡而不是一栋房子，要有城墙和塔楼。福特还说那里也应该有密道。两个人都喜欢这个设想。贝内特在那里养了狮子，并且会带着狮子在里弗鲁日工厂里散步。有一次，他将一头狮子塞进了一位正打算离开的朋友的车后座（这头狮子最终死在了底特律的警察局里，贝内特解释说，“它是上吊自杀的”）。他的老板肯定会喜欢这种恶作剧。

不管对着谁，贝内特都可以挥起拳头，这一点也颇得福特的赏识。贝内特说，福特的态度概括起来就是：“哈里，你们俩干一架吧。”贝内特声称自己曾经有一次脱下外套想和福特的儿子打架，但埃德塞尔拒绝了。约翰·R. 戴维斯（John R. Davis）却没有退缩，他是一位销售经理，也是埃德塞尔的支持者。福特成功地煽动戴维斯和贝内特吵了起来，但当贝内特率先挥拳时，福特赶紧离开了房间，贝内特立刻就有些意兴阑珊了。福特喜欢挑起事端，但他从来都不想看到血腥场面。

福特对贝内特这种张扬的野蛮行为加以鼓励，而且和他串通一气，让自己的这位“圣骑士”除掉了弗兰克·库利克。我们上次提到库利克，是在 1909 年的纽约至西雅图的赛车比赛上，他当时驾驶着福特一号车，因为当地人指错方向而落后。不过如果是在赛道上比赛，库利克是不会输的，而且多年来他用事实证明了自己几乎天下无敌。福特大约在 1904 年聘请他担任赛车手，也就是同一年，他驾驶着 14.7 千瓦的汽车击败了 66.19 千瓦的菲亚特（Fiat）和 44.13 千瓦的雷诺（Renault）。1907 年，在他的比赛中车子后轮脱落，导致整辆车冲破了栏杆。库利克在谈到福特时说："那个老家伙不让我用差速器，所以过大的压力导致轮胎破损了。"这位驾驶员的膝盖骨摔得粉碎，腿部两处骨折，而且似乎还受了内伤。虽然福特在装备配置上可能非常小气，但当他在现场观看那场比赛时，敏锐地找到了解决方案。观众们围在流血不止的库利克旁边，议论纷纷，束手无策，福特则从别处借来了一把锯子，迅速地把停在附近的一辆旅行车的顶部锯了下来，再在上面铺了一块厚木板，然后用这辆简易救护车把库利克送到了医院。库利克佩戴了两年时间的支架，余生都只能跛足而行，但后来他又再次参赛，而且常常获胜。

1927 年，福特汽车公司解雇了他。库利克一听到消息后立马找到自己的老板。当然，福特先生对这件事情一无所知，他表现得很难过，让库利克去找索伦森先生，说索伦森会立刻让他回去工作。后来索伦森将他推给了贝内特，贝内特请他修理一辆故障车，库利克发现凸轮轴严重磨损，于是他想换一个新的凸轮轴，此时贝内特的手下莫名其妙地加以阻拦。然后，他请贝内特过来检查一下。发动机运转非常顺畅，但贝内特却说噪声太大。库利克不明白是怎么回事儿，这时贝内特让他躺在挡泥板上，将耳朵贴在引擎盖上，从外面听发动机的声音，贝内特说："我们现在一起去兜风。"库利克接受了他的建议。贝内特突然猛踩油门，车子冲出了工厂，然后他急打方向盘，将库利克从车上甩了出去，摔在了米勒路路面的砂砾上。接着贝内特加速返回了工厂，等库利克爬起来，一瘸一拐地回到工厂时，贝内特的手下将他拦在了门外。

贝内特写道："我相信福特先生对我视同己出。"贝内特和埃德塞尔只相差一岁，而且贝内特身上体现出来的好斗精神正是福特希望在埃德塞尔身上看到的。"哈里做事风风火火。"福特对人们说。贝内特从未进过高管餐厅，但福特喜欢带着他去参加董事会会议。在董事们战战兢兢地发表完几分钟的意见后，福特会站起来说："哈里，我们走吧，否则我会忍不住让他们推翻重来。"

历史学家朱莉·芬斯特（Julie Fenster）认为，卡曾斯对福特的职业生涯的影响是决定性的。她说："我认为白领铁腕人物被蓝领铁腕人物取代了。"贝内特可能用其他方式向福特证明了自己的能力。卡曾斯非常强硬，而且从来不会对福特区别对待；而贝内特对其他所有人都强硬，但对福特例外。索伦森也是如此，只是他出色的技术能力可能让福特心生妒忌。贝内特既有着让福特着迷的残忍，又没有让他妒忌的才华，所以福特尽可能多地和贝内特待在一起，每天晚上都和他长谈，支持他不断壮大管理里弗鲁日工厂的保安队伍。到了 20 世纪 30 年代初期，工厂附近的人们开始议论纷纷："究竟是谁最先创立了盖世太保，福特还是希特勒？"

一个名叫阿尔·巴德利（Al Bardelli）的工人在 20 世纪 20 年代来到里弗鲁日工厂工作，当时他还只是个十几岁的孩子。他在谈到贝内特的手下时说："他们都是坏到骨子里的人。你去上厕所的时候，这些人都会跟着你，如果你上厕所的时间太长，那么工作就没了。如果你开的车是别克车，那么你也会丢掉工作。"克努森此前还讲过一个故事，如果一名工人开着一辆埃塞克斯（Essex）、哈德森（Hudson）或 T 型车以外的其他任何品牌的汽车出现在里弗鲁日工厂的停车场，他就会被告知迟到。如果他抗议说自己准时到岗，那么就会被解雇。

其他品牌的汽车看上去都很不错，这一点埃德塞尔也相当清楚。他不断地恳请父亲：改变 T 型车，这款汽车必须改变。但或许，这是福特唯一不想让儿子表现出任何斗志的领域。这款汽车的确也做了一些改变。福特下令不得生产任何让此前那款 T 型车过时的新车型。但随着数百万辆 T 型车从高地公园和里弗鲁日工厂驶出，它们的机械系统和简陋的装饰也在经历着缓慢的进化。1912 年后，全真皮座椅被人造革所取代。同年，一款时髦的小型鱼雷敞篷跑车在诞生 24 个月后被停产。最初的 2500 辆车的水泵被认为成本太高，于是被停产，改用"热虹吸式"冷却系统，这种冷却系统利用了水受热后会上升的原理。钢板替代了木制车身，1916 年，当喷漆的钢制水箱取代了铜质水箱后，这款汽车也就失去了唯一的光亮。一年后，挡泥板尾部有了些许弧度，原来方正的车身变得流畅了。到了 1919 年，这款汽车终于有了电动马达。

福特是选举权和女性权利的拥趸，长期以来，他一直为女性驾驶 T 型车的权利而四处呼吁。早在公司诞生之初，他就在广告中安排了这样的场景：一位女性驾驶员穿着盛装，驾驶着汽车愉快地在乡间道路行驶。尽管许多女性的确掌握了驾驶技巧，但启动曲柄的麻烦通常是避不开的。

20 世纪 20 年代，埃德塞尔力推降低 T 型车的高度，提高便捷性，同时改进外观。他赢得了一些小小的胜利，所以到 20 世纪 20 年代中期，这款汽车和它的前身终于有了一些区别：它更为柔和圆滑。这款汽车的样机更像是 1908 年的样机被一场温和的降雪重塑了一样。这款汽车使用的是钢丝轮辐和轻质连杆，但在所有重要的方面，它还是老样子。

T 型车的告别

阿尔弗雷德·斯隆在海厄特滚柱轴承公司的经营上获得了长远的发展。他的发展相当顺畅，顺畅得让他有点儿担心。他的大部分业务依赖于几家汽车公司的大量订单，福特汽车公司就是其中之一。如果这些汽车公司决定自行生产轴承，那么海厄特滚柱轴承公司就完蛋了。

所以斯隆卖掉了这家轴承公司。1923 年，皮埃尔·S. 杜邦（Pierre S. du Pont）任命他为通用汽车公司的总裁。这位新总裁最重大的决定，也是他提出的第一个议题就是“决定采用中央集权式还是分权式管理方式”。分权式管理方式也就等同于自由企业，中央集权式则等同于集团化（在这里，他想到的是所有大公司中最集权的一家——福特汽车公司）。他们最终决定采用自由企业的方式……将每个不同的业务视为独立的完整的单元，使他们彼此之间展开竞争。“我们会在每个业务部门设置一位高管，全权负责自己部门的所有经营活动。”

在斯隆打造这套管理架构的同时，一个朋友找到他，表示自己遇到了一个大人物，这个大人物似乎非常有能耐，想问问斯隆是否愿意和他谈谈。斯隆回忆说：“一看到他，我就想起了福特。我对他说，‘你是克努森，没错的！以前你在福特汽车公司时，我们之间曾经有过业务往来’。”

两人进行了一番交谈。斯隆解释说，自己刚刚设立了“一个总参谋部，这个部门相当于军队中的总参谋部”，负责协调公司经理人的工作。他当前没有具体的工作可以安排克努森去负责，但他希望克努森能加入进来，共同为公司的发展出力。克努森表示没问题。“我们应该支付给你多少薪水，克努森先生？”斯隆问。克努森平静地说：“随便你们。我来这里不是为了钱，而是想要寻找机会。”

斯隆写道：“不久后，他就成为雪佛兰汽车业务部的总经理兼首席执行官，全权负责该业务。”克努森的薪水很快也达到了当初在福特汽车公司的水平。

斯隆曾经说过，福特汽车公司的经营方式“就像是北方的伐木场”。若真是这样，在 20 世纪 20 年代，这种方式似乎很不错。在 1921 年至 1926 年间，福特汽车公司制造并销售的卡车和小汽车数量占据了美国同类型车总销量的一半以上。1923 年，公司总产量达到顶峰，共生产了 1 866 307 辆 T 型车。1925 年万圣节那天，福特汽车的单日产量达到了 9 109 辆。

1924 年，第 1 000 万辆 T 型车下线，沿着林肯高速公路从纽约一路开到旧金山。在 T 型车诞生那一年，这种高速公路还是人们从没设想过的，也是难以想象的。在这趟长途跋涉之后，第 1 000 万辆 T 型车停在 1896 年的那辆四轮车旁，人们照了一张相。照片中，福特穿着笔挺的灰色西服，站在自己的第一辆汽车的左侧，头微微地向车子倾斜。站在两辆车之间的是埃德塞尔，严肃稳重，双手紧扣放在身前，气氛凝重，整个感觉像是在葬礼上拍纪念照。这两辆汽车现在看来都像出土文物，但就算是在 1924 年，许多人也认为 T 型车步四轮车后尘，逐渐成为一种古董。埃德塞尔就是持有这种观点的人之一。

两年后，行业杂志《汽车》撰文称，福特公司巨大的销售数字既真实又虚幻：“福特以惊人的速度吞噬了主要市场，但直到去年才达到‘收益递减点’。在行业有史以来销量最高的这一年里，福特汽车的国内销量实际上略有下滑。”1921 年，美国人只有三款售价低于 1 000 美元的旅行车可供选择，其中两款都来自福特汽车公司。5 年后，他们可以从 10 家不同公司生产的 27 款车型中进行选择。而且“如果算上跑车和小轿车的话，那么售价在 1 000 美元以下的就有 41 款”。1925 年，福特汽车公司的汽车销量相比前一年减少了 20 万辆。当年公司的汽车销量仍然有 167.5 万辆，但在过去两年里，克努森的雪佛兰销量已经从 28 万辆增长到 47 万辆。福特一如既往地选择通过降价来进行回击。T 型车的售价最终降到了 290 美元。雪佛兰的售价为 525 美元，车内空间宽敞，轴距更长，而且设有变速杆。克努森一共生产了 52 万辆这款车，正如道奇兄弟在开始生产自己的汽车时所说的那样：“想想看，如果多出一点点钱就能购买到一辆真正的汽车，那么究竟有多少原来的福特汽车买家会动心。”1925 年，雪佛兰的销量仅次于福特。

也就在同一年，福特汽车增加了多种颜色，包括浅棕色、灰蓝色、草绿色和驼灰色，并且给 T 型车的水箱镀了镍。纽约的一位经销商说：“你可以粉刷谷仓，但它仍然是谷仓，而不是客厅。”但福特的内心是绝对不会有所改变的，他的汽车在 20 世纪 20 年代中期仍然使用油灯，昏暗的灯光笼罩在车牌上。他在针对新发动机 X-8 进行实验，这款发动机有 4 个汽缸朝上，4 个汽缸朝下。发动机的运转效果不是很好，因为道路上的尘土常常会使 4 个朝下的汽缸的活塞堵住。福特之所以采用这种奇怪的设计，或许是因为他认为只有真正疯狂的东西才值得拿来替换掉原来汽车上的零部件，又或许他正在让自己的工程师们忙着做各种实验，只有这样他们才没有时间去“捣鼓”T 型车。

几个月过去了，T 型车的销量持续下滑，而雪佛兰的销量增长了 1/3，而且克努森的工厂规模不断扩大，产量达到了一百万辆。福特汽车公司不是在与他人竞争，而是在与自己抗争。随着二手车上市，它们对 T 型车的销量造成了冲击。当人们发现一辆状况比较好的二手别克车的售价和新福特车一样时，就可能选择前者。福特汽车每辆车的利润曾经一度仅仅只有两美元。

公众曾经对 T 型车一边讥笑一边喜欢，但这种喜爱渐渐地开始消退。基思 - 阿尔比剧团（Keith-Albee Vaucleville）据称已禁止讲关于福特的笑话了，因为这些笑话已经过时了，而且曾经流传的那些笑话也已失去了潜在的感染力，比如问：为什么说福特汽车像个浴缸？答：因为开这种车的时候你不想让别人看见呀。

在完全消失之前，福特笑话已经发展成为幽默杂志《判断》（*Judge*）所称的“莉齐”标签，或者是人们带着讽刺语气说出来的“福特警句”。这也是福特笑话最终的形式。十几岁的青少年和大学生以一顿牛排晚餐的价格购买到四手或五手的 T 型车时，就会在车子的侧面喷上那些标语：“福特汽车慢到撞不坏”“福特小跑车——跑了一英里就歇菜”“林肯的穷亲戚”……

福特对那些嘲讽语气置之不理。他坚信汽车是一种基本的运输工具。阿尔弗雷德 · 斯隆明白，汽车的角色已经发生了变化，成为人们身份的象征。在谈到 T

型车在 1908 年和 1926 年的区别时，一位工程师写道："这就像是拿一条皮毛光滑的灰狗和维多利亚时代中期的哈巴狗进行对比……我们的汽车应该有着时髦的外表，能够吸引人，因为它是我们最重要的资产。没有人会去关心发动机，性能稳定被认为是理所当然的事情。事实上，我们愿意放弃一辆发动机完好的汽车而去购买新车，因为新车能迎合我们对时尚的追求，满足了我们的审美需求。汽车不再仅仅是一台机器……它也会产生某种形式的情感刺激。"

福特汽车公司也的确尝试给 T 型车的推广注入一点儿激情。公司重启了一场广告宣传活动。画面中，黄头发的年轻女子在秋日的树荫下捡拾着树枝，而一辆 T 型车就在旁边等候，准备随时"舒适、安全地护送您到达目的地。操作方便、随时待命，让你疲倦的身体重焕活力，神采奕奕地迎接一天的工作"。关于这场宣传活动，福特还有其他想法。"我觉得即使我们不做太多的广告，T 型车也会继续卖得很好。酒香不怕巷子深……你只要让人们知道去哪里买就可以了，仅此而已。"但这行将就木的宣传并没有取得很好的效果，福特汽车公司的高管们也没有任何动作。虽然索伦森和马丁都支持淘汰 T 型车，但他们不会那么说，因为他们曾经目睹那些提出此建议的人的最终下场。

最后挺身而出向福特进谏的人名叫欧内斯特·坎茨勒（Ernest Kanzler）。商场上的英勇和战场上的英勇当然不在一个层次。尽管如此，坎茨勒也应该被认为是一位非同寻常的勇士。他明白自己在做什么，也明白因此要付出什么代价。他是埃德塞尔的密友，也是他的妻舅。他曾经做过律师，给亨利·福特留下了深刻的印象，福特安排他负责高地公园的生产。在那里，他很快就大刀阔斧地将库存成本降低了 4 000 万美元。在克努森离职后，坎茨勒成为福特公司的第二副总裁，而且在他和埃德塞尔的管理下，年产量稳定在 200 万辆。而福特汽车公司直到 1955 年才再次达到这个水平。这本该视为成功的管理，但却激怒了福特。福特妒忌坎茨勒和自己儿子之间的深厚友情，可能同时也在妒忌自己的儿子。他曾经抱怨说："埃德塞尔和坎茨勒都应该去当银行家。"在福特看来，银行家这种工作甚至不如扒手体面。而对于坎茨勒，福特认为他"太过骄傲自大"。

1926 年 1 月，坎茨勒交给福特一封非常坦率的信。"我写了一些很难当面启齿的话。这些个性缺点您可能根本没有意识到，而身边多数人也不敢对您说出真实的想法。"坎茨勒坦率地说出了自己的想法，"我们在过去数年里停步不前，勉强站稳脚跟，而竞争对手却在大步向前。您总是说不进则退，不能原地踏步……经营每况愈下，最好的证据就是公司内多数领导者越来越感到不安，因为……他们感觉我们的市场地位开始动摇，而且我们对市场的掌控在慢慢减弱。当我们计划增加设备时，我们不再确定它们是否会得到使用。扩张时的那种乐观自信不复存在。而且我们也知道，我们在英国市场被竞争对手击败了，美国市场的竞争对手们也正逼近我们。竞争对手每多卖出一辆汽车，他们就会变得更加强大，而我们的力量相应就会被削弱。”

福特从未给坎茨勒回信，而且坎茨勒在 6 个月后就离开了公司。埃德塞尔希望坎茨勒能回来，他的妻子埃莉诺也泪流满面地请求福特，但福特固执己见。不过这封信还是发挥了一些作用。福特将销售下滑的原因归咎于经销商的懒惰。同年 6 月，他将旧金山分公司的规模缩减了 41%，并且解雇了西雅图的 25 名员工。面对种种打击，福特到 1926 年底似乎才下定决心。加兰认为埃德塞尔在汽车问题上面对父亲时变得更加沉默寡言，而索伦森则认为“埃德塞尔与亨利·福特激烈地争论了很长时间，最后迫使父亲放弃了 T 型车。这是埃德塞尔的胜利”。

就在圣诞节前，福特承诺“福特汽车将会继续保持同样的生产规模”。然而在 1927 年过了还不到一周的时间，他就表示公司将会“稍微放松一下”，也就是降低 T 型车的产量，“这样我们可以更仔细地进行全面检查，以使客户更加满意。”这句话听起来可能有点儿含糊其词，但媒体和公众被他的下一句话吸引了：“虽然整个行业都在发展变化之中，但我们在模式上不会考虑做出任何特别的改变。”

5 月 25 日，美国各大报刊争相报道，福特汽车公司将会有新车型取代 T 型车。次日早上，第 1 500 万号发动机缸体出现在了里弗鲁日工厂的生产线上。这个发动机缸体喷上了一层明亮的油漆以区别于其他发动机。就像数年前高地公园工厂搬迁时一样，这里没有喧闹的庆祝仪式，没有乐队，也没有市长致辞。发动机在上午 10 点装配完成。公司在职时间最长的 8 位员工（其中包括万德希、库利克、马丁和索伦森）共同在缸体上印上序列号。索伦森很想淘汰掉生产线上的 T 型车，但 T 型车留下来了，福特汽车公司的很多老员工却很快就消失了。

接着这个发动机被送到高地公园，福特和埃德塞尔在那里等着。这辆汽车的装配过程被完整地拍摄了下来。发动机被放下，安置在底盘上，埃德塞尔和福特跟着流水线往前走，两侧喷有银色“第 1 500 万辆福特车”字样的车身被放下并安放在合适的位置上。福特和埃德塞尔在穿过工厂时并非肩并肩而行，福特走在前面，领先几步，身子僵硬地往前倾，好像在逆风而行，埃德塞尔跟在后面。两人看上去就像是陌生人，只是为了某件痛苦的差事而被召集在一起，例如辨认死尸，或者是向税务局解释。

埃德塞尔坐到了第 1 500 万辆福特汽车的驾驶座，福特也上了车，坐在副驾驶位置。两个人开了一会儿，接上了索伦森和马丁。索伦森坐在右后座上，冷酷英俊的脸上没有任何表情，或者可能是因为日常工作受到打扰而有点儿恼火。马丁的外套扣错了纽扣，这似乎不符合一位工程师的身份，他快速跳下车来调整扣子。然后埃德塞尔引领着由其他汽车组成的车队在蒙蒙细雨中缓慢行进。在历史纪录片中可以看到有那么一瞬间，马丁和索伦森正安顿下来时，背景中福特伸出右手从前额慢慢地划落下来，捂到脸上，福特做出这个动作可能是由于面部痉挛，但任何一个 1927 年的电影观众都认为这是悲伤的表情。

一些报纸报道了 T 型车在告别游行期间发生的一连串笑话。但多数人认为这是一个辉煌时代的结束，并且怀着热情和尊重告别了 T 型车。将哈里 · 贝内特带到福特汽车公司的亚瑟 · 布里斯班对 T 型车的停产感到颇为震惊，他立刻购买了一辆新的 T 型轿车和 T 型卡车，并且致电福特，建议他每年继续生产 50 万辆 T 型车。这款车的其他崇拜者们也觉得 T 型车的离去是件不可思议的事情，并且纷纷采取行动来弥补这件事情给自己带来的影响。新泽西州蒙特克莱尔市的一位老妇人购买了 7 辆 T 型车，以确保自己在有生之年都能够使用这款汽车。俄亥俄州托莱多市的一位居民购买了 6 辆，却发现这些还不够。第 6 辆车是在 1967 年报废的。尽管这位俄亥俄州人在 40 年后不得不因去世而对自己的这个老朋友说再见，但 T 型车将永远与我们同在。是 T 型车的出现和盛行促使新道路得到修建，使更加时尚漂亮的汽车可以在这些道路上奔驰。它创造了一种美国文化，在它离开这个世界时，美国人已经把这种文化视作理所当然的事情。

在《了不起的盖茨比》一书中，有这样一段描写：1922 年，29 岁的尼克·卡拉韦（Nick Carraway）在汤姆 · 布坎南（Tom Buchanan）位于长岛的宅邸内和他们夫妇俩共进晚餐。晚餐过后开车回家时，他注意到“小旅馆房顶上和路边加油站门前已经是一片盛夏景象，鲜红的加油机一台台‘蹲’在电灯光圈里”。这些场景对卡拉韦而言是再熟悉不过的了。但在他儿时，这一切都还不存在。

离去的 T 型车给我们留下了我们今天所熟悉的景象：加油站、郊区、林荫大道、热狗小摊、汽车旅馆，以及与之相伴的许多东西，例如度假和消费热潮。T 型车的寿命在当时对于一款汽车来说已经算是很长了，但用来改变一个国家，又依然很短。几年后，小说家兼评论家詹姆斯·艾吉（James Agee）对当时依然算是新兴产业的汽车行业进行了一次冗长而狂热的盘点。他的读者肯定能理解他的话，现在的我们也能理解。

> 你熟悉汽车，就像你熟悉方向盘后的那些懒散的人一样……你熟悉发动机给你带来的汗水和痛苦，明白在高速公路上行驶时的那种膨胀和眩晕感……是的，你了解这条道路，你也熟悉路边的风景；你知道怎么在加油站与其他人聊天，知道午后烤肉三明治那迷人的味道，知道在寒冷孤寂的天气里要早早出发……美国人的血液中积聚了一种暴躁的情绪……但美国人适时地拥有了汽车，这可真是个好东西。

福特知道人们喜欢四处走动，并且向他们展示了如何用一种新的方式来做这件事，用一台看起来寒酸的机器掩盖了其革命性的灵魂。T 型车是前无古人、后无来者的，因为它所带来的这一切在人类文明史上只可能出现一次。

“T 型车是一个先驱，”它的创造者说，“它有着顽强的毅力和充沛的动力。这是一款在没有好路可跑之前就跑起来的车。它打破了农村地区的距离障碍，使这些地区的人们联系更紧密，而且使人人都能接受教育。”如果说最后一句话似乎说得有点儿过于绝对的话，至少它充分体现了福特内心最坚定的信念。想想这款车强大的社交能力以及创造财富的能力，这一说法似乎又难以反驳。

任何拥有一辆 T 型车的人，甚至可以说任何曾经坐过 T 型车的人都有很多关于这款车的故事。对于这款令人烦恼且又不知疲倦的机器而言，其中一个故事也许可以作为它的墓志铭。1917 年 5 月的一个黑夜，霍华德·A. 多伊尔（Howard A. Doyle）正驾驶着自己的 T 型救护车穿梭在满目疮痍的凡尔登。他是美国战地服务团（American Field Service）的一名司机，负责运送西部战线受伤的法国士兵。“我们来到了距离要塞不到两千米的地方，”多伊尔写道，“这时前面突然出现了一个满是烂泥和污水的大坑，车子掉了进去。我都觉得我们可以从坑底直接掉到韩国了。我的法国同伴也认为汽车的轴肯定断了，但我加了点儿油，轻轻踩了一下油门，它居然从坑里出来了。往前开了 800 米后，我们又猛地掉进了另一个大坑，而且这次直接撞到了底盘。我想这次真的出不去了，但我还是想尝试一下。于是我再次启动了发动机，让我大吃一惊的是，这辆车像个小猫一样从坑里慢慢爬了出来，继续前行。”

福特汽车公司迎来新的希望

全新的 A 型车引爆美国

第 1 500 万辆 T 型车并非是最后一辆 T 型车。福特汽车公司之后又生产了 458 781 辆，然后 T 型车才彻底停产。当然，1927 年也并非是福特汽车公司的最后一年，“我已经 64 岁了，却正面临着人生中最艰巨的任务。”它的主人说道。当时福特正计划设计 T 型车的替代车型。

整个美国都在关注着这一切，在经济繁荣发展的时期，各地的汽车销量反而在下跌，所以美国人都等着看福特的下一步棋。福特决定将新车型命名为 A 型车，象征着把此前的一切归零，从头开始。8 月，埃德塞尔宣布新车将在年底上市，毫不夸张地说，这引发了公众的极大兴趣。在 1927 年，能同样引起公众如此关注的也只有查尔斯·奥古斯都·林都伯格（Charles Augustus Lindbergh）的跨大西洋飞行了。各地民众聚集在一起，期待见证这款新车揭开面纱。

但 A 型车并没有很快出现，因为福特汽车公司没办法做到这一点，里弗鲁日工厂有4万台机床不得不报废，这些机床对于T型车的生产而言是相当完美的，但对于其他车型的生产来说就毫无用处了。这些大型机器被连根拔起时发出的金属撞击声在全美各地回荡，美国的30家装配厂和全球其他地区的十几家装配厂都面临着同样残酷的重生。

从某种程度上来说，新车型值得人们期待，而且A型车的确是一款出色的汽车。正如T型车如今看起来仍然很丑陋，而A型车看上去依然很帅一样，A型车一面世，人们就立刻开始称它为“小林肯”。它拥有竞争对手所拥有的变速杆和仪表，它匆忙的孕育过程中闪现着年轻福特的光芒。那年夏天，他驾驶着样车一路颠簸地穿过一片多石的田野。在结束了颠簸的行程后，他说：“太难开了，得加上液压减震器。”当时对中等价位的汽车来说，液压减震器是闻所未闻的，而福特的灵感让手下的工程师们彻夜加班了很久，也让他损失了数百万美元的潜在利润。

在A型车上市两周后，福特汽车公司就收到了40万份订单。《底特律时报》的一幅漫画上，福特开着一辆时髦的新车微笑着离开，而“莉齐”悲伤地冒着热气，被遗弃在他身后的一个弯道处。

当然还有关于新车的歌曲，其中一首相当火爆：

……
过去常在停车场，
每次缴费两毛五，
现在根本不用钱，
丽兹酒店就可以。
曾经轮胎咔嗒响，
现在性感把人迷，
犹如佳丽摄心魄，
身材曼妙眼迷离，
亨利莉齐变美女！

A型车充分体现了埃德塞尔出色的能力。它具有漂亮的外观和精密的传动系统，但价格与 T 型车几乎相当。但它并不能改变汽车市场，因为 T 型车已经做到了这一点。到 1927 年底，福特汽车公司生产了 80 万辆 A 型车，而克努森售出的雪佛兰汽车已经超过了 100 万辆。

1933 年，福特说："里弗鲁日工厂已经一点儿意思都没有了。"这种情况已经持续好几年了。索伦森写道："在福特启动格林菲尔德镇项目和迪尔伯恩博物馆项目后，他极少来里弗鲁日工厂……实际上，他晚年把更多的精力放在了博物馆上，而非福特汽车公司上。"

赫伯特·莫顿（Herbert Morton）是福特在英国的代理人，福特与他之间的沟通充分体现了当时的情况。英国是工业革命的摇篮，所以福特问莫顿能否收集全系列的蒸汽机，包括最初的蒸汽机，也就是在 17 世纪用来从矿井抽水的庞大而缓慢的纽科门（Newcomens）蒸汽机。莫顿表示应该可以做到。蒸汽机的使用寿命很长，而且英国并不像美国那样会迫切地毁灭过时的手工制品。但莫顿又说："成本会非常高昂。"福特考虑了一番说："好，告诉你吧，我计划花 1 000 万美元。"于是他得到了这些蒸汽机。

从一开始，人们就给予迪尔伯恩博物馆和格林菲尔德镇以极高的地位。福特早期的传记作家基思·斯沃德（Keith Sward）非常勤勉于写作，但言辞中似乎又透露着讽刺。他定下的基调被延续了下来。"对于那些到迪尔伯恩旅行的人来说，最喜欢的地方莫过于福特的袖珍小镇。微型社区里几乎堆满了福特年轻时候的物品。平坦的碎石路在小镇里蜿蜒，每个街角都矗立着煤气路灯，唯一的交通工具是几辆马拉的车，一个仿造的新英格兰小教堂完美地点缀在村庄的原野上。一栋原始的科德角风车房矗立在那里，据说是现存最古老的风车房，福特非常喜欢它的机械系统，他在滚珠轴承上重新安装了轴。在人工湖旁的码头上停泊着一艘古老的明轮船，它早已从'苏瓦尼'上退役了。小镇上最让人引以为豪的地方就是一间古老药店和一间旧式乡村杂货店，两间商店的内部设置都非常完备，配套齐全。其他古色古香的小店散布在四处，年迈的手工艺人在这里全天候地从事着他们旧有的行业。这些工匠包括一个吹玻璃匠、一个农村铁匠和一个手工制鞋补鞋匠，还有一个干瘦的摄影师采用锡版照相法在照相馆内工作着。"

事实上，福特所做的并不仅仅只是把这些东西简单地堆砌在一起。"历史每年都会从一个全新的角度被改写，”他说，“所以谁又能宣称自己了解历史的真相呢？”福特深谙所有机械系统，达到近乎神奇的程度。他可以看着工作台上一一摆开的十几台一模一样的化油器，然后准确指出其中哪台无法正常工作；他可以在把玩一个阀门或一把后膛步枪后知道“这件器具的制造者当时在想些什么，他本想做成什么样子”。有了这种程度的了解后，他发现“机械装置也是一种美。运行 15 年之久的机器会告诉你它自己的故事”。他想：“我花了 25 年的时间来收集这些东西，并不只是为了让那些多愁善感的人流下思乡的泪水。我是认真地在记录，而不是感情用事。”多愁善感并不会给每件有用的东西都披上虚假的外衣，在福特博物馆里，我常常听到像我这样 60 多岁的人被雪佛兰、贝莱尔或水星彗星车所吸引，像被施了魔法一样，发自内心地大喊：“我爱它。”

1929 年，当福特第一次带着爱迪生参观重建的门洛帕克实验室时，出现了幽默的一幕。爱迪生说：“这间实验室 99% 还原了原来的样子。”剩下的 1% 是什么呢？福特很好奇。“地板太干净了。”爱迪生笑着说，然后潸然泪下，说自己现在可以马上坐下来，拿着他的旧工具开始工作。当天晚些时候，在庆祝电灯发明 50 周年的宴会上，威尔·罗杰斯（Will Rogers）对福特说：“你究竟是帮助了我们还是害了我们，这要等百年之后才有定论。但你肯定是带着我们往前走了。”他说这番话时完全没有他平常的那种随意。

这个博物馆让我们看到了其缔造者眼中理想的世界。格林菲尔德镇没有银行家，也没有律师事务所，但在美丽的花圃和高大的老树中间，我们看到了那些沉睡的机器，它们看上去和当年轰隆作响时一样强劲有力，那时，它们把电力、信息和汽车奉送给这个世界。在它们身上，我们看到了美国工业的历史。

这是我所知道的最有趣的博物馆。这句话听起来可能有点儿愚蠢，但为了证明我说的这句话是对的，我要搬出我的妻子卡罗尔的故事。她是一位出版业高管，此前她从未了解过行星齿轮传动的问题。

几年前，当我还在专门报道美国历史的《美国遗产》（*American Heritage*）杂志社任职时，我告诉卡罗尔，我们计划 12 月去迪尔伯恩市。她听了以后并不高兴。“见鬼，你为什么就不能为一家旅游杂志工作呢？那样我们就可以去圣巴特岛。天呐，我们要在底特律过圣诞节了。”

我们下榻在博物馆里的一家旅馆，接着对博物馆进行了考察。在天气阴冷但让人沉醉其中的三天考察结束时，卡罗尔说："我们再多待一天吧。"现在以亨利·福特命名的这家博物馆让我们有了进一步的收获。

埃德塞尔英年早逝

亨利·福特全心扑在他的博物馆建设上，但这并没有阻止他派索伦森和贝内特去对付自己的儿子。"贝内特是谁？"克拉拉有一次大发雷霆，"还有谁能这样控制我的丈夫，毁掉我的儿子？"

虽然闷闷不乐，但埃德塞尔还是顽强地忍受着父亲的种种讥讽和折磨。也许正是这些让他生病了。胃病的加重充分证明了这种情况。埃德塞尔被切除了半个胃，而福特农场所饲养的奶牛又让他的病情雪上加霜。尽管福特曾经说过"必须把奶牛赶走"，但只要它们还在那里晃悠，从它身上挤的牛奶就不会被浪费。福特的农场禁止采用巴氏杀菌法，这些农场为福特汽车公司的办公室供货，生牛乳似乎让埃德塞尔在原有的病痛之外又增加了难以治愈的波状热。亨利·福特认为埃德塞尔的朋友和他熬夜的恶习是罪魁祸首，并且希望自己的脊椎按摩师能够治愈儿子。但 1943 年 5 月 26 日，埃德塞尔还是离开了人世，时年 49 岁。

"或许是我给这孩子的压力太大了。"福特只说了这么一句话。埃德塞尔的过世给了他沉重的打击，让他再也未能从中走出来。他没有多说什么，而是在格林菲尔德镇上的仿造爱迪生大街上重新修建了一个车库。40 年前，父子二人曾经在那里亲密地共同工作过。

"比 T 型车的发明更加伟大的成就"

埃德塞尔去世后，福特宣布自己将接管福特汽车公司。几个月来，他一直认为第二次世界大战就是一场骗局，始作俑者是想要出售野战炮等军需品的制造商和想要兜售报道的新闻记者们。

索伦森更了解第二次世界大战的具体情况，他负责在伊普西兰蒂（Ypsilanti）郊外的威洛伦（Willow Run）修建了一座生产重型轰炸机的工厂。当杂志开始称索伦森为里弗鲁日工厂的大师和威洛伦工厂的奇才时，福特看到了这些报道，于是索伦森在福特汽车公司的职业生涯走到了尽头。“我和福特先生在一起工作的最后几天非常正式。在动身前往佛罗里达州的头一天，我去迪尔伯恩市和那里的员工告别。在出来的路上我遇到了福特先生，我告诉他我明天早上就要走了，而且再也不会回来。他没有其他反应，只是说，‘我想生活中除了工作之外还有别的东西’。他跟着我来到我的车旁，我们握了握手，然后我就走了。从此我再也没有见过他。”

查尔斯·索伦森离开福特汽车公司时，有一个项目正进行了一半。而在他眼里，这项成就要比 T 型车的发明更加伟大。他称威洛伦工厂为“我人生中最大的挑战”。他曾经提议完全采用 T 型车的制造方法，使用流水线生产 B-24 解放者轰炸机，尽管轰炸机的发动机比 T 型车复杂得多。

1941 年 1 月初，索伦森飞往圣迭哥（San Diego），对设计轰炸机的联合飞机公司进行了考察。他发现这家公司一天连一架轰炸机都制造不了。这并不让人感到意外，因为这款飞机是全新的，包括 120 万个零部件。但不管怎样，政府想订购数千架此款飞机。在盯着飞机半成品进行研究时，索伦森回想起“当初在皮格特大街的工厂生产福特 N 型车时的情形。那时候，沃尔特·弗兰德斯还没有对我们的机器进行重新布置，而且我们也是在生产 N 型车的 8 年后才全面推广流水线，进行批量生产。B-24 轰炸机距离其最终装配工序越近，所采用的批量生产的原则就越少。这是一款定制的飞机，就像是裁缝先裁剪再缝制一套衣服一样”。同往常一样，索伦森又相当直率地表达了自己的看法。当然，空军的反应是：“你要怎么来做？”索伦森意识到：“我要么行动，要么闭嘴。”

第二天早上，他采取了行动。他回到了自己下榻的科罗纳多酒店（Coronado Hotel），心想：“拿福特汽车和轰炸机进行比较，就像是拿一个车库和摩天大楼相提并论。不过尽管存在很大的差异，但我知道两者进行批量生产的基本原理是相同的，电动打蛋器和手表也是同样的原理。”他好像又回到了设计室，那里曾经有黑板，有威尔斯，还有坐在母亲摇椅里的福特。但这次没有了威尔斯和福特。不过索伦森记得自己的老板说过：“除非你可以看到某样东西，否则你无法对它进行简化。而且除非你能简化它，否则你就没有办法去制作它。”索伦森整个晚上都在对联合飞机公司的生产数据进行分析，对各种操作进行分解。“使用通行的方法，每天只能生产一架轰炸机，但现在通过批量生产的流水线，我认为每个小时可以生产一架 B-24。”

他在科罗纳多酒店的信纸上勾画出一个轰炸机工厂，工厂“长 1.6 千米、宽 402 米，是有史以来最大的单体工业建筑”。1956 年，他写道：“我现在还保留着一张有埃德塞尔·福特签名的草图……而且我仍然从中受益匪浅。”

埃德塞尔在尚不清楚政府是否会支持的情况下就同意了这个耗资 2 亿美元的项目。空军的确有过犹豫，但他们很快就认可了这个项目。19 个月后，威洛伦工厂生产的第一架轰炸机飞上了天空。这个史无前例的项目在启动之初困难重重。但在几年内，威洛伦工厂就已经实现了每个月生产 650 架重型轰炸机的产能，到战争结束时，共生产了 8 600 架飞机，到目前仍然是美国战机产量最高的工厂。

讨厌战争，却无意间加速了武器的制造

这家庞大的工厂早就被视为美国工业力量的象征。1942 年 9 月，索伦森听说罗斯福总统和夫人计划来工厂进行视察。这是罗斯福首次视察飞机制造厂，所以索伦森特意为他安排了一场盛大的表演。他确保威洛伦工厂内有足够大的空间，可以让汽车穿过整个工厂，看到公司的全景。第一幕是铝板从货车上卸下来，而最后一幕则是成品飞机在跑道上滑行，一直待命的工作人员（工厂为他们提供了 1 300 张床）负责对全新的发动机进行测试。索伦森说，如果福特不在场的话，那么那天下午就会非常完美了。总统到达时，一辆林肯汽车已经等候在那里了。总统邀请福特夫妇坐在车子后座，福特照做了。埃德塞尔坐在面朝第一夫人的一张折叠式座位上，索伦森则坐在罗斯福总统前面的另一张折叠式座位上。

罗斯福容光焕发，被工厂深深吸引，而他的魅力和智慧让索伦森立马就折服了。罗斯福立即就称自己的这位向导为“查理”，他能快速地解释自己所看到的东西。他的妻子也是如此，她常常要求司机停下来，以便能看看特定岗

位的工人正在干什么。这场视察原本计划花 30 分钟，但实际上用了 1 小时 15 分钟。

索伦森不是一个容易感到挫败的人，但当客人们经过焊机和冲床时，他逐渐意识到自己的老板在参观这个耗资 2 亿美元的工厂时一直沉默得可怕。他早就因为称呼罗斯福为“老板”而惹怒了福特。“福特坐在罗斯福夫妇中间，被遮挡了视线，无法融入这场视察。当埃德塞尔和我看向他时，他就会怒目而视。”

福特讨厌罗斯福。在那个阶段，他甚至有时会怀疑这位总统正在与通用汽车公司合谋，想要从自己手里把公司抢走。福特曾经反对新政，而这位新政的创造者正容光焕发、得意扬扬，并且亲密地称呼福特的雇员为“查理”，同时埃德塞尔还在与第一夫人聊天。埃德塞尔一直喜欢罗斯福，并且曾经送给他一辆 A 型车，以换取一张“签名照片”。索伦森说：“从来没有人像亨利·福特那样如此地憎恨其他受到关注的人。他认为无论他在哪里，聚光灯就应该对着他。”当工人们为总统欢呼时，福特阴沉着脸，噘着嘴，全程只字未说。整个过程中，罗斯福就像完全没有注意到身边这个人的情绪一样（这实在是不太可能）。当他们重新回到阳光底下时，他们周围的大型飞机立即启动了引擎，总统热情地和大家告别。索伦森说：“那是我迄今为止与亨利·福特在一起度过的最糟糕的日子之一。”这种日子不会有太多了。索伦森于 1944 年 3 月辞职，原因是“威洛伦提前竣工”。他完全有资格说这番话。

福特不仅仅憎恶罗斯福，同时还厌恶那场战争。他原先认为这是一场骗局，现在认为所有参战的人都有过错。当德国空军空袭了福特在英国的工厂后，他对待战争的态度开始有所转变，但他仍然禁止福特汽车公司为英国战机生产劳斯莱斯发动机，尽管埃德塞尔早已做出了相关的承诺。

1942 年夏，福特在为他 79 岁生日举办的最后一场新闻发布会上说，这场战争“是由贪婪和对权力、金钱的渴望引发的。除非那些信奉用武力来谋取私利的人良心发现，否则战争不会结束”。福特的工厂当时已经完全投入到战时生产中，但如果可能，福特会阻止他们，会从使用者手中夺走所有战争工具。不过 30 年前，当他第一次启用流水线时，他就已经没有机会这样做了。

福特的人生充满讽刺。从小的方面来说，他没能阻止凯迪拉克的开发；从更大的方面来说，是他将威廉·克努森赶到了另一家公司。可以这么说，通用汽车的成功不仅有阿尔弗雷德·斯隆的功劳，也有亨利·福特的功劳。他不断地给儿子施压，希望儿子能够更加能干，但同时又依赖哈里·贝内特，这是一种更加让人伤感的讽刺画面。他渴望美国保持农业社会的样貌，有只有一间教室的校舍，有许多小型农场，但同时他又使用自己独一无二的力量来破坏了这种可能性。这些讽刺画面在我们的历史中始终闪现着。

他讨厌所有的战争，尤其是在他 80 岁左右发生的那场战争。到那场战争结束时，美国共有 30 万架飞机、1 200 万支步枪、9 万辆坦克、近 9 万艘登陆艇、147 艘航空母舰和近 1 000 艘其他战舰参战。在历史书《战争风云：第二次世界大战新史》（*The Storm of War: A New History of the Second World War*）中，安德鲁·罗伯茨（Andrew Roberts）写道："简要概括一下同盟国三大主要成员国在第二次世界大战中的贡献，如果说英国为打败轴心国提供了时间，俄罗斯付出了必要的牺牲，那么美国就是生产了武器。"

正是福特制造了那些武器。当然，这绝对不是他的目标，不过如果没有他在 1913 年发明的工业技术，美国就不可能生产那么多武器。随着时间的流逝，这些技术也肯定会出现，只是时间早晚的问题，但当希特勒开始向文明世界发起攻击时，它们会出现吗？

福特汽车公司迎来新的掌权人

在哈里·贝内特的管理下，福特公司陷入了混乱的局面，以至于美国政府都开始担忧，甚至打算由他们来接管这家公司，福特担心的一切变成现实。但政府只是派了他的孙子亨利·福特二世出面。小亨利当时正在接受海军训练，计划去太平洋执行任务，而且他也希望留在那里。政府表示底特律需要他，而且同此前第一次世界大战时政府对他父亲的需要相比，这次的情况更为紧迫。这位 24 岁的年轻人在人们眼里就是一个好脾气的纨绔子弟。他来到底特律，发现贝内特已经把里弗鲁日工厂变成了一个危险的地方。

几年后，在完成了对这家摇摇欲坠的公司的重建后，小亨利与曾经在美国联邦调查局工作的约翰·巴加斯（John Bugas）一起喝醉了，巴加斯是被贝内特招聘进入福特汽车公司的，但在加入公司后，他又十分痛恨这个地方。他与小亨利站在了一条战线上。巴加斯开始说起当时工厂的情形，两人都觉得进入办公室时必须随身携带一把左轮手枪，毕竟，贝内特是那样地让人胆战心惊。“亨利，”巴加斯说，“你为什么要蹚这个浑水呢？你没必要这样做。你为什么不出去玩呢？”亨利·福特二世回答了这个问题，这也是他唯一一次这样说：“在我心目中，我的父亲是爷爷杀死的。我知道他死于癌症，但正是因为爷爷对他做的那些事情，他才会那样。”

最终，没费一枪一弹，贝内特就离开了公司，亨利·福特二世成为公司负责人。这种转变并非易事。老福特希望能够完全控制公司，而他的信徒克拉拉则站在了媳妇埃莉诺这一边：把公司交给你的孙子。于是老福特将权力交给了他的孙子，而他此前从未将控制权交给过埃德塞尔。或许是因为家里人前所未有地威胁说要出售手中所持有的公司股份，但不管家里人使用了什么方法来向福特施加压力，最终都证实了这些方法是有效的。

约翰·麦金泰尔（John McIntyre）是一位苏格兰移民，25 年来，他一直负责管理美丽路庄园的发电站，这也是福特特别引以为豪的地方。麦金泰尔经常和自己的老板在一起，他也注意到了福特的变化。“埃德塞尔过世后，我在去厨房的路上遇到了福特先生，当时距离他大概 15 厘米。他直接从我身边走过，一直低着头，眼睛盯着水泥地面，甚至都没有看到我。在我看来，他一门心思都放在了儿子身上，但现在他儿子却死了。在儿子走后，似乎也从他身上带走了一些东西。”

此后，中风让福特变得更加深居简出。1946 年感恩节前后，当时麦金泰尔正在工作，克拉拉带着福特散步回来。“我正在修理游泳池里的两根暖气管……福特甚至都没认出我来，他只是看着我，连微笑都没有。福特太太问我怎么回事，我告诉她有两个暖气片关不上了，我说：‘我得换掉阀门，福特太太。’她说：‘我认为这些东西必须换了。’福特先生根本没有开口，一个字都没有说。”

半年后，即 1947 年 4 月 7 日，麦金泰尔正在忙于应付一场猛烈的春雨，以确保发电站不会出问题。“在那个周二的晚上，我们从里弗鲁日工厂拿来一些马达，下去后我发现它们带不动那么大的负荷。它们冒着浓烟，所以我想……我要上去和管家汤普森先生说一声，如果出了什么问题……那么晚上大家就只能摸黑了。我走进去，看到福特先生和福特太太从起居室来到走廊，跟我握了握手。”“你好，苏格兰的家伙，”福特说，“你遇到什么麻烦了吗？”麦金泰尔认为“与18个月前的样子相比，福特在那个晚上更像他自己”。“我来提醒汤普森先生，我担心今天晚上我们可能没法保证照明了。我想也许您和福特太太午夜醒来时会发现没电了，所以还是先来提前告诉你们一声。”

“没问题，”福特笑着拍了拍麦金泰尔的肩膀说，“我知道你会永远支持我，多年来你一直是这样做的。我从来不担心这些事情，你们非常棒。”他对汤普森点了点头，然后提到了那些马达：“不要在意它们。随它们去吧，它们没问题的。”

“当时是晚上 8 点 50 分，”麦金泰尔回忆说，“马达在 9 点 25 分爆炸了，但那时他们已经上床睡觉了。”

雨下得很大，里弗鲁日河水高涨，发电站也罢工了。亨利·福特要了一杯牛奶，喝了之后又睡着了。他在几个小时后醒来，抱怨说喉咙很干。克拉拉和他说了几句话，然后去叫醒了女佣罗莎·比勒（Rosa Buhler），告诉她：“我觉得福特先生病得很厉害。”尽管电话用不了，道路又泥泞，但比勒和司机还是成功地找来了一位医生，只是他并没能及时赶到。即使医生能够及时赶到，也无力回天，最终他只能记录死亡原因是“脑出血”。

第二天，哈里·杜鲁门、温斯顿·丘吉尔和约瑟夫·斯大林发来唁电。次日，10 万人来到格林菲尔德镇送别福特。但就在那天晚上，在那栋高大阴暗的房间里，只有克拉拉和福特两个人。她抱着他，请求他和自己说话，床边摆放着福特在改造小镇的过程中保留下来的蜡烛和油灯，它们像往日一样静静地履行着自己的职责，就像仍然在美国的道路上行驶着的 20 万辆登记在册的 T 型车一样。

未来，属于终身学习者

我这辈子遇到的聪明人（来自各行各业的聪明人）没有不每天阅读的——没有，一个都没有。巴菲特读书之多，我读书之多，可能会让你感到吃惊。孩子们都笑话我。他们觉得我是一本长了两条腿的书。

——查理·芒格

互联网改变了信息连接的方式；指数型技术在迅速颠覆着现有的商业世界；人工智能已经开始抢占人类的工作岗位……

未来，到底需要什么样的人才？

改变命运唯一的策略是你要变成终身学习者。未来世界将不再需要单一的技能型人才，而是需要具备完善的知识结构、极强逻辑思考力和高感知力的复合型人才。优秀的人往往通过阅读建立足够强大的抽象思维能力，获得异于众人的思考和整合能力。未来，将属于终身学习者！而阅读必定和终身学习形影不离。

很多人读书，追求的是干货，寻求的是立刻行之有效的解决方案。其实这是一种留在舒适区的阅读方法。在这个充满不确定性的年代，答案不会简单地出现在书里，因为生活根本就没有标准确切的答案，你也不能期望过去的经验能解决未来的问题。

而真正的阅读，应该在书中与智者同行思考，借他们的视角看到世界的多元性，提出比答案更重要的好问题，在不确定的时代中领先起跑。

湛庐阅读 App：与最聪明的人共同进化

有人常常把成本支出的焦点放在书价上，把读完一本书当作阅读的终结。其实不然。

时间是读者付出的最大阅读成本

怎么读是读者面临的最大阅读障碍

“读书破万卷”不仅仅在“万”，更重要的是在“破”！

现在，我们构建了全新的“湛庐阅读”*App*。它将成为你“破万卷”的新居所。在这里：

- 不用考虑读什么，你可以便捷找到纸书、电子书、有声书和各种声音产品；
- 你可以学会怎么读，你将发现集泛读、通读、精读于一体的阅读解决方案；
- 你会与作者、译者、专家、推荐人和阅读教练相遇，他们是优质思想的发源地；
- 你会与优秀的读者和终身学习者为伍，他们对阅读和学习有着持久的热情和源源不绝的内驱力。

下载湛庐阅读 App，
坚持亲自阅读，
有声书、电子书、阅读服务，
一站获得。

CHEERS

本书阅读资料包

给你便捷、高效、全面的阅读体验

本书参考资料

湛庐独家策划

- ☑ 参考文献
  为了环保、节约纸张，部分图书的参考文献以电子版方式提供
- ☑ 主题书单
  编辑精心推荐的延伸阅读书单，助你开启主题式阅读
- ☑ 图片资料
  提供部分图片的高清彩色原版大图，方便保存和分享

相关阅读服务

终身学习者必备

- ☑ 电子书
  便捷、高效，方便检索，易于携带，随时更新
- ☑ 有声书
  保护视力，随时随地，有温度、有情感地听本书
- ☑ 精读班
  *2~4*周，最懂这本书的人带你读完、读懂、读透这本好书
- ☑ 课　程
  课程权威专家给你开书单，带你快速浏览一个领域的知识概貌
- ☑ 讲　书
  *30*分钟，大咖给你讲本书，让你挑书不费劲

湛庐编辑为你独家呈现
助你更好获得书里和书外的思想和智慧，请扫码查收！

（阅读资料包的内容因书而异，最终以湛庐阅读*App*页面为准）

图书在版编目（CIP）数据

我缔造了新世界 / (美) 理查德·斯诺 (Richard Snow) 著 ; 粟志敏译. -- 杭州 : 浙江教育出版社, 2022.5
ISBN 978-7-5722-3345-6

Ⅰ. ①我… Ⅱ. ①理… ②粟… Ⅲ. ①福特(Ford, Henry 1863-1947)—传记 Ⅳ. ①K837.125.38

中国版本图书馆CIP数据核字(2022)第064052号

浙江省版权局
著作权合同登记号
图字:11-2020-307号

上架指导：商业传记 / 企业管理

我缔造了新世界
WO DIZAO LE XINSHIJIE
［美］理查德·斯诺（Richard Snow）著
粟志敏　译

责任编辑：李　剑　刘亦璇
美术编辑：韩　波
封面设计：ablackcover.com
责任校对：刘晋苏
责任印务：曹雨辰
出版发行：浙江教育出版社（杭州市天目山路 40 号　电话：0571-85170300-80928）
印　　刷：石家庄继文印刷有限公司
开　　本：710mm ×965mm 1/16　　插　　页：1
印　　张：18　　字　　数：323 千字
版　　次：2022 年 5 月第 1 版　　印　　次：2022 年 5 月第 1 次印刷
书　　号：ISBN 978-7-5722-3345-6　　定　　价：109.9 元

如发现印装质量问题，影响阅读，请致电 010-56676359 联系调换。